U0739638

特色小镇建设：理论溯源与实践探索

周丽/编著

肇庆市重大政务调研课题『探索城市新区和产业园区开发营运及产业导入市场化研究』（立项编号：ZYS201604）研究成果

肇庆学院『成长型高新区科技服务体系创新团队』研究成果

肇庆学院学术著作出版基金资助

TESE XIAOZHEN JIANSHE:

LILUN SUYUAN

YU SHIJIAN TANSUO

中国财经出版传媒集团

经济科学出版社

Economic Science Press

图书在版编目（CIP）数据

特色小镇建设：理论溯源与实践探索／周丽编著．
—北京：经济科学出版社，2019.9
ISBN 978 - 7 - 5218 - 0803 - 2

Ⅰ.①特… Ⅱ.①周… Ⅲ.①小城镇 - 城市建设 -
研究 - 世界 Ⅳ.①F299.1

中国版本图书馆 CIP 数据核字（2019）第 184163 号

责任编辑：张 燕
责任校对：齐 杰 杨 海
责任印制：邱 天

特色小镇建设：理论溯源与实践探索
周 丽 编著
经济科学出版社出版、发行 新华书店经销
社址：北京市海淀区阜成路甲 28 号 邮编：100142
总编部电话：010 - 88191217 发行部电话：010 - 88191522
网址：www.esp.com.cn
电子邮件：esp@esp.com.cn
天猫网店：经济科学出版社旗舰店
网址：http://jjkxcbs.tmall.com
固安华明印业有限公司印装
710×1000 16 开 13.75 印张 250000 字
2019 年 10 月第 1 版 2019 年 10 月第 1 次印刷
ISBN 978 - 7 - 5218 - 0803 - 2 定价：66.00 元
（图书出现印装问题，本社负责调换。电话：010 - 88191510）
（版权所有 侵权必究 打击盗版 举报热线：010 - 88191661
QQ：2242791300 营销中心电话：010 - 88191537
电子邮箱：dbts@esp.com.cn）

前　　言

　　特色小镇建设对于推进国家可持续发展具有十分重要的战略意义。打造特色IP①，彰显小镇特色，促进城乡要素流动是落实新发展理念，加快推进城乡高质量发展的重要内容。目前，我国特色小镇培育尚处于起步阶段，部分地方存在小镇特色不明显、小镇开发房地产化、文化遗存的保护和利用未达到预期效果等一系列问题。小镇的参与主体经常面对现实情境中的困惑，如：如何打造特色并聚焦于特色？小镇如何定位其发展目标？如何融资以支持开发？如何利用绿道串联城乡开敞空间？如何策划与运营特色小镇？小镇的投入与收益模式是什么？本书从理论溯源和实践案例的角度进行了初步的解析。

　　大量的实践案例证实，特色小镇建设不仅有利于破解我国现阶段经济结构转型难题，而且有着深刻的理论基础和行动依据，是适应和引领我国供给侧改革的重要路径选择。通过追溯特色小镇建设的理论基础，我们发现，田园城市理论、城市区域核心理论、块状经济理论、产业集聚理论、生产力布局理论、价值网理论、区域品牌理论、创新生态系统理论等为小镇建设提供了理论支撑。翻阅国内外特色小镇建设的经典案例，我们不难发现，国内外成功的特色小镇通常聚焦于主题鲜明的产业领域，扎根于深厚的历史积淀和文化传承，配套以满足不同诉求的设施，延伸和补缺大城市功能，促进人居、产业与生态高度融合，通过特色营销打造区域品牌，多元动力驱动着小镇发展，小

---

　　① IP（intellectual property），即知识产权，通常包含三大体系，包括著作权、专利权和商标权，而著作权通常是文化产业研究中的主要聚焦点，主要表现形式包括文学、影视、游戏、动漫、综艺等作品的素材版权。

镇的运营与发展是多元主体的协同创新与持续探索的结果。

成功的实践案例显示，小镇规划要与当地自然禀赋有机结合，尊重小镇现状肌理，保持现有路网、空间格局和生产生活方式，融入山水林田湖等自然要素，彰显优美的自然资源格局；统筹小镇建筑布局，体现地域特色 IP 和时代风貌；保护小镇传统格局、历史风貌和历史印记，延续老街区的肌理和文脉特征，形成有机的整体；在保持和修复传统街区街巷空间的同时，活化利用非物质文化遗产，培育独特文化标识和精神内涵。在《粤港澳大湾区发展规划纲要》的指引下，大湾区城市群的优势将更加突出，特色小镇建设的视野将更加国际化，城乡关系将更加紧密，稀缺的乡村资源将更加彰显其价值，"互联网＋旅游"趋势将更加明显，新型田园城市将成为突出亮点。

2017 年夏，一次追寻木心足迹的乌镇之旅，激发了作者对于特色小镇建设的研究兴趣。历时近两年，怀着激动又忐忑的心情，与大家分享这部分思考的成果。书稿完稿之时，正逢春回大地，大自然敏锐地感知到季节的细微变化并精心地加以呈现，笔者也暂时结束了一段探寻小镇的心路历程。为了拥抱春天，我再次走进串联城乡风景的绿道；登高远眺，俯瞰漫山遍野的花海；徜徉于乡间田野山岭，感受千年古镇与山涧花苞绽放的时光穿越与激情碰撞。

书稿在春天写成，在秋天付梓，正应了"春华秋实"一词。感恩所有的遇见，你们给予我的教益胜过我读过的任何一本书。我会把这些遇见和感动继续写成文字，献给遇见的你们！

周　丽
七星湖畔
2019 年秋

目　　录

第一章　特色小镇的建设背景

第一节　概念与内涵

一、问题的提出

在破解区域发展不平衡、城乡发展不协调、生态环境不可持续、文化遗存缺乏活化利用、城镇发展同质化等一系列问题上，特色小镇建设是一个行之有效的实践探索。随着特色小镇建设工作在全国推开，各地已经形成了一批形态各异的成功案例，促进小镇健康发展的体制机制改革进程也逐渐走向深入。小镇的参与主体经常面对现实情境中的困惑，需要通过对解决方案中概念的识别、定义、案例化解析、实本化演绎，达成寻优求解和对解的持续优化。在这个过程中，我们不断形成一些概念性和规律性的认识，需要进行经验总结和理论提升。

什么是特色小镇？

特色小镇建设的意义何在？

特色小镇与小城镇的关系？

特色小镇建设政策经历了怎样的演进过程？

特色小镇的理论支撑是什么？

国内外特色小镇建设给了我们什么启示？

如何基于自身禀赋建设特色小镇？

如何构建一个城乡命运共同体？

清晰的特色小镇形象是如何形成的？特色与创意如何凸显？

特色小镇如何赢在 IP、内容及运营，如何抢占特色小镇发展的战略制高点？

走进粤港澳大湾区建设时代，这个区域的特色小镇建设又将被赋予什么样的历史使命？

……

二、特色小镇概念的界定

特色小镇概念的界定经历了一个自下而上的实践探索，以及自上而下的政策规范与支撑过程。实践与政策处于持续的交互影响、相互促进的过程中。

早期在特色小镇的定义上比较模糊。有一部分人直接将"特色小镇"与房地产开发项目关联，如上海市政府重点工程"一城九镇"中，罗店北欧新镇原汁原味地体现了北欧城镇的自然风貌、建筑特色、人文环境的特征，2004 年被中国房地产协会评为"中国著名小城镇"。刘笑一（2005）称其为"特色小镇"。

云南省把旅游作为全省的重点产业来发展，将地处边境、山区，民族众多，文化各异，信息闭塞等弊端转化成为资源优势，基于自身禀赋建设起了 60 个旅游小镇，包括颇具边疆地带人文自然特色的"边陲小镇""民族小镇"，这些旅游小镇也被统称为"特色小镇"。

2015 年 4 月浙江省政府出台《浙江省人民政府关于加快特色小镇规划建设的指导意见》（以下简称《指导意见》），对特色小镇的创建程序、政策措施等做出了规划，开始了浙江省以特色小镇布局供给侧结构改革的探索。①《指导意见》明确提出："特色小镇是相对独立于市区，具有明确产业定位、文化内涵、旅游和一定社区功能的发展空间平台，区别于行政区划单元和产业园区，一般选在城郊接合部"。

国家层面关于"特色小镇"概念的界定主要体现在住房城乡建设部、国家发展改革委、财政部三部委 2016 年 7 月 1 日联合发布的《关于开展特色小镇培育工作的通知》中："特色小镇原则上为建制镇（县城关镇除外），优先选择建制镇"。② 建制镇的界定显然对于各地的特色小镇建设有一定的限制，有特色没建制、有建制没特色等一系列问题困扰了特色小镇的建设实践。学者研究中对于特色小镇的定义如表 1 – 1 所示。

---

① 陈宇峰，黄冠. 以特色小镇布局供给侧结构性改革的浙江实践 [J]. 中共浙江省委党校学报，2016 (5)：28 – 32.

② 住房城乡建设部、国家发展改革委、财政部关于开展特色小镇培育工作的通知 [EB/OL]. 中华人民共和国住房城乡建设部官方网站，http://www.mohurd.gov.cn/wjfb/201607/t20160720_228237.html.

表 1-1   特色小镇的定义

定义	关键词	文献及时间
特定的房地产开发项目	房地产	刘笑一（2005）
特色小镇不是一个行政区域同时也不属于一个行政单元，而是一种基于全产业链有效融合且集聚了各个创新要素的产业升级与经济转型的平台	不受行政区划局限；全产业链；平台	查理文（2008）
特色小镇的建设指的是利用相关的政策安排协调一定区域内各个主体的行为及其周边环境的关系构建，对生态环境进行完善的一个过程	政策安排；关系构建；生态环境	梅亮等（2014）
特色小镇是相对独立于市区，具有明确的产业定位、文化内涵、旅游特色和一定的社区功能的产业和城镇融合的发展空间平台	独立区域；城镇融合；空间平台	《指导意见》（2015）
特色小镇是由产业集聚而带动的一种产业发展模型，具有自己的特色产业、独特的生态链、适于居住的环境	产业集聚；生态链；宜居环境	王晶（2016）
特色小镇是以自身特色为核心，对自身的劣势进行弥补，创建的一个优美的环境。根据自身的实际情况建立政策，在开发的过程中需要掌握节奏，对资源进行集中利用	特色；弥补劣势；节奏；集中利用资源	陈建忠（2017）
特色小镇是以"特色"为主，以特色产业与产业文化作为核心、将创业创新作为重要因子的条件下所形成的各个经济元素集聚的一种新经济形态	特色产业、产业文化；新经济形态	林航（2018）

　　2016 年 10 月 8 日，国家发展和改革委员会发布《关于加快美丽特色小（城）镇建设的指导意见》，明确提出了特色小镇、小城镇的两种形态："特色小镇主要指聚焦特色产业和新兴产业，集聚发展要素，不同于行政建制镇和产业园区的创新创业平台。特色小城镇是指以传统行政区划为单元，特色产业鲜明、具有一定人口和经济规模的建制镇"。文件首次明确了"特色小镇"的概念以及与小城镇的关系：特色小镇"非镇非区"，不受行政区划局限，是汇集各种特色发展、创新发展要素的区域和平台。同时，特色小镇和小城镇之间又有着密切的联系：特色小镇多建设在小城镇，是推动小城镇快速发展的重要力量，小城镇为特色小镇建设提供了空间载体，是特色小镇发展的物质文化基础。特色小城镇和特色小镇相得益彰、互为支撑（见表 1-2）。

表 1-2　　　　　　　　　　　特色小镇与特色小城镇、产业园区的比较

比较主体	产业	功能	行政区划	特点
特色小镇	聚焦特色产业和新兴产业	集聚发展要素，融合产业、文化、旅游、生活和生态等功能的创新创业平台	不一定以传统行政区划为单元，特色产业鲜明、具有一定的人口和经济规模	更加发散、产城高度融合、功能多元，具有开放性、融合性和辐射性
特色小城镇	特色产业鲜明	具有一定人口和经济规模的行政区	以传统行政区划为单元	正式、建制化、行政化
产业园区	产业空间集聚	功能单一，聚焦发展产业	有行政区划，具有一定的人口和经济规模	强调产业集聚

资料来源：笔者整理。

从各地实践的情况来看，特色小镇通常不同于普通的行政建制小城镇，一般是基于小镇所在地的资源禀赋或其他优势条件，而不是行政区划，在一定的城镇空间范围内吸引金融、经营者、信息、技术、人口等生产要素、消费要素、投资要素和创新要素的快速聚集，形成能够发挥当地禀赋优势、服务于更大范围消费群体、获得持续回报的特色产业，以及依靠产业发展起来的、配套逐步完善的区域（可以是由相邻街区、建筑群落、连片的村落等构成）。由于特色小镇不需要拘泥于行政区划，这一特点使得特色小镇可以沿着山脉轴、河流轴、城市群分布轴或其他要素轴线分布，更能够成为集聚创新和创业要素的空间载体，成为特色产业培育和发展的新平台。

三部委在建制镇模式的特色小镇培育工作中，明确要求特色小镇在建设过程中要做到小镇建设与产业发展同步协调，并且要求特色小镇要同时补齐城镇基础设施、公共服务和生态环境三块短板，完善各项基础设施服务。说明国家层面推动的"特色小镇"出发点更多地在于推动新型城镇化，推动乡村振兴。而浙江、云南等绝大多数特色小镇的地域范围"非镇非区"，既不是建制镇，也不是产业园区。这一实践模式被许多地方模仿或学习。可见，"经济转型升级和城乡统筹并举"是地方政府主要想解决的问题。浙江作为特色小镇的诞生地和实践地，成功示范了如何通过市场化手段完成特色小镇建设，推动特色产业发展、文化遗产的发掘与传承、特色景区的打造，以及由此迅速形成大量的复合产业集群，成为各地政府争相学习和模仿的榜样。

基于以上概念演进与实践探索的历程，我们可以从经济学的角度界定特色

小镇的概念——特色小镇是在"政府引导、企业主体、市场化运作"的原则下，各地基于本地禀赋，通过生命质量、生产活动、生活形态、生态资源的"四生融合"，导入产、城、人、文、史"五位一体"的新模式，以市场化运营模式培育创建的，能够彰显产业特色、展示地方人文景观、凸显城乡人文底蕴、引领区域创新发展的块状经济；同时，特色小镇还是相对独立于市区，具有明确产业定位、文化内涵、旅游和一定社区功能的发展空间平台，是经济转型的新形态。

三、特色小镇的特征

特色小镇"既非简单的产业，也非简单的城镇；既非行政建制镇的概念，也非工业园区的概念"，更不是传统的"镇""区""园"功能的简单叠加。它既不同于建制镇、乡村联合体、城乡结合体、工业园区与其他功能区的结合体、旅游区，又不是它们的简单叠加。从根本上而言，它是块状经济转型升级的新业态，被时代的变迁不断赋予新的动力，被技术的迭代不断赋予新的形态。

实践证明，特色小镇是在块状经济和县域经济基础上发展而来的创新经济模式，必须打造一个"产城高度融合"的空间，并体现其特有的地域文化，具有产业特色、景观特色、历史人文特色、区域品牌特色等是特色小镇建设的必备条件。主要体现出以下特征。

第一，特色小镇的核心是特色产业。特色产业是特色小镇的生命力所在。根据区域要素禀赋和比较优势，通过聚焦信息经济、环保、健康、旅游、时尚、金融、高端装备制造等智力密集型、生态资源密集型、资本密集型产业，大力推进新兴产业和产业业态的发展，打造具有持续竞争力和可持续发展特征的独特产业生态。以浙江省为例，通过打造以休闲旅游、商业贸易、文化传承、私募基金、互联网金融、创意设计、大数据和云计算、健康服务业为特色产业的小镇，以地方土特产如茶叶、丝绸、文房四宝、中药、青瓷等历史经典产业小镇，推动了资源整合、项目组合、产业融合，加快了产业集聚、产业创新和产业升级，形成了新的经济增长点。经过近几年的实践探索，我国特色小镇的产品线或者产品线组合已逐渐明朗，业内达成的共识认为，特色小镇建设必须始终坚持产业先导原则，产业发展的活力直接决定了小镇发展的活力。所以，产业选择是特色小镇发展战略的核心。

第二，特色小镇的功能服务于人的城镇化。城市化和工业化的过程就是乡村年轻劳动力大量流出的过程和农村人口整体老龄化的过程，也是大量田地放弃耕作、农田荒废、农业凋敝、农村衰落，以及乡村基层组织和社区等社会功能退化的过程。特色小镇建设以乡村产业、人才和社区组织功能的复兴和再造为目标，通过吸引各种创意与创新资源，为日益萧条的乡村注入新的生命力，重新激活热情、希望、灵感和归属感。特色小镇是加快建设新型城镇化的重要突破口，是城乡联动发展的重要抓手，是基于当地资源优势形成特色产业，从而吸引企业（投资人）进驻发展、人口集中就业、资本聚集投入。项目、资金、政策和建设机遇都向这个方向倾斜，设施和产业都以人为中心，完善服务于人的公共服务、基础设施、公共医疗等，建设适宜人居住、就业和发展的地方。

第三，特色小镇不以建制镇来约束。特色小镇建设范围更加发散，不受行政区划局限，呈现开放性、融合性和辐射性等特点。特色小镇建设不局限于某个建制镇或特定的行政区划，可以多点发散、跨地域建设。既可以是大都市周边的小城镇，又可以是较大的村庄，还可以是城市内部相对独立的区块和街区，其中部分服务功能可以和城市共享。从这个意义上来说，特色小镇并不是一个行政意义上的城镇，而是附着在一个城市内部或周边的，在空间上相对独立发展和延展的，具有特色产业导向、景观旅游和居住生活功能的项目集合体、空间独立体、文化融合体。特色小镇还可以不受地域限制，可以不在老城老街原地上大拆大建，也可以不在农村毁田新建，而是跨行政区域单元综合资源，以全新的理念规划建设别具风格的镇域特色，建成集居住、教育、医疗、行政、商业、旅游、休闲等功能为一体的理想的投资目的地、生态宜居社区、旅游休闲景点。

第四，特色小镇体现产品和服务供给的"个性化""特色化"。虽然特色小镇具有镇域的一般功能，但是更具有特定的自然、人文、历史、经济因素，使其具有独特性和不可复制性。在具体规划建设中，特色小镇秉持的发展理念是：产业定位上摒弃"大规模""全功能"，力求"有特色""差异化"，保证鲜明个性，错位发展，避免同质竞争；功能体系上摒弃"残缺、分散"，力求功能上聚焦，实现"宜居、宜业、宜游、宜养、宜学"的功能特色；体制机制上力求"创新和活力"，避免用行政化思维处理市场问题。特色小镇的建设方式和资金筹措渠道决定了特色小镇不是传统意义上的"镇"，既不是行政区域，也不是行政单元，而是以特色产业和产业文化为核心、以创新创业为动力，通过政府引导下的市场主体发展起来的综合性功能空间。在制度设计上，特色小镇可以定位为综合改革试验区，可以作为摒弃僵化的制度设计的示范基地，把握政策先试先行机遇，体现制度供给和顶层设计的"个性化"。

第五，特色小镇是多资源要素汇集的综合性空间。各种基础设施是启动特色小镇的先决条件，关键的基础设施（如快速交通、信息基础设施、生产生活基础设施等）又会对后续的发展产生持续的正向外部性。缺乏现代化的交通、通信、物流、人流、信息流，乡村就会因为偏僻的地理位置与城市隔绝，无法实现与城市要素的对接和交易，乡村就无法形成一个开敞、开放的经济和社会活动承载空间。因此，特色小镇具有明确的产业定位，融合产业、金融、文化、健康、生态、科技、旅游等多资源要素，并具有一定的生活社区功能。不同于工业产业园区和一般行政划分单元，特色小镇具有产业特色鲜明、建设形态小而美、功能集成聚而合、运行机制灵活等特征，同时充分结合当地自然景观优势和人文资源，打造具有当地特色的产业发展路径，在我国发展产业链的战略规划上占据重要的位置。基于农村地区的生态、生活、生产资源的特色小镇建设，能够有效解决优质绿色加工产品供给不充分、乡村休闲旅游中各种业态发展不平衡、个性化特色化的中高端产品服务发展不充分、农村创业创新区域推进不平衡等一系列问题，逐渐弱化城乡之间界线，减少垂直落差，促进城乡融合发展。

第六，特色小镇创建主体更加多元化、更加灵活。政府企业均可发起创建特色小镇。用金融的市场之手推动特色小镇创建，这是一项重要的制度创新。各地政府出台了许多金融政策，支持特色小镇的发展。例如，支持申请专项建设基金、政策性金融支持等。特色小镇的"银镇对接""银企对接"十分重要。通常情况下，每个特色小镇需要新增投资 30 亿~50 亿元，其中产业投资占比不低于 70%，投融资需求很大。设立特色小镇发展基金，可以为特色小镇提供持续、稳定和多元化的资金供给。特色小镇发展基金除可以为小镇提供资金供给外，还可提供股权、债权和 PPP 等多元化直接融资支持，这样有助于特色小镇产业发展、文化挖掘和服务功能提升，为金融机构加快"脱虚向实"，加大对实体经济支持，同时能有效解决银行的资金输出通道和担保等难题。特色小镇的六大特征及构成元素如图 1-1 所示。

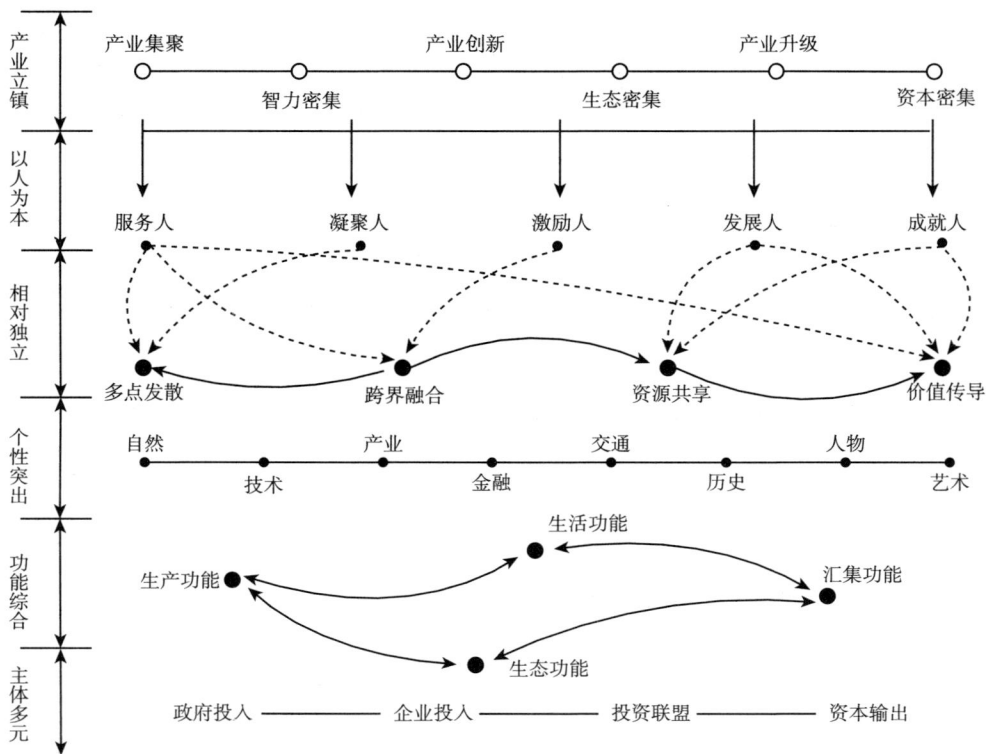

图1-1　特色小镇的六大特征及构成元素解构

资料来源：笔者整理。

　　特色小镇建设没有固定的模式，没有绝对的好坏之分，最重要的是每座特色小镇具有自身的个性和特征，或具有较高的意象分辨率。特色小镇意象，也可以说是特色小镇的整体印象，就是特色小镇在公众眼中具有的形式特征。通过特色小镇中的产品、产业、企业、人物、标志物、节点、边界、道路和区域等多个要素来形成特色小镇印象。决策者在规划设计特色小镇的时候，必须合理地安排这些要素，创造出符合人的感知、满足人的需求、激发文化认同感的环境主题和精神内核。

　　特色小镇是一个地区经济社会发展到一定历史阶段的产物，是一种区域性空间与要素集聚发展的理想模式，其成长和发展过程是基于一定的先决条件，包括构成硬件环境的区位条件、产业基础、区域社会经济发展水平、区域性产业集聚方式，以及软环境条件涉及的社区生活环境、日常生活方式、创业与创新土壤和人才机制、政策导向及地方的历史文化基因等要素。基于此，特色小镇的内涵可

以包括六个维度，分别为产业维度、空间维度、功能维度、品牌维度、运营维度
和制度维度（见表1-3）。

表1-3　　　　　　　　　特色小镇内涵的六大维度

维度	内涵	典型案例
产业维度	基于一定的技术经济关联，并依据特定的逻辑关系和时空布局关系客观形成的链条式关联关系和分布形态	基于金融产业的基金小镇；基于康养产业的温泉小镇；基于文化创意产业的文创小镇
空间维度	从新型城乡空间形态的多样性、差异性、聚集性、网络性、扩展性、延伸性等特征出发，规划和安排空间特征及要素	乌镇由东栅核心景点茅盾故居衍生出来更多的拓展空间，如木心美术馆等
功能维度	生产、生活、生态等功能的汇集，吸引人口、企业、资本聚集，具备良好的公共服务、基础设施、公共医疗等，是人居住和就业的地方	海南的游艇特色小镇优化功能布局，促进游艇文化、游艇旅游和游艇社区的有机结合，实现游艇小镇内生产、生活和生态的融合发展
品牌维度	特色小镇的品牌必须有独特的个性，突出历史积淀和文化遗传，识别度高	以观光旅游为主的非物质文化遗产开发保护，把手工作坊请回街区，比如酒作坊、布作坊、油作坊等，请本地艺人在景区里展示祖传手艺
运营维度	运营方（投资主体）吸引企业入驻经营、游客入场消费，辐射带动各行业的兴旺，从而获得持续的市场回报和政府奖励	《中青旅关于控股子公司乌镇旅游获得财政补助的公告》宣布，乌镇旅游因在世界互联网大会筹备过程中做出的突出贡献而获得桐乡市财政补助，计人民币796592594.71元*
制度维度	特殊政策区，建立起与其发展相适应，设计能激励相应产业、资金和人才进驻的制度，以及保障特色小镇可持续发展的环境治理和收益共享的机制	分区指导、分类推动、分级管控政策；土地指标激励政策等；"创建制""期权激励制"以及"追惩制"等

注：* 中青旅2018年第一季度报告［EB/OL］. 中青旅官方网站，http：//www. aoyou. com.
资料来源：笔者整理。

（1）产业维度。特色小镇的产业应具有一定的创新性和特色性，或者各个
产业之间基于一定的技术经济关联，并依据特定的逻辑关系和时空布局关系客观
形成的链条式关联关系和分布形态。由于特色小镇的产业主要聚焦在发展绿色低
碳型新兴产业，产业的经济开放性和生产效率普遍高于普通产业。例如在高校资
源密集的区域，依托良好的产业基础和高校（科研机构）资源，以大学为核心、

以工业园区为空间载体，按照产业生态圈理念，科学规划建设产业功能区，可以大力培育特色科技型工业小镇。

（2）空间维度。特色小镇的空间维度规划及建设意味着新型城乡空间形态的建立，必须先厘清区域的土地利用空间特征，从新型城乡空间形态的多样性、差异性、聚集性、网络性、拓展性、延伸性等特征出发，选取空间特征及要素，根据不同利用类型土地的地理分布特点，对城乡土地利用数据中具有代表性的农用地、居民点、建制镇、交通用地及农田、果园、池塘等具有自然、半自然特征的景观进行概念提炼，充分发掘具有生态价值与文化价值的传统景观价值，形成新的概念和意义。除了特色产业、功能设施以外，在空间、建筑物、标识等外在形式上也要体现明显的特色，建筑、开放空间、街道、绿化景观和整体环境都要体现文化元素的渗透，形成风格特色鲜明的外部风貌，形成和谐共融、相得益彰的城乡空间形态。

（3）功能维度。特色小镇是加快建设新型城镇化的重要突破口，必须以人为中心，基于当地资源优势形成特色产业，吸引人口、企业、资本聚集，具备良好的公共服务、基础设施、公共医疗等，是人居住和就业的地方。因此，特色小镇的功能应具有一定的集聚度及功能性，是经济、社会、文化和生态等多元化功能之间协调发展的具体表现，最终实现城乡空间功能结构合理，公共服务功能进入高级化发展阶段。

（4）品牌维度。品牌是特色小镇的身份和名片，展示了特色小镇的独特魅力，帮助公众引发记忆和联想。特色小镇的品牌必须有独特的个性，识别度高。特殊的节庆是小镇塑造各具特色的品牌名片的途径。如泰安有泰山节，哈尔滨有冰雪节，海南有椰子节，肇庆有万人书写大会等。从投资者、游客等外部资源主体的角度，特色小镇的品牌让他们对这个特色小镇有一个清晰的识别与认同，从而使他们对小镇的特色定位有一个深刻的记忆。打造特色小镇品牌，可使特色小镇在国际国内市场竞争中获得更多的发展机会，是特色小镇可持续发展的保障。在市场经济不断发展的情况下，特色小镇一开始就必须着力打造自身的特色品牌，品牌可以促进特色小镇的迅速发展，给经营主体带来巨大的经济效益和社会效益。

（5）运营维度。特色小镇通常依托资源禀赋和特色文化资源建设，政府从宏观统筹的角度出发，通过着力培育特色产业功能，积极引导功能性项目、特色文化活动、品牌企业落户小镇。运营方从可持续经营的角度出发，通过塑造特色风貌形态，提升建成区环境品质，呈现历史积淀深厚、地域（产业）特色鲜明、小而精的城镇风貌，吸引游客入场消费、企业入驻经营，辐射带动各行业的兴旺，从而获得持续的回报。特色小镇的运营主体多采用现代企业管理制度集团化运营，业务有产业运营、城市运营、资本运营三大运营模式，服务于区域产业布局和城市功能建设，通过"招商引资"，打通企业上下游产业链，实现传统产业改造升级，同时打造若干新兴产业，推动传统产业业态创新，形成新的产业集群，实现经济转型升级。特色小镇同时集合了新市镇和小城镇的部分运营模式。一方面，特色小镇与新市镇一样，通常选择在城乡接合部、城市重要发展廊道或主要交通网络沿线建设，选址大多具有良好的发展基础且资源环境承载能力较强。另一方面，特色小镇可以发挥小城镇促进本地城镇化的作用，着力提升基础设施和公共服务水平，加强绿色生态保护，推进城镇化和农业现代化融合发展，将镇中心区建设成为本地区特色产业、特色景观、就业创业、居住、综合服务和社会管理中心。特色小镇可以辐射带动和服务周边乡镇地区发展，承接中心城区部分专项功能疏解转移，具有完备的公共服务设施和基础设施。

（6）制度维度。特色小镇在一定意义上也是一个特殊政策区，应围绕特色小镇的发展目标，建立起与其发展相适应，能激励相应产业、资金和人才进驻的制度，以及保障特色小镇可持续发展的环境治理和收益共享的机制。按照政府引导、企业主体、市场化运作的要求，创新建设模式、管理方式和服务手段，提高多元化主体共同推动特色小镇发展的积极性。发挥好政府制定规划政策、提供公共服务等作用。针对不同资源禀赋条件，特色小镇的运营主体和运营模式呈现多样化，但是无论何种运营模式，都致力于创新完善现代城乡体系，通过制定分区指导、分类挂动、分级管控的城乡一体化发展策略，形成以城带乡、城乡一体、协调发展的新型城乡关系。特色小镇以其集约紧凑的宜居社区、各具特色的建筑风格和舒朗有致的自然村落相互支撑，切实发挥特色小镇在模糊城乡界线、促进城乡融合发展中连接纽带、承"乡"启"城"（继承乡俗、开启城市化道路）的重要作用。

特色小镇的生产力来源于产业聚焦与空间匹配、专业化与产业特色的叠加，以及多元化多维度的服务功能。生产力空间布局涉及两个层面：一是中观的区域层面；二是微观的企业与产业层面。[①] 生产力空间布局的变迁主要体现在产业集

---

① 白小虎. 特色小镇与生产力空间布局［J］. 中共浙江省委党校学报，2016（5）：21 - 27.

聚与城市形态的变迁。特色小镇立足于本土的市场化、城市化、工业化、信息化基础，从现实出发设计了产生发展动力的政策体系和互动机制，正向影响了政府和社会等投资主体、监管主体、参与主体和市场主体之间的交互频率。特色小镇类型众多，产业基础也不尽相同，生产力空间布局两个层面上的问题，即城市化与产业集聚的互动，基本上能够概括绝大部分特色小镇的产业发展轨迹。特色小镇的产业各有目标，传统产业要升级、经典文化要复兴、新兴产业要培育，都离不开具有高度流动性的人才、技术、资本等高端要素的集聚。特色小镇的平台功能取决于多种高端要素的整合，而优化生产关系、降低交易成本，考量着制度创新和政策设计的智慧，体现了小镇的本质和其对经济发展的作用。特色小镇的建设维度之间的交互关系如图1-2所示。

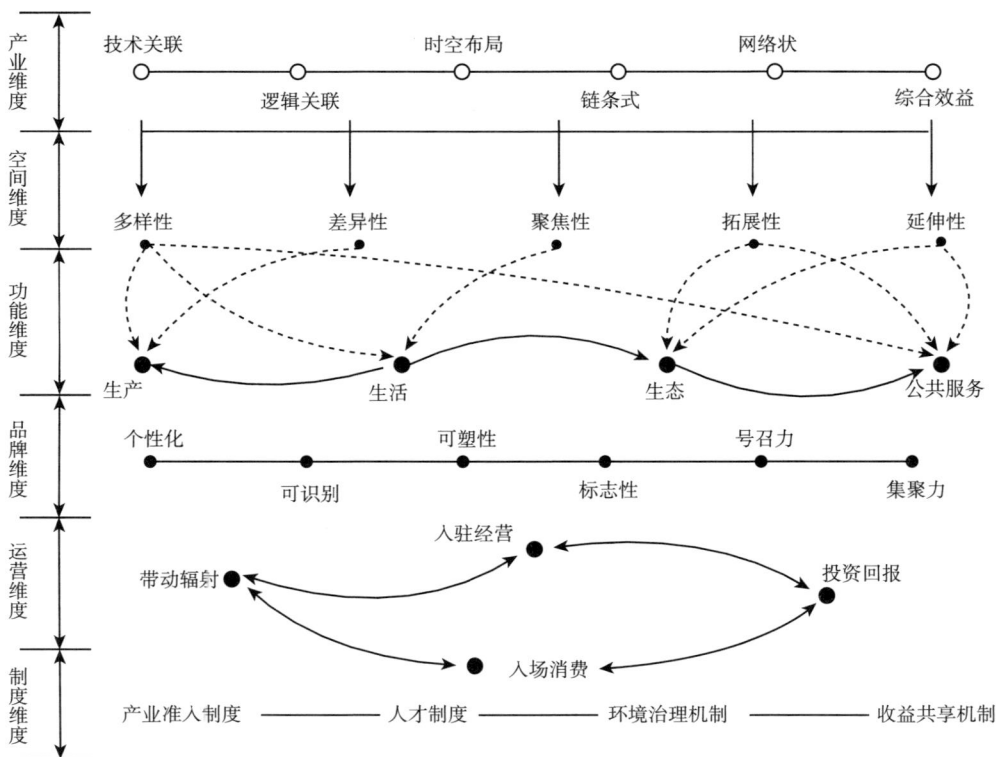

图1-2　特色小镇建设维度示意

资料来源：笔者整理。

第二节　建设原则

一、基于禀赋的分类建设导向

从国家公布的首批特色小镇来看，特色小镇主要涵盖了休闲旅游、商贸物流、现代制造、教育科技、传统文化、美丽宜居等发展主题，但是旅游小镇是主要类型[1]（见表1-4）。

表1-4　　　　　　　　　　国家公布的首批特色小镇一览表

类型	首批特色小镇名单
旅游特色小镇	昌平区小汤山镇、密云区古北口镇、滨海新区中塘镇、衡水市武强县周窝镇、晋城市阳城县润城镇、晋中市昔阳县大寨镇、吕梁市汾阳市杏花村镇、赤峰市宁城县八里罕镇、金山区枫泾镇、松江区车墩镇、青浦区朱家角镇、南京市高淳区桠溪镇、苏州市吴中区角直镇、苏州市吴江区震泽镇、盐城市东台市安丰镇、泰州市姜堰区溱潼镇、杭州市桐庐县分水镇、嘉兴市桐乡市濮院镇、湖州市德清县莫干山镇、金华市东阳市横店镇、丽水市莲都区大港头镇、丽水市龙泉市上垟镇等80余个
其他特色小镇	山区长沟镇、武清区崔黄口镇、邢台市隆尧县莲子镇镇、保定市高阳县庞口镇、通辽市科左中旗舍伯吐镇、丹东市东港市孤山镇、无锡市宜兴市丁蜀镇、徐州市邳州市碾庄镇、温州市乐清市柳市镇、绍兴市诸暨市大唐镇等40余个

资料来源：笔者整理。

依赖特色产业或特色资源，打造具有明确产业定位、文化内涵、旅游特征和一定社区功能是其共同特征。开发者可以凭借文化和旅游资源，选取其中有文化底蕴和价值的资源进行分类打造，如历史文化资源丰富的可利用历史街区、历史名镇、历史名人、重大事件等要素打造；自然山水资源丰富的可利用自然风景、田园风光打造；还可利用工业旅游、农业旅游、民宿等条件打造特色小镇。随着小镇开发主体的科技化、资本化、国际化，特色小镇正在围绕以下六个产业方向突破，并被赋予鲜明的功能或产业特色。

（1）田园特色小镇。以现代农业为主要产业的"田园特色小镇"，可以发展成为农、林、牧、渔、加工、制造、餐饮、酒店、仓储、保鲜、金融、工

---

[1]　住房城乡建设部关于公布第一批中国特色小镇名单的通知［EB/OL］. 中华人民共和国住房城乡建设部官方网站，http://www. mohurd. gov. cn/wjfb/201610/t20161014_229170. html.

商、旅游及房地产等行业的三产融合体和城乡复合体，实现生态、生产、生活的融合。

（2）康养特色小镇。面对老龄化、亚健康问题的"康养特色小镇"，充分利用区位优势，打造以健康产业为核心，集健康、养生、养老、休闲、旅游等多元化功能为一体的"康养特色小镇"。同时，康养特色小镇还可根据旅游者、居民消费需求，将健康疗养、医疗美容、生态旅游、休闲度假等业态聚合起来，实现与健康相关的大量消费聚集。

（3）体育特色小镇。利用运动竞技资源发展起来的以体育赛事和相关活动为主的"体育特色小镇"，以健身休闲为主题和特色，是集体育、健康、旅游、休闲、养老、文化、宜居等多种功能叠加的空间区域和发展平台。

（4）教育特色小镇。以教育培训为主要产业的"教育特色小镇"，基于未来新型教育模式，服务地方主导产业发展，打造集教学研发、文化体验、休闲度假、智慧居住等特色功能于一体。

（5）文旅特色小镇。以文化旅游为主要产业的"文旅特色小镇"，将乡村文化与休闲度假旅游相结合，打造一个"看得见山，望得见水，记得住乡愁"的人们理想的乡村文化生活环境。

（6）高科技产业特色小镇。以高科技、智能化研发为主要产业的"高科技产业特色小镇"，聚焦高校、研发机构、高科技特色产业、智力密集型人口结构、先进商业模式。

综上所述，特色小镇未来将围绕健康、旅游、体育、文化、农业、高科技等几个主要产业方向发展。从宜居的角度而言，特色小镇还必须是一个大的生活社区，既有现代化的办公环境，又有宜人的自然生态环境、丰富的人性化交流空间和高品质的公共服务设施。例如，旅游类特色小镇建设要达到3A级以上景区标准，休闲旅游类小镇须以5A级景区标准作为基础设施建设硬指标。

按照国家《关于大力发展休闲农业的指导意见》①，以休闲农业为核心的特色小镇就是践行"绿水青山就是金山银山"的理念，以深化农业供给侧结构性改革为主线，以促进农民就业增收、满足居民休闲消费需求、建设美丽宜居乡村为目标，以"节日""活动"为载体，促进经营主体多元化、业态多样化、设施现代化、发展集聚化、服务规范化，推动休闲农业和乡村旅游提档升级，不断满

---

① 关于大力发展休闲农业的指导意见［EB/OL］. 中华人民共和国农业农村部官方网站，http：//www. moa. gov. cn/.

足人民日益增长的美好生活需要，实现农业增效、农村增绿、农民增收，经济、社会、生态效益有机统一。总之，特色小镇是按创新、协调、绿色、开放、共享的发展理念，结合自身特质，找准产业定位，科学规划，挖掘产业特色、人文底蕴和生态禀赋，形成的"产、城、人、文、史"五位一体、有机结合的重要功能平台。

特色小镇在产业、功能、形态和制度等维度上的发展效率，体现了特色小镇建设的导向和概念内涵，既突出了特色小镇作为高端产业，特别是服务业集聚发展平台的特点，又表现出了其作为景区和产城融合区的新空间模式的特点。因此，特色小镇发展水平评估指标的选取与体系建构必须综合运用城乡规划学、城市经济学、产业经济学、环境科学、生态学、公共政策理论和系统科学等基础理论，以制定出反映特色小镇综合发展水平的一整套指标体系。[①]

二、基于多元综合目标的要素集成

为了适应不同阶段新形势对特色小镇的新要求，引导特色小镇肩负起相应的责任和使命，体现建设和规划目标要求和政策导向的目标需要，特色小镇的评价指标体系必须基于特色小镇主要涵盖的功能和服务以及建设目标，由表征评价其各方面特性及其相互联系，由此呈现其具有的内在结构，并建立基于评估结果的新的发展导向。特色小镇以实现城乡优势互补以及资源共享作为其发展目标，有利于建构经济主体区域均质性发展的动力机制，使区域经济的不同空间形成多样化、均衡化的经济增长点，促进从小镇资源禀赋到小镇产业经济的跨越式发展，最终实现产镇一体、协调发展。特色小镇正处在城乡发展一体化阶段，是小城镇中间具有创新性、代表性、引领性发展的示范。特色小镇建设必须坚持"创新、协调、绿色、开放、共享"五大发展理念，促进城乡公共服务均等化，城乡要素配置合理化，城乡产业发展融合化。

（1）产业要素集成。特色小镇追求的不是面面俱到的全产业体系，而是聚焦某个优势产业，实现单点突破。例如高端产业类有"云技术"、"PE"、智慧科技等科技金融类小镇；传统产业类如美食、温泉、禅休、养生等文化旅游类小镇

---

① 吴一洲，陈前虎，郑晓虹. 特色小镇发展水平指标体系与评估方法［J］. 规划师，2016（7）：123－127.

等；也有其他如"黄酒""端砚""木雕""玫瑰"等地方特产类的文化经济小镇；还有以企业、房地产项目命名的特色小镇等。因此，确保某一产业在小镇中的独特个性及主导地位，围绕其来打造完整的产业生态圈或全景产业链，是打造小镇品牌，促进小镇特色经济形成的核心。

（2）产业价值链跨界集成。特色小镇建设必须基于一二三产业的高度融合，碎片化运营的结果将令小镇失去活力。只有通过多产业跨界融合，才能实现产业间共荣共生共享，确保小镇产业链的内生动力。例如乌镇的成功，横跨了云商、会展、金融、文创、旅游、置业、投资等多个产业，是跨界和破界的典范。再如博鳌海滨小镇的成功案例。2002 年 4 月 12 日，博鳌亚洲论坛首届年会在此举行，"博鳌"从此成为"亚洲论坛"的代名词。随着博鳌会议经济的发展，带动了房地产、餐饮业、交通业、商贸业、休闲业等相关产业的发展，促进了博鳌经济的腾飞。梦想小镇也是一个多元业态组合创业生态系统，整合了产业人才、创业项目、风险资本以及孵化机构、中介机构、一流大学、龙头企业等各类要素，为创业者提供充足的创业支持。梦想小镇众创空间云生态系统是基于新一代的云计算、移动互联网、社交网络和大数据技术支撑下的开放平台，为小镇的镇民提供一体化的互联网创业服务，比如创客工作坊平台、创客集市平台（商业配套服务 O2O 平台）、创客擂台平台、创客募化平台（发布项目众包、众筹、招募团队信息）、创客生活平台（生活配套服务 O2O平台）等。实践证明，单纯做任何一个产业，都难以集聚更多的要素，无法满足投资者、游客和其他主体的多元诉求。例如单一的民宿、单一的田园综合体、单一的工业类特色小镇，都难以建立完善的商业生态系统。产业融合的关键是产业链的元素嫁接和价值融合。如文旅特色小镇将当地的特色手工艺、非遗文化、土特产、历史符号等进行充分挖掘，嫁接现代科技手段，并通过创新手法实现被传播、被接纳、被体验，从而衍生出新的产业形态和发展活力。因此，特色小镇真正的跨界，不仅仅拓展其宽度和广度，还需要加入长度、深度这些元素。必须以全新的视角，实现产业流程、产业基因、供应链条、管理流程的再造，把散落的碎片资源重新整合嫁接，产生新的业态和形式，满足市场不断变化的需求，实现更大的市场价值。

（3）产城要素融合。产业发展与城镇建设从来都是不可分割的。每一次产业的提升或变迁，都为人类城市化带来全新动力和发展路径；而各个区域的历史积淀、文化氛围、演进历程等则为产业发展打上了鲜明的"烙印"。城市的禀赋和积淀，导向着发展轨迹或承接产业的环境和基础；而产业发展对一个城市的意义，则不仅代表着城市未来的发展方向，也给城市带来深刻的人文积淀，是相互交织的逻辑结果。促进城市经济发展的关键就在于产业发展路径的选择。政策引导、市场力量、历史积淀、产业发展逻辑都将引导产业逐步与城市禀赋相互匹配。建设"集乡村之美、城市之智"的现代田园城市，需要依靠产业的力量和乡村的支撑。

（4）差异化要素集成。差异化就是特色，而特色本身的另类表达就是"区隔""显性""差异""创新"和"标新立异"。小镇特色差异化对生活和生产有着特殊的创造性意义。差异化本身就是蕴含着某种创新。特色小镇创造了一个全新的发展方式，即以特色驱动作为经济转型动力的发展模式。在考虑利用和改造当地原有产业结构的基础上，导入新的产业发展动力和模式，促进以云技术、智慧产业、新型金融产业和地方性产业之间的嫁接与融合，树立和打造完全不同的发展模式、创新能力和经营特色，凸显特色小镇主导产业的差异性和典型代表性。特色小镇建立或者重新塑造现代产业、传统产业、城市与乡村景观，以及生活社区之间相互融合的秩序空间，在发展新兴产业的同时使传统产业产生了新价值，而且成为现代社群价值网的构成部分。例如在高等教育与研发资源相对集中的区域，结合自身的资源禀赋与文化特色，吸引众多世界产业巨头的进驻，集聚高端产业，在招商引资、产业构建、规模经济、可持续发展、知识创造与创新能力等方面超越了普通小镇。作为一种新兴地域性小微型经济枢纽或地理节点，也可以在寻求历史传统价值与时代现代价值结合中推进特色小镇的创新。特色小镇在发展中求创新，并产生积极的社会价值、经济价值、文化价值和生态价值。

（5）趋同化价值要素集成。小镇作为社会群体集聚的系统，决定了人们的价值取向观是多维性的。价值取向反映的是一种关系，是指小镇在发展过程中的存续方式对于人的需求的满足程度，是人们对小镇发展形态的评价。即关于什么样的小镇发展模式是符合历史文化演进规律的，是能够实现小镇项目各个主体的利益追求的，是人们对小镇发展方向和目标的把握。如共同诉求的可持续的生态环境、田园式组团布局、便捷的交通网络、公平的教育医疗服务等。很多差异化、类型化的特色小镇，喻示着一种居住方式和工作方式，例如自给自足的城市功能和慢节奏生活等。价值趋同也隐喻着一种消费方式，更告诉了我们小镇的日常生活生产方式、交通方式、交往方式及社会关系结构，界定了特色小镇作为一种空间地空间要素的再生产与迁移或集聚方式并形成典型的、独有的"小镇生活方式""小镇节庆""小镇判断问题的标准和取向"和"小镇交易方式和人际关系方式"等。

（6）人本主义要素集成。特色小镇强化并提升了生态和环境建设标准，每个小镇通过3A级旅游景区建设的最低要求，充分考虑使用者、经营者、管理者和旅游者等微观主体的主观感受和体验，围绕布局科学、空间舒朗、形态独特、功能齐备、效率提升等目标，对特色小镇的产业、功能、形态和制度设计等进行统筹规划，促进产城人融合，突出宜居、宜业、宜学、宜养、宜游，保证了生态红线、民生保障、公共服务、传统村落、农耕文明、文化遗存等特色小镇的底线。特色小镇通过相对充分的就业机制，形成了居民和从业者自我财富的创造机制，在高端产业集聚、特色传统产业集聚和生活质量与环境提升的同时，通过物质资料再生产、财富再创造，形成内在的区域性的社会发展增长动力。特色小镇创造了新型社会空间的时空秩序再整合、再发展模式，城乡资源交汇、产业集聚与社区生活、社区建设相结合，达成城乡交汇人群在身体、精神、心理、情绪、社交、道德等多个维度的理想目标，使得"精准社区治理"成为可能。特色小镇的要素集成如图1-3所示。

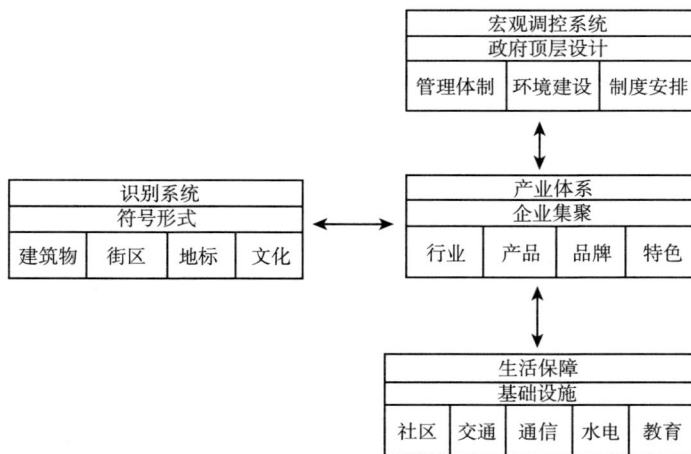

图1-3　特色小镇要素集成示意

资料来源：笔者整理。

第三节　建设意义

特色小镇介于城市与乡村之间，既承接大中城市的功能疏散，又落实乡村振兴战略，是中国城镇化进程中非常重要的部分，是推进城乡一体化、推动供给侧结构性改革、完善国家城镇体系、带动农村经济和社会发展的重要战略措施，其存在与发展具有重要的意义。

（1）加快城市化进程。改革开放后，中国政府大力推动城镇化建设。但事实证明，中国工业化水平一直高于城镇化水平。中共十九大报告指出，要推动区域协调发展和乡村振兴，实施城乡融合发展的体制机制和政策体系，以城市群为主体构建大中小城市和小城镇协调发展的城镇体系。据有关预测，2020 年我国城市化率会达到 60% 左右，2030 年达到 70% 左右，未来还会有 2 亿以上的农村农业人口进入城市化地区的非农产业区就业居住，成为城市常住居民。① 特色小镇作为我国城镇体系的重要组成部分，是连接城市与乡村的纽带和缓冲地带，可以更好地服务于农业和农村的发展，发挥对乡村振兴战略实施的支撑作用。通过特色小镇建设，可以加快形成各类生产要素实现在城乡间双向流动和高效配置，为城镇创新要素（技术、人才、管理、资金）与农村生态、土地等资源要素的高效结合提供空间载体和流通渠道。

（2）打造具有地方特色的产业集聚和发展平台。特色小镇扎根于深厚的地域文化特别是商业文化，依托于地域文化熏陶下的经济主体行为，并持续催生出新产业、新业态、新模式，是新常态下贯彻落实供给侧结构性改革、培育经济增长新动能、促进产业升级的有力手段。特色小镇"以产兴城，以城聚产"，本身就是一个面向创业者和投资人的创新创业的"众创空间"，也是新兴产业的孵化器。特色小镇的产业建设是基于充分挖掘和利用区域产业及特色资源优势，构建以区域中心城市、周边县域经济、特色小镇、美丽乡村发散式、辐射状的多层结构的新型城镇化产业体系，是"以新兴产业为牵引，以农业资源为基础，以新型城镇化为载体，以信息化为手段"的新引擎、新形态、新载体。由于特色小镇"以产立城、以产兴城、以产聚人"，促进了新兴创业族群的加速形成，本身就

① 姜姗. 城市化发展与水资源可持续利用研究——以山东省为例［D］. 济南：山东大学，2011.

是从个体到类聚、从类聚到网络、从平台到生态的渐进式发展过程，就是各类经营主体的组织化运营过程，从产业、运营与服务生态组织的聚集、融合与成长，实现产业生态系统和价值链、产业链的转型升级。此外，特色小镇的建设有利于形成新经济生态圈和高端产业链的网络节点。投资或运营主体作为创新网络中的构成部分，也是拉动就业和产业升级的主要驱动力。这些网络节点族群通过聚集创新创业人才、风投资本和科技孵化器等创新要素，实现产业链、人才链和资本链等要素的快速耦合，形成新经济的要素生态族群和产业价值网。

（3）疏解和创新大城市功能。特色小镇集中布局在城乡接合部，这也是城镇化最为活跃的区域，既是城乡二元结构的分界点，也是城乡二元结构的融合点。建设符合城乡融合要求的空间载体和现代产业体系，将满足现代都市人对美好生活的向往与政府加快农业现代化的目标相结合，形成鲜明的主题性产业特征、景观特色、人文魅力，是特色小镇存在的意义和基础。此外，特色小镇建设必须在充分利用现有资源的基础上，结合现有空间拓展升级的潜在需求，注重对城市郊区原有大型工厂、物流仓储空间进行改造升级，导入城市新兴产业的创意元素，实现特色产业小镇空间艺术化改造，满足城市现有空间高效率迭代、低成本更新的潜在需求。

（4）承担了发展实体经济的重任。具备长远战略规划、产业资源优势和雄厚资本优势的地产开发商、产业运营商，以及风险投资家等社会资本，源源不断地进入特色小镇的建设方阵。例如，碧桂园、华夏幸福、华侨城、绿城等一批领先房企正在打造中国的"小镇计划"，探索用"造城计划"寻找新的利益增长点；一批具备产业及运营优势且在业内声名显赫的企业诸如华谊兄弟、中青旅、棕榈股份等也以产业为龙头，积极推进特色产业小镇的布局。基于特色产业发展的特色小镇建设，在产业方向的选择、产业开发模式创新、产业空间创意设计等方面与疏解大城市中心城区功能相结合、与特色产业发展相结合、与服务"乡村振兴计划"相结合，推进产业主体实体化、产业业态智慧化、产业空间拓展化，有效地避免了"以建设小镇为名、开发房产为实"的陷阱，有利于从构建新型创新驱动发展模式的角度，实现城乡融合发展路径的颠覆式变革和创新。

（5）形成关键工业技术及智慧产业的新集聚地。特色小镇的选址既与大城市保持适宜距离，又可以通过综合便捷的立体交通体系进行互联互通，确保了小镇发展高端智慧产业的教育、研发、信息、人才、金融等关键要素的有效供给。在产业布局上，基于高校（研发机构）和其他智力资源发展起来的科技型特色小镇，通过对接"中国制造 2025""工业 4.0""互联网＋"等国家发展战略，有选择地发展高技术战略，打造一批智能机器人、通用航空、物联网、生命科学等特色产业小镇，引入并逐步掌握核心关键技术，注重特色小镇产业链综合配套建设，利用虚拟经济、服务经济等新手段、新模式，改造提升以一般性制造业等传统产业为主导的特色小镇，由传统制造为主向前端研发设计、后端服务升值等全景产业链延伸，同时加强制造业与旅游业、文化创意产业等在特色小镇的融合发展，真正提升传统产业的技术含量与附加价值，确立企业在某些领域的关键工业技术上的国际领先地位。

第四节　主要政策支撑

特色小镇作为新事物，需要新的角度、新的思维、新的方法和路径，特色小镇的规划建设也不例外。近两年来，中央与地方政府密集出台了一系列政策，对于特色小镇的建设问题，作出了概念的界定、目标的设置、路径的规划。

一、国家层面的宏观政策

2016 年是特色小镇政策元年，2017 年至今，各地已经进入特色小镇建设的推进和实施阶段。浙江、江苏、云南、广东等省的政策制定都走在全国前列。

2016 年 7 月，《住房城乡建设部、国家发展改革委、财政部关于开展特色小镇培育工作的通知》① 提出，特色小镇建设必须从当地经济社会发展实际出发，发展特色产业，传承传统文化，注重生态环境保护。到 2020 年，培育 1000 个左右各具特色、富有活力的休闲旅游、商贸物流、现代制造、教育科技、传统文化、美丽宜居等特色小镇，引领带动全国小城镇建设，不断提高建设水平和发展质量。国家发展改革委等有关部门支持符合条件的特色小镇建设项目申请专项建设基金，中央财政将对工作开展较好的特色小镇给予适当奖励。三部委依据各省小城镇建设和特色小镇培育工作情况，逐年确定各省推荐数量。

2016 年 8 月，住房城乡建设部《关于做好 2016 年特色小镇推荐工作的通

---

① 住房城乡建设部、国家发展改革委、财政部关于开展特色小镇培育工作的通知 [EB/OL]. 中华人民共和国住房城乡建设部官方网站，http：//www. mohurd. gov. cn/wjfb/201607/t20160720_228237. html.

知》① 发布，根据各省（区、市）经济规模、建制镇数量、近年来小城镇建设工作及省级支持政策情况，确定了 2016 年各省推荐数量。

2016 年 10 月，国家发展改革委发布《关于加快美丽特色小（城）镇建设的指导意见》②，从特色产业、创业创新、基础设施、公共服务、美丽宜居、开发主体、城乡联动、创新机制八个层面，给予了建设指导意见。文件明确了特色小镇统筹地域、功能、特色三大重点，以镇区常住人口为 5 万人以上的特大镇、镇区常住人口为 3 万人以上的专业特色镇为重点，兼顾多类型多形态的特色小镇，因地制宜建设美丽特色小（城）镇。文件提出了创新特色小（城）镇建设投融资机制，大力推进政府和社会资本合作，鼓励利用财政资金撬动社会资金，共同发起设立美丽特色小（城）镇建设基金，并提出研究设立国家新型城镇化建设基金，倾斜支持美丽特色小（城）镇开发建设。

本次文件是对原三部委联合发布的《关于开展特色小镇培育工作的通知》的深化，明确提出了特色小（城）镇的地位是"推进供给侧结构性改革的重要平台、深入推进新型城镇化的重要抓手"，以及特色小（城）镇的三大作用包括：推动经济转型升级和发展动能转换、促进大中小城市和小城镇协调发展、充分发挥城镇化对新农村建设的辐射带动作用。本次发文还提倡分类探索小城镇的发展路径，并对三类小镇提出了发展意向指导。

为促进小城镇特色产业发展提供平台支撑的配套设施建设，2016 年 10 月 10 日，住房和城乡建设部、中国农业发展银行发布《关于推进政策性金融支持小城镇建设的通知》，要求中国农业发展银行各分行要积极配合各级住房城乡建设部门工作，普及政策性贷款知识，加大宣传力度。各分行要积极运用政府购买服务和采购、政府和社会资本合作（PPP）等融资模式，为小城镇建设提供综合性金融服务，并联合其他银行、保险公司等金融机构以银团贷款、委托贷款等方式，努力拓宽小城镇建设的融资渠道。③

2016 年 12 月，国家发展改革委、农业部发布《关于推进农业领域政府和社会资本合作的指导意见》④，要求加强政府农业投资引导，转变政府农业投入方

　　① 关于做好 2016 年特色小镇推荐工作的通知 [EB/OL]. 中华人民共和国住房和城乡建设部村镇建设司，http：//czjs. mohurd. gov. cn.
　　② 关于加快美丽特色小（城）镇建设的指导意见 [EB/OL]. 中华人民共和国发展和改革委员会官方网站，http：//www. ndrc. gov. cn/zcfb/zcfbtz/201610/t20161031_824855. html.
　　③ 支持特色小镇　政策性金融如何行动 [N]. 金融时报，2016 – 10 – 24.
　　④ 关于推进农业领域政府和社会资本合作的指导意见 [EB/OL]. 中华人民共和国发展和改革委员会官方网站，http：//www. ndrc. gov. cn/zcfb/zcfbtz/201612/t20161216_830306. html.

式，积极探索通过投资补助、资本金注入等方式支持农业 PPP 项目，强化政府投资的撬动和引导作用，积极支持引入社会资本的 PPP 项目，使用各类政府投资的农业基础设施 PPP 项目，应纳入三年滚动政府投资计划；创新金融服务与支持方式，着力提高农业 PPP 项目投融资效率，鼓励金融机构通过债权、股权、资产支持计划等多种方式，支持农业 PPP 项目。

2016 年 12 月，国家发展改革委、国家旅游局发布《关于实施旅游休闲重大工程的通知》，[①] 要求各省（区、市）要多渠道增加旅游休闲重大工程投入，引导银行业金融机构加大对旅游投资企业的信贷支持，为重大项目建设提供更便利的融资服务，国家发展改革委、国家旅游局通过中央预算内投资、专项建设基金、旅游发展基金等方式对旅游休闲重大工程项目给予支持。

2016 年 12 月，国家发展改革委、国家开发银行、中国城镇化促进会等机构联合下发了《关于实施"千企千镇工程"推进美丽特色小（城）镇建设的通知》，[②] 要求各地企业联合会、企业家协会要充分发挥社会组织的作用，动员和组织本地企业与特色小（城）镇结对，以市场为导向，以产城融合为目标，把企业转型升级与特色小（城）镇建设有机结合起来。

2017 年中央一号文件《关于深入推进农业供给侧结构性改革　加快培育农业农村发展新动能的若干意见》[③] 指出，将大力培育宜居宜业特色村镇。围绕有基础、有特色、有潜力的产业，建设一批农业文化旅游"三位一体"，生产生活生态同步改善，一产、二产、三产深度融合的特色村镇。这些都与特色小镇建设的核心要求"发展特色产业"相一致。

2017 年 2 月 8 日，国家发展改革委出台《关于开发性金融支持特色小（城）镇建设促进脱贫攻坚的意见》，[④] 提出要加大特色小（城）镇建设的金融支持力度。按照扶贫开发与经济社会发展相结合的要求，充分发挥开发性金融作用，推动金融扶贫与产业扶贫紧密衔接，夯实城镇产业基础，完善城镇服务功能，推动城乡一体化发展。国家发展改革委联合国家开发银行为特色小镇提供金融支持，

---

① 关于实施旅游休闲重大工程的通知 [EB/OL]. 中华人民共和国发展和改革委员会官方网站，http：//www.ndrc.gov.cn/zcfb/zcfbtz/201612/t20161214_829997.html.
② 关于实施"千企千镇工程"推进美丽特色小（城）镇建设的通知 [EB/OL]. 中华人民共和国发展和改革委员会官方网站，http：//www.ndrc.gov.cn/zcfb/zcfbtz/201612/t20161213_829940.html.
③ 关于深入推进农业供给侧结构性改革　加快培育农业农村发展新动能的若干意见 [EB/OL]. 新华网，http：//www.xinhuanet.com/politics/2017-02/05/c_1120413568_2.htm.
④ 关于开发性金融支持特色小（城）镇建设促进脱贫攻坚的意见 [EB/OL]. 中华人民共和国发展和改革委员会官方网站，http：//www.ndrc.gov.cn/zcfb/zcfbtz/201702/t20170208_837422.html.

大大解决特色小镇金融难题，再次加快特色小镇发展步伐。

国务院总理李克强在作 2017 年政府工作报告时提出，优化区域发展格局，支持中小城市和特色小城镇发展，推动一批具备条件的县和特大镇有序设市，发挥城市群辐射带动作用。① "特色小城镇"概念首次被写入政府工作报告中。

2017 年 3 月 7 日，国务院办公厅印发《关于进一步激发社会领域投资活力的意见》（以下简称《意见》），② 从五个方面提出了 37 条具体可操作的政策措施。《意见》指出，进一步激发医疗、养老、教育、文化、体育等社会领域投资活力，着力增加产品和服务供给，不断优化质量水平，对于提升人民群众获得感、挖掘社会领域投资潜力、保持投资稳定增长、培育经济发展新动能、促进经济转型升级、实现经济社会协调发展具有重要意义。《意见》提出，引导社会资本以政府和社会资本合作（PPP）模式参与医疗机构、养老服务机构、教育机构、文化设施、体育设施建设运营，开展 PPP 项目示范。

2017 年 4 月 25 日，国家发展改革委印发《政府和社会资本合作（PPP）项目专项债券发行指引》，③ 明确指出，"PPP 项目专项债券"是指，由 PPP 项目公司或社会资本方发行，募集资金主要用于以特许经营、能源、交通运输、水利、环境购买服务等 PPP 形式开展项目建设、运营的企业债券。现阶段支持重点为能源、交通运输、水利、环境保护、农业、林业、科技、保障性安居工程、医疗、卫生、养老、教育、文化等传统基础设施和公共服务领域的项目。对拟采取 PPP 模式的存量基础设施项目，根据项目特点和具体情况，可通过转让—运营—移交（TOT）、改建—运营—移交（ROT）、转让—拥有—运营（TOO）、委托运营、股权合作等多种方式，将项目的资产所有权、股权、经营权、收费权等转让给社会资本。对已经采取 PPP 模式且政府方在项目公司中占有股份的存量基础设施项目，可通过股权转让等方式，将政府方持有的股权部分或全部转让给项目的社会资本方或其他投资人。同时，要求各地推荐本地区 3～5 个运用 PPP 模式盘活基础设施存量资产效果较好的项目，国家发展改革委将组织专家评审，并遴选若干示范项目加以推广，供各地方学习借鉴。

2017 年 7 月 21 日，国务院法制办、国家发展改革委、财政部起草的《基础

---

① 2017 年政府工作报告（全文）［EB/OL］. 中华人民共和国中央人民政府，http：//www.gov.cn/premier/2017－03/16/content_5177940.htm.

② 关于进一步激发社会领域投资活力的意见［EB/OL］. 中华人民共和国中央人民政府，http：//www.gov.cn/xinwen/2017－03/16/content_5177985.htm.

③ 政府和社会资本合作（PPP）项目专项债券发行指引［EB/OL］. 中华人民共和国国家发展和改革委员会官方网站，http：//www.ndrc.gov.cn/zwfwzx/xzxknew/201705/t20170503_846478.html.

设施和公共服务领域政府和社会资本合作条例（征求意见稿）》及其说明全文公布，征求社会各界意见。① 征求意见稿明确规定了可以采用政府和社会资本合作模式的基础设施和公共服务项目的条件，包括政府负有提供责任、需求长期稳定、适宜由社会资本方承担等，PPP 合作项目期限一般不低于 10 年，最长不超过 30 年。合作项目协议的覆行，不受行政区划调整、政府换届、政府有关部门机构或者职能调整以及负责人变更的影响。同时，合作项目协议中不得约定由政府回购社会资本方投资本金或者承担社会资本方投资本金的损失，不得约定社会资本方的最低收益以及由政府为合作项目融资提供担保。

除住房城乡建设部统筹推进特色小镇建设外，体育总局、农业部、国家林业局率先结合自身相关领域及产业，分别启动了运动休闲特色小镇、农业特色互联网小镇、森林特色小镇的建设试点工作，并在资金方面给予了一定的支持。

2017 年 5 月体育总局发布的《关于推动运动休闲特色小镇建设工作的通知》，② 给运动休闲特色小镇申报指明了方向。该通知要求到 2020 年，在全国扶持建设一批体育特征鲜明、文化气息浓厚、产业集聚融合、生态环境良好、惠及人民健康的运动休闲特色小镇。国家体育总局主导建设的 100 个运动休闲特色小镇，未来将发挥体育的潜在优势，利用特色体育产业与旅游结合，每个小镇包含 30～40 个运动项目，吸引以家庭为单位的人群来旅游健身。同时，实施"体育＋"行动计划，把体育和相关产业、事业融合起来，推动体育和各个方面的融合发展。

2017 年 7 月 7 日，国家林业局发布《关于开展森林特色小镇建设试点工作的通知》。③ 该通知提出，"推进国有林场和国有林区改革及林业供给侧结构性改革"，推动林业发展模式由"利用森林获取经济利益为主"向"保护森林提供生态服务为主"转变，通过提高森林观光游览、休闲度假、运动养生等生态产品供给能力和服务水平，不断满足人民群众日益迫切的生态福祉需求，大力提升林业在国民经济发展中的战略地位。

2017 年 10 月 10 日，农业部发布《关于开展农业特色互联网小镇建设试点的

---

①　我国拟修订基础设施和公共服务领域政府和社会资本合作条例［N］. 新华网，http：//www. xinhuanet. com//politics/2017 - 07/21_c_1121360296. htm.

②　关于推动运动休闲特色小镇建设工作的通知［EB/OL］. 中华人民共和国发展和改革委员会官方网站，http：//ghs. ndrc. gov. cn/zttp/xxczhjs/ghzc/201707/t20170731_856450. html.

③　关于开展森林特色小镇建设试点工作的通知［EB/OL］. 中华人民共和国中央人民政府官方网站，http：//www. gov. cn/xinwen/2017 - 07/10/content_5209114. htm.

指导意见》。① 该指导意见提出，加快推动农业现代化与新型工业化、信息化、城镇化同步发展，统筹推进"互联网＋"现代农业行动和特色小城镇建设，对农业特色互联网小镇建设试点作出了初步安排，厘清了农业特色互联网小镇建设的总体思路、融资模式、重点任务和机制路径。

二、地方层面的相关政策

浙江较早开启了特色小镇的建设工程。在引领经济发展新常态中，浙江把建设特色小镇作为推进供给侧结构性改革的新路径，为企业搭建新平台，为新型城镇化提供新样板。从浙江起步的特色小镇，不求大、但求专；不求多、但求精；不求全、但求特。坚持以"八八战略"为总纲，一个个产业特色鲜明、人文气息浓厚、生态环境优美的特色小镇，改变着浙江经济社会的发展格局。

2015年4月22日，《浙江省人民政府关于加快特色小镇规划建设的指导意见》② 出台，省产业基金及区域基金要积极与相关市县合作设立专项子基金对特色小镇建设给予支持。特色小镇建设确需新增建设用地的，由各地先行办理农用地转用及供地手续，对如期完成年度规划目标任务的，省里按实际使用指标的50%给予配套奖励，其中信息经济、环保、高端装备制造等产业类特色小镇按60%给予配套奖励；对3年内未达到规划目标任务的，加倍倒扣省奖励的用地指标。对在全省具有示范性的特色小镇，省给予一定的用地指标奖励。

2016年3月16日，《浙江省人民政府办公厅关于高质量加快推进特色小镇建设的通知》③ 规定，特色小镇在创建期间及验收命名后，其规划空间范围内的新增财政收入上交省财政部分，前3年全额返还、后2年返还1/2给当地财政。浙江特色小镇的产业定位涵盖了信息经济、环保、健康、旅游、时尚、金融、高端装备制造七大产业，以及茶叶、丝绸、黄酒、中药、青瓷、木雕、根雕、石雕、文房等历史经典产业。其建设空间相对独立于城市和乡镇建成区中心，原则上布局在城乡接合部。规划面积一般控制在3平方公里左右（旅游类特色小镇可适当放宽），其中建设面积一般控制在1平方公里左右。文件规定，凡完成固定资产投资50亿元

---

① 关于开展农业特色互联网小镇建设试点的指导意见［EB/OL］. 农业部办公厅，http：//www. moa. gov. cn/govpublic/SCYJJXXS/201710/t20171016_5840580. htm.
② 浙江省人民政府关于加快特色小镇规划建设的指导意见［EB/OL］. 浙江省招商网，http：// zs. zjol. com. cn/system/2016/05/06/021139363. shtml.
③ 浙江省人民政府办公厅关于高质量加快推进特色小镇建设的通知［EB/OL］. 浙江省招商网，http：//zs. zjol. com. cn/system/2016/05/06/021139354. shtml.

以上（商品住宅项目和商业综合体除外），信息经济、金融、旅游和历史经典产业特色小镇的总投资额可放宽到不低于 30 亿元，特色产业投资占比不低于 70%。

2015 年底，江苏提出，计划通过"十三五"的努力，加大重点镇和特色镇的培育力度，到 2020 年全省形成 100 个左右富有活力的重点中心镇和 100 个左右地域特色鲜明的特色镇。2017 年 3 月 30 日，江苏省发展改革委在官网发布了《关于培育创建江苏特色小镇的实施方案》，① 提出特色小镇要彰显江苏产业特色、凸显苏派人文底蕴、引领区域创新发展，力争通过 3~5 年的努力，分批培育创建 100 个左右产业特色鲜明、多种功能叠加、体制机制灵活、人文气息浓厚、生态环境优美、宜业宜居宜游的特色小镇的目标。在产业定位上聚焦高端制造、新一代信息技术、创意创业、健康养老、现代农业、旅游风情、历史经典等产业。

云南省大力推进特色小镇建设，出台了支持特色小镇发展的财税、融资、土地、项目等政策措施，公布了 105 个特色小镇创建名单。② 2016 年 7 月，云南省德宏州瑞丽市畹町镇、大理州大理市喜洲镇、红河州建水县西庄镇就已经被住房城乡建设部认定为第一批全国特色小镇。2017~2019 年，云南省将力争建设 100 个特色小镇。云南特色小镇吸引企业投资的优势，一是优越的区位优势，从国家战略大局看，云南地处"一带一路"和"长江经济带"的交汇点，战略地位重要；二是持续的增长优势，从云南经济发展大势看，近年来云南省抢抓机遇、强化措施，后发赶超、跨越发展的态势良好；三是独特的要素优势，从发展特色小镇的核心支撑要素看，无论是自然风光，还是民族文化，云南都具有鲜明的、其他省份不可复制的特色。

2017 年 6 月 27 日，广东省发展改革委、省科技厅、省住建厅颁发《加快特色小（城）镇建设指导意见》③ 并印发各地级市政府，指出要规划建设一批符合当地实际的特色小（城）镇。到 2020 年，全省建成 100 个左右产业集聚发展、生态环境优美、人文气息浓厚、城镇功能完善的美丽特色小城镇。到 2020 年，全省建成 100 个左右产业"特而强"、功能"聚而合"、形态"精而美"、机制"活而新"的省级特色小镇，成为新的经济增长点。各地出台的特色小镇规划建设政策如表 1-5 所示。

① 关于培育创建江苏特色小镇的实施方案 [EB/OL].J 江苏省发展和改革委员会官方网站，http：// fzggw. jiangsu. gov. cn/art/2017/3/30/art_284_6648637. html.
② 对云南省十三届人大一次会议第 0384 号建议的答复 [EB/OL]. 云南省发展和改革委员会官方网站，http：//www. yndpc. yn. gov. cn/content. aspx？id=274897203050.
③ 加快特色小（城）镇建设指导意见 [EB/OL]. 中华人民共和国发展和改革委员会官方网站，http：//ghs. ndrc. gov. cn/zttp/xxczhjs/ghzc/201707/t20170725_855380. html.

表 1-5 各地出台的特色小镇规划建设政策示例

省份	政策	核心内容
浙江	《关于加快特色小镇规划建设的指导意见》《关于推进电子商务特色小镇创建工作的指导意见》《关于开展第二批省级特色小镇创建名单申报工作的通知》《关于开展特色小镇规划建设统计监测工作的通知》《浙江省特色小镇创建导则》《关于金融支持浙江省特色小镇建设的指导意见》	特色小镇要聚焦信息经济、环保、健康、旅游、时尚、金融、高端装备制造等支撑全省未来发展的七大产业，兼顾茶叶、丝绸、黄酒、中药、青瓷、木雕、根雕、石雕、文房等历史经典产业，坚持产业、文化、旅游"三位一体"和生产、生活、生态融合发展。每个历史经典产业原则上只规划建设一个特色小镇。根据每个特色小镇功能定位实行分类指导
江苏	《江苏省人民政府关于培育创建江苏特色小镇的指导意见》	以人为本、因地制宜、突出特色、创新机制，夯实产业基础、完善服务功能、优化生态环境、提升发展品质，力争通过 3~5 年努力，分批培育创建 100 个左右产业特色鲜明、体制机制灵活、人文气息浓厚、生态环境优美、多种功能叠加、宜业宜居宜游的特色小镇
甘肃	《关于推进特色小镇建设的指导意见》	从各地区实际出发，体现区域差异性，提倡形态多样性，不搞区域平衡、产业平衡、数量要求和政绩考核，防止盲目发展、一哄而上。坚持产业建镇，防止千镇一面和房地产化。坚持以人为本，防止政绩工程和形象工程。坚持市场主导，防止政府大包大揽和加剧债务风险
山东	《开展"百镇建设示范行动"推进小城镇建设和发展的意见》	按照因地制宜、突出重点、梯次发展的原则，在全省选择 100 个镇，开展"百镇建设示范行动"，努力把示范镇培育成为县域产业成长的新载体、创业发展的新平台、人才集聚的新高地，带动全省小城镇提升建设和发展水平，推动城乡一体化，促进经济文化强省建设
广东	《广东省关于加快特色小镇规划建设的实施意见》	特色小镇可分为特色产业类、科技创新类、历史文化类（综合文旅类）三种主要类型。每个特色小镇突出发展一个最有基础、最有优势、最具特色的主导产业。到 2020 年，全省建成 100 个左右产业"特而强"、功能"聚而合"、形态"精而美"、机制"活而新"的省级特色小镇，成为我省新的经济增长点
福建	《福建省关于开展特色小镇规划建设的指导意见》	特色为本、产业为根、精致宜居、双创载体、项目带动、企业主体
贵州	《贵州关于加快 100 个示范小城镇改革发展的十条意见》	提出建设"5 个 100 工程"重点发展平台，其中就将打造 100 个示范小城镇与 100 个城市综合体、100 个产业园区、100 个现代高效农业示范区和 100 个旅游景区，作为全省"加速发展、加快转型、推进跨越"战略的重要载体

续表

省份	政策	核心内容
海南	《海南省百个特色产业小镇建设工作方案》	加快全省百个特色产业小镇建设发展，力争用 3 年时间，百个特色产业小镇的产业发展全面提速，一批立足本地资源的产业形成并壮大，全省县域经济的活力、竞争力和可持续性全面加强。通过特色产业小镇的产业发展，新型城镇化全面推进，产城融合进一步深化，生产、生活、生态融合得到强化，形成一批新的独具风格的风情小镇
四川	开展"百镇建设行动"	通过 3～5 年努力，使 100 个试点示范小城镇的基础设施和生态环境得到明显提升和优化。自 2012 年启动，分三批进行，共覆盖 300 个试点镇。2015 年 1 月第三批"百镇建设行动"名单的公布，意味着四川省"百镇建设行动"300 个试点镇已全部确定
天津	《天津市特色小镇规划建设工作推动方案》	到 2020 年，创建 10 个市级实力小镇、20 个市级特色小镇，在现代产业、民俗文化、生态旅游、商业贸易、自主创新等方面竞相展现特色，建设成一镇一韵、一镇一品、一镇一特色的实力小镇、特色小镇、花园小镇

资料来源：笔者整理。

从各地特色小镇规划、建设的政策设计来看，特色小镇创建目标更加明确，准入标准更清晰，细化到数量、建设规模、旅游化标准、投资节奏等；建设主体更灵活，政府、企业均可创建，鼓励社会资本投入；建设目标更加多元，通过完善基础设施及教育、卫生、文化、体育等公共服务设施，实现"产业＋文化＋旅游＋社区"等多重城市功能；扶持政策更多元，包括资金扶持、土地扶持、人才扶持；考核机制更动态，对于建设主体实行统一的退出机制，对于完不成考核任务的加倍倒扣用地指标等（见表 1-6）。①

表 1-6　　　　　　　　　　　政府政策设计的核心

规划统筹编制	基础设施配套	要素保障	文化和生态保护	软环境支持
多规合一； 战略指引； 导入专家智力团队； 开放式公众参与渠道	路网； 电网； 气网； 水网； 通信网	政策供给； 土地供给； 资本供给； 人才供给	保护生态基底； 开发强度控制； 与自然融合发展； 保护文化遗产，包括：传统建筑、历史环境要素、乡镇非遗、乡镇生态与人文秩序	地方指导意见及优惠政策包括：先行先试、鼓励创新；财税优惠、专项扶持；多元化、市场化、产业化试点改革等。处罚机制包括对于不能完成考核任务的加倍倒扣用地指标等

资料来源：笔者整理。

---

① 住房城乡建设部关于公布第一批中国特色小镇名单的通知 [EB/OL]. 住房城乡建设部官方网站，http：//www. mohurd. gov. cn/wjfb/201610/t20161014_229170. html.

第五节 浙江的示范作用

一、浙江模式评述

近年来，浙江按照"企业主体、资源整合、项目组合、产业融合"的原则，在全省建设了一批聚焦七大产业、兼顾历史经典产业、具有独特文化内涵和旅游功能的特色小镇，以新理念、新机制、新载体推进产业集聚、产业创新和产业升级。2015 年 10 月，时任浙江省省长李强在《今日浙江》上发表题为《特色小镇是浙江创新发展的战略选择》的署名文章，对该省正着力推进的特色小镇建设工作首次进行全面总结，[①] 首次阐述了浙江对于特色小镇的四大定位。他提出，特色小镇是浙江适应和引领经济新常态的新探索、新实践，是破解有效供给不足的重要抓手，是破解高端要素聚合度不够的重要抓手，是破解城乡二元结构、改善人居环境的重要抓手。

南京大学周晓虹教授认为，我们起码可以从以下五大方面理解特色小镇在中国的城市化及产业转型方面的重要意义：[②]

（1）为中国的城市化找到了一条富有活力的选择性路径；

（2）破解了包括浙江在内的中国大多数发达地区的空间资源短缺问题，又有效地通过产业转型推动了现今如火如荼的供给侧改革；

（3）强力吸引高端创业者、风投资本、各类孵化器聚集，为越来越多的怀揣梦想的年轻人找到了创新创业的热土，实现了诸种高端要素的超常聚合；

（4）形成急需"社会精准治理"的新秩序空间；

（5）为成长中的中国中等收入群体提供了大显身手的空间。

在政府出台的一系列政策及考核要求的引导下，特色小镇已经成为浙江省聚合创新资源，实现块状特色产业转型的新载体和新空间。

蔡健（2016）结合台州市黄岩区智能模具小镇规划实践案例，从规划的角度对智能模具特色小镇的产业发展、功能格局构筑、空间特色塑造、文化特色搭建及公共政策等方面进行了研究，对特色小镇的规划编制进行了探索。作为一种新

---

① 李强. 特色小镇是浙江创新发展的战略选择 ［N］. 人民网—中国共产党新闻网，2016 – 01 – 04.
② 周晓虹. 产业转型与文化再造：特色小镇的创建路径 ［J］. 南京社会科学，2017（4）：12 – 18.

的产业空间类型，特色小镇的建设对浙江省特色块状产业的带动效应明显，出现了"梦想小镇""基金小镇"等一系列"明星小镇"。但同时也存在一些片面利益驱动下的不良导向，如片面地追求产业用地指标及政策优惠，以及在"50亿投资"的考核要求下急功近利地盲目投资。这些不良导向使特色小镇正在面临变成一个纯产业区（工业园区）的风险。因此，必须在规划编制及实施层面杜绝这些倾向。为了防止特色小镇建设成为企业哄抢土地的一场"盛宴"，规划还应充分研究特色小镇的产业用地比例，杜绝片面追求大比例工业用地的不良倾向。同时，强调产业用地的精细、有效使用，制定入园企业门槛，从产业门类、环境影响、企业规模及研发创新能力方面对企业进行限定，避免"捡到篮子里的都是菜""新瓶装旧酒"等现象，打造真正的特色小镇、特色产业，使特色小镇成为特色产业转型的新高地。

金兴华（2016）提出，建设特色小镇是新常态下浙江创新发展的一个大战略，其现实意义不仅是消解要素供给压力、再造成本新优势的重要举措，还是依托现代化的基础设施、发挥社会创造活力、再造市场和产业新优势的重要途径。未来浙江特色小镇战略将进一步突出产业升级，形成小镇大产业的格局、新型城市网络和别致的宜居空间。同时，小镇建设还必须选择好产业，把"人"的需求放在第一位，发挥市场的决定性作用。

对于国内其他地区而言，浙江省的特色小镇政策未必具有可复制性，但其传达的创新发展、融合发展、"在地化"特色发展的思路对于当前新常态下的产业升级和城镇化建设或许有一定启示意义。赵佩佩等（2016）认为，特色小镇的本质是产业，核心是创新发展，建设的逻辑起点在于产业的选择和经济的发展，建设的根本目的是依托特色小镇，集聚创新资源，实现产业发展由要素驱动向创新驱动转变。同时，特色小镇规划应体现创新与融合、多元与聚合、精致与美丽的规划建设要求，其规划重点应包括产业功能研究、空间模式研究、小镇特色塑造、政策创新设计和近期项目实施等六大部分内容。此外，特色小镇规划作为一项综合性的建设规划，还须体现全过程集成设计、与市场接轨的规划方法创新等方面的特点。但也要看到，特色小镇作为一项新生事物，其成效还有待实践的检验，政策设计也还有待进一步完善。

张红喜（2016）探讨了代表浙江特色的小镇建设思路。浙江省第一批特色小镇的创建涵盖了信息概念、金融基金、高端制造、传统制造、历史文化、旅游养生这六大主题。比如以搭建国际交流平台的国际会议小镇；以金融为核心的综合金融小镇；以低碳经济为理念和发展方向的低碳环保小镇和健康小镇；最能代表浙江精神的创意小镇、智慧小镇、地理信息小镇、袜艺小镇、模具小镇等。从促进产业转型、倡导特色建设、加强景文融合，规划形态小而美，主导产业特而强、结构功能有机融合等方面推进特色建设。

　　白小虎（2016）从区域层面的都市圈、城市群和微观层面的产业集聚全面阐述了生产力空间布局的理论基础，借助中心地模型，结合产业的区位选择，解释了浙江从块状经济到特色小镇空间布局的演变路径。特色小镇作为都市圈优势区位上的综合发展平台，产业与空间相匹配，内部叠加多元化功能，能集聚、锁定高端要素，发挥出特色小镇的生产力优势。产业集聚形成的产业空间，既是市场个体的微观决策的结果，同时也在共享众多市场主体城市集聚的好处，这对于认识特色小镇的生产力空间布局的核心内容，以及特色小镇的政策设计、规划建设，是一个更为基本、更为全面的理论视角。

　　桑士达（2017）认为，目前，特色小镇是我国产业升级、创新驱动的一大重要战略。浙江省作为东部较发达地区，也是发展特色小镇的先导地区。浙江特色小镇建设蓬勃发展、成效初显，特色小镇成为加快新兴产业振兴发展的新推手和推动经济转型升级和融合发展的新引擎。特色小镇建设是前所未有、前无古人的新生事物，但是产业基础还不够扎实，同质化竞争压力比较大以及规划布局尚需科学规范等，仍是建设中亟须重视和解决的问题。而且小镇建设要注重特色活力和人文涵养，强化要素支撑和政策扶持，完善考查机制和有效服务。

二、 浙江发展特色小镇的优势

　　得益于历史积淀和文化传统，浙江以市场为导向的经济体系已趋于完善，形成了以民营经济、中小企业为主，依托市场发展的经济发展模式。① 由于产业基础深厚，浙江的特色小镇是"有中生有""锦上添花"。一批产业特色鲜明、人文气息浓厚、生态环境优美、多功能叠加融合、体制机制灵活的美丽小镇重新塑造了浙江的经济社会发展格局。可以说，浙江的特色小镇就是借势块状经济的基础上建设而成，是"中小企业自身发展的强烈诉求＋政府的因势利导"的结果。

---

① 李强. 特色小镇是浙江创新发展的战略选择［N］. 人民网—中国共产党新闻网，2016 – 01 – 04.

其优势突出体现在以下五个方面。

第一，传统文脉深厚。浙江城市文脉保存相对比较完整，特色小镇将文脉的传统性、时代性与文化性充分结合，在城市规划与建设中厚植传统文脉，纳古入新，推陈出新，提炼出标志性的文化元素，在景观上呈现了一些代表着文脉符号的历史建筑、景点等，通过保护和发掘地方名人文化、生产方式文化、田园生态文化，培育真正具有小镇特色的文化载体和文化符号。在产业设计方面，特色小镇将茶叶、丝绸、黄酒、中药、青瓷、木雕、根雕、石雕、文房等历史经典产业融入江南水乡、生态宜居、传承历史文脉、凸显产业特色发展之中，既挖掘千年历史文化积淀，延续历史文化根脉，传承工艺文化精髓，又引领该产业创新发展，为传统产业注入新活力。

第二，城镇功能体系成熟。浙江特色小镇建设坚持国际化视野、本土化呈现、故事化表达、商业化运营。在这个快速融合、共享合作、协同创新、全面融合、追求可持续发展的时代，浙江特色小镇体现出的创新要素聚集效应，在特定区域范围和地理空间最直观的反映就是更为主动、更有能力承担消除城乡差异、推进区域协调和均衡发展的责任。从这个意义上说，当前特色小镇建设所带来的引领、辐射、集散功能，是城镇功能体系发展成熟的重要标志。

第三，完善的要素市场化配置体系。浙江依托块状经济的专业要素市场打造特色小镇，比如东阳木雕小镇、海宁皮革小镇、诸暨大唐的袜艺小镇等。受当地工商业传统的影响，浙江已经形成专业化分工，劳动力密集的专业镇、专业村；当地开放活跃的经济环境和政府宽松的产业政策，促使特色小镇快速发展并迅速崛起。浙江专业要素市场发达，其特有的"小企业、大配套"的市场格局，形成了要素自由流动、定价随行就市、竞争公平有序的良好经营环境。浙江块状经济发展以消费品市场为中心、专业要素市场为特色，生产资料市场为支撑，联合其他要素市场构成了相互配套的商品交易网络，集聚了大量产业链和特殊专业人才资源智力网络。浙江特色小镇正是在各类专业要素市场发挥优势、转型升级的新突破。

第四，完善的要素承接平台。浙江市场经济发展历史悠久，基础雄厚，体制成熟。许多省内大城市的传统产业基地更加容易转移到小城镇、农村乡镇。其主要原因主要有三个方面：一是城市经济开放程度较高，有着现代化的产业技术与专业服务，使得信息、资本、劳动力、专业技术能够有效组合，大大降低了交易成本；二是优越的区位优势，使得原材料和产成品能方便地运输，还能大量地出口；三是当地政府从土地、资金等方面提供了优惠的政策，扶持特色小镇的发展，促进了小镇产业链的完善与升级。

第五，拥有成熟的创业者群体和商业精神领袖。在政府引领下，浙江"大众创业、万众创新"氛围浓厚，创新创业文化已基本形成。当前，浙江创新创业的政策支持、金融配套、风险投资、创业者、研发力量、中介机构等各大要素集聚，形成富有吸引力的创业创新生态圈。同时，还形成了阿里系、海归系、浙商系和浙大系的领军创业群体。以梦想小镇、云栖小镇、青瓷小镇等为代表的特色小镇正是因为创新创业而获得了巨大成功，树立了创新创业的标杆和榜样。

三、浙江模式的经验借鉴

第一，特色小镇建设必须创新规划理念，实行"多规合一"。由于多个部门对同一城市空间有各自的规划引导和控制要求，特色小镇空间规划体系中也可能存在各规划间缺乏有效衔接的问题。随着国家新型城镇化战略的不断深入，"多规合一"成为特色小镇建设与发展中关注的热点问题之一。浙江通过"多规合一"，成功地对经济与社会发展规划、城乡规划、土地利用规划、环保规划等进行统筹协调，形成了多位一体、"多规融合"的空间规划体系，具有高度的综合性、融合性和约束性。实践证明，特色小镇规划不是单一的城镇规划或园区规划，而是各种元素高度关联的综合性规划，是集产业规划、人居环境规划及风貌设计、基础设施规划、文化挖掘研究、旅游规划、新技术应用、体制机制创新和规划建设管理为一体的综合规划体系。确保小镇规划具有前瞻性、协调性和可操作性。因此，特色小镇建设必须坚持规划先行、多规融合，突出规划的前瞻性和协调性，统筹考虑人口分布、生产力布局、国土空间利用和生态环境保护，确保小镇规划具有前瞻性、协调性和可操作性。必须坚持节约集约利用土地，合理界定人口承载力、资源承载力、环境承载力与产业支撑力，在开发中保护，在保护中开发。

第二，特色小镇建设必须创新产业定位，突出"一镇一业"。特色小镇的战略创新与各市县的内在发展需求高度契合，与当地现有的资源优势和产业基础，以及传统产业转型升级的趋势高度契合，容易形成政策推动力与产业内生发展诉求的合力。特色产业集群的构建、培育和发展，是特色小镇的重中之重。特色小镇的产业体系通常分为两类，一类是内生式产业体系，主要是依托当地资源和产业基础发展起来的；另一类是外部嫁接的导入式产业体系，主要依靠搭建平台，吸引产业进驻。必须立足本地资源优势和产业基础，聚焦特色主导产业，发展一批有品牌推动、龙头带动、市场促动的产业集群，结束以往产业"群岭无峰"、并行发展的突出问题。例如义乌光源科技小镇，依托现有的信息光电高新技术产业园，规划建设 2.99 平方公里的 LED 产业集聚区，吸引了木林森、华灿光电、瑞丰光电等知名企业项目进驻。

第三，特色小镇建设必须创新功能定位，突出"多元叠加"。小镇虽然规模不大，但是所具备的城市基础功能却要求很齐全，包括生产功能、服务功能、管理功能、协调功能、集散功能、创新功能等。特色小镇从"为创新创业者提供舒适、惬意和宜居的生活和社区环境"入手，深挖、延伸，融合产业、文化、生态、旅游和社区功能，把生态优先纳入资源开发全过程，把生产生活服务嵌入小镇建设全过程，把行为文化和产业基因植入小镇发展全过程，打造综合性的功能性平台。比如杭州玉皇山南基金小镇以"办事不出小镇"为目标，开通了国际医保服务，推行证照一站式办理，将普通小学改造提升为双语小学，集聚了一批私募高端人才和包括莫言在内的知名文化人士。

第四，特色小镇建设必须创新运营机制，突出"专业化运营"。特色小镇建设必须坚持引入有实力的投资建设主体，突出设计和规划的专业性，发挥当地居民、村（社区）的主动性和积极性，引导各方社会力量参与小镇的规划建设，使市场主体和当地居民成为特色小镇开发建设的真正主体。实践证明，特色小镇建设必须坚持企业为主体、市场化运作，政府主要集中精力聚焦"顶层设计"、导入战略性投资人，营造环境、做好服务。比如，嘉善巧克力小镇在规划设计、发展理念方面在引入国外先进成熟工业旅游模式的基础上进行创新，从一般性的工业旅游拓展为巧克力特色小镇、巧克力文化主题旅游。项目采用"大企业＋全产业链"模式，由斯麦乐集团投资建设，打造了集巧克力研发、生产、展示、体验、文化、游乐和休闲度假于一体的现代化巧克力生产基地、特色工业旅游示范基地和文化创意产业基地。丽水市绿谷智慧小镇加快以信息技术为特色的产业集聚，吸引互联网技术研发、信息系统集成、电子商务服务类创业新项目入驻。项目采用委托第三方公司管理模式，聘请上市公司浙大网新集团为小镇官方运营商，由专业团队对小镇提供市场化招商运营和服务，包括腾讯"互联网＋创新基地"等一批好项目落户小镇。玉皇山南基金小镇坚持政府引导、企业主体、市场化运作，成立了玉皇山南建设发展公司，充分发挥市场在资源配置中的决定性作用，以企业为投资建设主体，主导小镇的"国际化""专业化""市场化"发展。

第五，特色小镇建设必须创新制度供给，实行"市场化投入 + 个性化服务"。我国特色小镇建设的价值导向，就是要探索创新引领、"多规合一"、企业主体、龙头企业专业化特色管理的乡村现代化发展路径，使特色小镇成为实施国家乡村全面振兴战略的先行者，高质量发展、践行新发展理念的引领者，成为国家现代化经济体系的微观单元和发展基础。坚持质量导向，把实绩作为唯一标准，重点考量城乡规划符合度、环境功能符合度、产业定位清晰度、文化功能挖掘度等内涵建设情况。创新特色小镇运营方式，探索建立由多方参股的发展基金、创新招商方式等，扶持重点产业，引进高端产业、先进技术。在日常管理上，实施"镇长"制，由牵头单位或者企业高层等担任"镇长"，比如"IT 小镇"镇长由东软集团董事长兼任，"绿色智慧小镇"由丽水市经信委担任镇长单位。导入竞争机制，充分调动各方活力和积极性，促进参与者在良好竞争环境下能够提高效率，提升绩效。例如，实施"期权激励制"，转变政策扶持方式，从"事先给予"改为"事后结算"，对于验收合格的特色小镇给予财政返还奖励；实施"追惩制"，对未在规定时间内达到规划目标任务的，实行土地指标倒扣，确保小镇建设质量。在融资渠道上大胆创新，探索产业基金、股权众筹、PPP 等融资路径，加大引入社会资本的力度，以市场化机制推动小镇建设。创新建设方式，采用 PPP、众筹等方式推进小镇建设。创新政府服务方式，加速整合资源要素，为特色小镇提供个性化服务。

第六，特色小镇建设必须创新融资供给，建设"创新创业集成新社区"。小镇本身就是创新资源连接器，通过整合创客服务机构，引入第三方机构，为入驻企业提供专业的融资、市场推广、技术孵化、供应链整合等服务，使特色小镇成为新型众创平台。创客公共服务平台全程为创客提供全程服务，尤其是对接风险资金，打造完善的创客创业服务生态链。如宁波睿研运营管理的"双创"平台型项目"海卫智巢"，内设智能家电孵化中心、高端精细化孵化室、独立办公、办公卡位、路演大厅、体验检测、科技服务中介、休闲活动中心等多功能、多业种、多业态空间。项目以"观海卫优势产业集群 + 互联网"为主线，重点孵化科技创业、智能研发、都市工业和创意创新等相关领域项目，旨在打造集"智生态、潮品类、卫文化"于一体的家电创业、科研创新、智能研发、检测中心等多元素集成社区。[①]

　　特色小镇理念的提出是一个重大战略性发展举措，浙江省立足于市场化、城市化、工业化、信息化基础，率先从现实出发设计了政策体系，充分动员了政府和市场主体等方方面面的积极性。浙江特色小镇类型众多，产业基础也不尽相同，生产力空间布局的两个层面上的表现，即城市化与产业集聚的互动，涵盖了绝大部分小镇的产业发展特色。改革开放之初，浙江小企业近乎"铺地板"式地快速发展，形成了自身的特色和基础。而升级版的浙江创业模式融合了科技资源的开放共享、税收与金融政策的大胆突破、成果的快速转移转化、传统产业与高精尖产业并存、人才的吸引与培养、区域协同创新、国际化开放创新等多个高端要素。总之，特色小镇发端于浙江实践中勇于创新的肥沃土壤，是浙江人民善于创业、勇于创新生动实践的真实写照。而各地在学习和借鉴的过程中，更加需要结合自身资源禀赋，开展深入的理论研究和实践探索。

---

① 观海卫海卫智巢众创空间招商已启动［N/OL］. 慈溪新闻网，http：//www.cxnews.cn.

第二章 特色小镇建设的理论基础

第一节 田园城市理论

一、田园城市 "乌托邦" 愿景的提出

英国社会活动家埃比尼泽·霍华德（Ebenezer Howard）于 1899 年成立了田园城市协会，田园城市是他于 19 世纪末提出的关于城市规划的设想。霍华德在《明日的田园城市》（*Garden Cities of Tomorrow*）[①] 中充分描述了他的 "乌托邦" 愿景，包括如何资助、规划和管理一个花园城市，阐明了 "城市—乡村" 的全新发展思路。他认为，解决现代工业城镇过度拥挤和恶劣环境的办法是产生新的规划社区，创造城镇和乡村的 "快乐联盟"。花园城市的目标是将城市生活的吸引力与接触自然和更健康的生活方式结合起来，就是 "在乡村原野上建立一个控制城市和人口规模的具备城市功能化的田园城市，人们就近生活，就近工作，亲近原野，造化自然。" 这种理想意境的生活方式是田园城市的真实写照。

霍华德在他的著作《明日，一条通向真正改革的和平道路》（*Tomorrow：A Peaceful Path to Real Reform*）[②] 中进一步提出了建设新型城市的方案，并称之为 "田园城市"。这是一种兼有城市和乡村优点的理想城市，实质上是城和乡的结合体，与一般意义上的花园城市有着本质的区别，可以有效避免城市膨胀和生

[①] Ebenezer Howard. Garden Cities of Tomorrow [M]. MIT Press, 1965.

[②] Ebenezer Howard. Tomorrow：A Peaceful Path to Real Reform [M]. Cambridge University Press, 2010.

活条件恶化，使现代科学技术和社会改革目标在城市与乡村同步达成各自的目标。

1919 年，英国"田园城市和城市规划协会"明确提出了田园城市的含义：田园城市是为健康、生活以及产业而设计的城市，它的规模能足以提供丰富的社会生活，但不应超过这一程度；四周要有永久性的农业地带围绕，城市的土地归公众所有，由某个专业委员会受托掌管。

二、田园城市的特点和优势

"田园城市理论"的构成可以总结为以下几个要素：相对独立的空间系统；自给自足的城市功能；慢节奏的休闲生活；对环境进行保护；可持续的生态系统；生产、生活、生态和谐统一的功能组团；便捷的交通网络；均衡的社会服务；城市与乡村的融合。[①]

田园城市理论回答了现代城市规划面临的一系列问题：

城市建设与扩张是否应该最大限度地保护乡村的自然、生态与文化？

城市如何选择一条可持续、低资源消耗的城市发展路径，让市民得到高品质城市生活兼顾乡村生态休闲的生活方式？

城市管理者如何兼顾多元群体的利益，确保城市居民与乡村农民在城市化的进程中获得同等丰富的社会生活、财富增值与利益平衡？

田园城市的特点和优势如表 2 - 1 所示。

表 2 - 1　　　　　　　　　　　田园城市的特点和优势

特点和优势	内容描述
田园城市兼具工作与生活两个功能	使用土地必须缴付租金或者土地出让金。在土地上进行建设、聚居而获得的增值由投资者所有；城市的规模必须加以限制，交通便利，使每户居民的生活都融入乡村自然空间
田园城市兼具城市和乡村两个形态	现代田园城市，市区绿地广布，郊区森林环绕，城市即为田园，田园即为城市。城市在基础设施先进、城市功能健全的前提下，分享乡村田园风光；乡村在农业有特色、业态城市化的前提下，融入城市生活。城乡分割后出现城乡二元结构问题，通过发展田园城市，初步实现了边界消失、城乡融合，最终达到一体化发展

---

① ［英］埃比尼泽·霍华德. 明日的田园城市［M］. 金经元，译. 北京：商务印书馆，2000.

续表

特点和优势	内容描述
田园城市疏解大城市功能	田园城市没有工业化带来的烟尘污染，多以电为动力源，城市垃圾集中处置，严格控制城市规模，人口规模适中，不盲目膨胀，规避了大城市弊端。以自然生态环境为依托，限制城市之间的距离，兼有城市和乡村优点的理想城市，城市四周被农地围绕，或农地绿色渗入核心城区，农村腹地接受城市文明的辐射，保证居民能够在接受城市现代化信息的同时享受乡村自然风光
田园城市可以是多中心、整体化集合体	田园城市既兼有城、乡的有利条件，又可以规避两者的不利条件。城乡之间以快速交通和即时迅捷的通信相连，把城市和乡村统一成一个相互渗透的区域综合体，形成一个多中心、整体化运作的城市系统

第二节　城市区域核理论

一、城市结构多核论

1945 年，哈里斯（C. D. Harris）和乌尔曼（E. L. Ullman）[①] 在帕克（P. E. Park）、麦肯齐（R. D. Mckenzie）[②] 等的理论基础上，进一步发展了城市结构的多核论（multiple-cell theory），认为城市由几个异质的核心形成，逐渐发展成统一体。即使是由单心发展的城市，在发展过程中也会产生别的核心。

1950 年，法国经济学家弗朗索瓦·佩鲁（François Perroux）[③] 首次提出的极化理论认为，一个国家要实现平衡发展只是一种理想，在现实中是不可能的，经济增长通常是从一个或数个"增长中心"逐渐向其他部门或地区传导。因此，应选择特定的地理空间作为增长极，以带动经济发展。佩鲁奠定了西方区域经济学中经济区域观念的基石，是不平衡发展论的依据之一。

1977 年，美国社会学家万斯（Vance）提出城市"区域核理论"。[④] 万斯认为，大部分城市的居民越来越不会使用整个城市辖区，除非有特殊需要；相反，

---

①　［美］Harris, C. D. and Ullman, E. L. The Nature of Cities. Annals of the American Academy of Political and Social Science, 1945, 24 (2): 7－17.

②　［美］帕克，麦肯齐. 城市社会学：芝加哥学派城市研究文集 ［M］. 北京：华夏出版社，1987.

③　［法］弗朗索瓦·佩鲁. 新发展观 ［M］. 北京：华夏出版社，1987.

④　［美］詹姆斯·E. 万斯. 延伸的城市——西方文明中的城市形态学 ［M］. 凌霓，译. 北京：中国建筑工业出版社，2007.

他们在一个足够相对有效地发挥自己作用的城市空间内生活和工作，这个有效地发挥居民作用的城市空间即城市区域核。

城市有多个中心，意味着不再是所有的城市居民都奔向唯一的 CBD、城市核心或地标建筑，人们可以围绕多个中心组团生活、工作，不再忙于进城、出城，交通不再拥堵；政府以更环保、更生态、更节约资源的方式发展产业、建设城市；人与人、人与自然、人与城市更好地和谐共处。

二、城市网络理论

在城市群结构内部的各城市之间，伴随地域经济要素的市场化整合，必然形成城市间的互动交流，因而就会产生新的"增长点"和经济要素"结点"，进而转化为新的城市区位空间。这种现象在学术研究中有很多特殊的定义或名称，如城市"外层城镇""外围城镇""微型城镇""技术小区"等。这些都是散落在城市周围、自立自足的郊区王国，居民的活动围绕着新的就业、零售及服务中心展开。

1997 年，美国学者卡尔·艾博特（Carl Abbott）提出了世界城市网络理论，他的研究指出："从丹佛的'技术中心'到奥兰治县的'就业中心'，再到奥兰东北部围绕沃尔纳特克里克的'反边地中心'（contra costopolis），都是这样的新中心（即就业、零售及服务中心）"。①

城市网络理论主张对城市功能进行集中建设，社区是围绕某一城市功能的密集组团，空间和功能要素匹配并高度集聚，生活社区尽可能接近工作地点，这样可以减少交通、基础设施以及房屋的建设成本。硅谷发展空间的变迁过程也显示，不同要素集聚构成的社区节点，可以产生新的商业坐标、产业坐标和文化坐标。特色小镇往往构成有个体理想追求的生活与工作一体化生活圈，不仅有生活圈，还有独立的创业空间和一整套的生活价值的表达系统，如就业、创业和娱乐等。这就是在一定的"城市区域核"范围内创造完整的就业与生活体系，在城市资源的再分配中获得自己的优势与机遇。

城市区域核理论的演进过程如表 2 - 2 所示。

---

① ［美］卡尔·艾博特. 大城市边疆——当代美国西部城市 ［M］. 北京：商务印书馆，1998.

表 2－2　　　　　　　　　城市区域核理论的演进过程

内涵层次	内容模式	代表性学者及理论
自成一体	人口向郊区迁移，远郊出现城市核，城市与郊区的相互作用强度降低。在远离城市的地方不断形成独立"核"，每个"核"都有自己的运行方式、法则和规律	帕克（R. E. Park）和麦肯齐（R. D. Mckenzie）、哈里斯和马尔曼（C. D. Harris and E. L. Ullman, 1945）：城市结构的多核论（multiple-cell theory）；1950 年，法国经济学家弗朗索瓦·佩鲁（François Perroux）：极化理论；1977 年，美国社会学家万斯（Vance）：区域核理论
自我维系	郊外城市核出现，郊区加强了城市"自我维系能力"的建设，并最终脱离对城市中心商业区的依赖，重建符合自身特质的城市功能和运行规则	
多核心发展	一个空间发展较为良性的城市，都有多个分离的"城市区域核"。多核心城市（multiple-cell city）是由几个核心发展起来的城市，组成统一的市区	
就业导向	区域核形成以就业为核心的生活方式，包括但不限于：创业、就业、生产、流通、分配、消费、娱乐一体化	
反边地中心	不同要素集聚构成的特色小城节点，产生新的商业坐标、产业坐标和文化坐标	1997 年，美国学者卡尔·艾博特（Carl Abbott）：世界城市网络理论

资料来源：笔者整理。

第三节　块状经济理论

一、"块状经济"的定义以及浙江实践

所谓"块状经济"①，也称为经济"马赛克"，是指在一定的地域范围内形成的特色产业集聚，且形成了特定产业专业化的产销基地，是一种区域特色经济特有的组织形式、生产形式和流通形式，具有极强的区域品牌特性。经验表明，在地区经济的发展中，由大量中小微企业集中经营而构成的"块状经济"，成行成市布局，形成区域品牌（地方品牌），从而降低交易成本，提高信息和资本流转效率，已经成为推动区域经济快速发展的一种重要模式。

随着块状经济地理集中度不断提升，"块状经济"的区块规模显著扩大，能

---

① 孙国民，彭艳玲，宁泽逵. 块状经济中小企业转型升级研究——以浙江省为例 [J]. 中国科技论坛，2014（1）：128－133.

够带动当地的经济和社会发展，因而又被称为区域特色经济。从规划视角下，特色小镇是块状经济转型升级的新业态，是产业平台的新高地，是改善人居环境的新抓手，是规划创新的新挑战。①

在浙江，"块状经济"分布于全省各地（见表2-3），在地理版图上形成块状明显、色彩斑斓的"经济马赛克"：基于传统工业文化的特色小镇建设催生出了复兴型产业的全面繁荣；基于公有制企业社会化的特色小镇建设扩散出了衍生型产业的影响力；基于工匠商贩的特色小镇建设引领了创业型产业的全面兴起；基于专业市场的特色小镇建设诱导了贸工转换型产业的普遍成长；基于外商投资企业的特色小镇建设促进了孵化型产业的孕育；基于产业链招商的特色小镇建设开拓了生成型产业崭新的价值网，在扩大经济总量、优化经济结构中起到了举足轻重的作用。

表2-3　　　　　　　　　　　　浙江块状经济分布

地理经济板块	代表性产业
宁波板块	宁波电气机械、宁波金属制品、宁波塑料制品、宁波通用设备、宁波服装、宁波有色金属、宁波纺织、宁波工艺品、宁波电子通信、宁波交通运输设备、宁波文体用品、宁波专用设备、宁波化纤、宁波农副食品加工等
温州板块	温州鞋革、温州服装、温州乐清电器、温州塑料、温州汽摩配、温州印刷等
绍兴板块	绍兴织造、绍兴印染、绍兴纺丝等
诸暨板块	诸暨五金、诸暨纺布、诸暨织袜等
嘉兴板块	嘉兴皮革、嘉兴纺织、嘉兴化纤、嘉兴服装等
温岭板块	温岭泵与电机、温岭鞋帽服装、温岭汽摩等
其他板块	嵊州领带、上虞化工、杭州五金机械、富阳造纸、萧山化纤、玉环汽摩配、湖州长兴亿纤、临海机械电子、玉环阀门等

资料来源：笔者整理。

二、浙江"块状经济"发展的基础

一是根植于大众创业的土壤和精神。中小微企业是"块状经济"的建构主体。为数众多的中小微企业单位，集中在一个狭窄的分工领域，聚焦特定产品，

① 王波. 规划视角下特色小镇的编制思路与方法研究——以无锡禅意小镇规划为例[J]. 江苏城市规划，2016（10）：26-31.

将专业化分工作为经营主体间的纽带，初始期面向中低收入消费群为主要市场，构成了具有地方特色的区域生产体系，是大生产、大流通构成的大工业生产体系的构成部分，并为大体系提供了服务体系，构筑起专业化产业区，通过产业协作、组织创新、市场精准对接而赢得竞争优势。

二是"块状经济"通过产业集中诱发专业市场建设。"块状经济"的发展有赖于专业市场建设，通过专业市场需求刺激产业加速发展，为专业化制造提供服务，实现小产品大市场。专业市场的出现，在较大程度上解决了特色制造业和中小微企业发展，尤其是初始发展所必需的资本服务、用工服务、市场信息、原材料供给和产品销售渠道等。

三是营商环境是"块状经济"发展的重要基础。由于使用市场机能的成本相对偏高，本地经营主体多采用专业分工的信任机能进行交易。"块状经济"的商业活动大多以血缘、姻亲、地缘、乡谊为维系纽带，形成了以彼此信任为基础的交易机制，降低了经营风险、交易成本，提升了应对外来竞争的整体能力。社会网络中集聚的市场意识、冒险精神、创业精神和风险意识，扎根于深厚的地域文化特别是商业文化，形成了地域文化特色鲜明的经营主体决策机制和经济组织效率机制。

三、对于"块状经济"发展趋势的判断

基于初级资源要素禀赋和要素在空间上的集中机制发展起来的"块状经济"本质上还处于产业集群的初级阶段。"块状经济"表现出专业化协作水平不高的缺陷。随着"块状经济"向专业化集聚发展，区域内出现了大量的高端创新要素（高校、研发机构等技术创新及转化机构）、上下游配套企业和中介服务机构，专业化协作网络、中介服务体系以及区域产业链基本形成，区域品牌初步树立，区域价值网逐渐形成，"块状经济"过渡到"集聚经济"。基于此，我们可以作出以下判断。

第一，"块状经济"还处于产业集群的初级阶段。主要是生产同类产品的企业在一定区域内的简单集中，是一种粗放式的经济发展模式，科技含量偏低，产业协作方式单一，专业化水平不高。浙江省针对浙江块状经济发达但产业转型升级滞后、传统资源要素丰富但高端要素聚合不足、城镇化速度较快但城镇景观缺少特色等问题，将特色小镇建设作为寻求促进产业、空间双升级的新型发展空间

平台。①

第二，强调政府计划的科学性。在建设特色小镇的整个发展过程中，政府计划的科学性程度远高于此前的"一镇一品"，且在整个产业链上的整合和集聚程度也相对较高。政府的角色已经转变成在小镇发展之初就提供明确的指导性规划，为当地发展指明方向，真正退回到了发展的制度设计和创新、基础资源配置的"供给侧"。②

第三，"块状经济"正在向产业集群发展。从"块状经济"发展到"产业集群"，是提升产业竞争力的重要基础，发展产业集群是后起国家及地区从比较优势转变为国际竞争优势的重要途径。目前，部分"块状经济"尚处于通过企业自身规模扩大和提升科技含量而产生集聚优势的初始阶段，未来必须拓展产业链和价值链，优化制造工艺和流程；通过相互联系的组织实现"去地方主义"，融入国际化。

第四，"块状经济"发展成为"集聚经济"后将成为区域经济的支撑力量。在全国产业结构转型升级的大背景下，各地"块状经济"也在向技术密集、资本密集、人才密集的高端产业升级，进一步延伸产业链，地方生产系统的智能化改造加快，在加工制造、交易流通、融资上市等重要节点均形成一定的协同创新族群，并成为独特的竞争优势。因此，"块状经济"是"集群经济"的发展基础，"集群经济"是"块状经济"的发展方向。

第五，"集聚经济"有利于提升区域竞争力。浙江省特色小镇短短两年的实践，证明对推动地方政府立足资源禀赋、区位环境和本土特色，发展优势主导产业、延伸产业链、集聚高端要素有重要意义，直接推动了构建"小镇大产业"、提升区域竞争力。随着产业发展的层次和水平不断向高端演进，马赛克式的块状经济加速向现代产业集群转型，新能源汽车产业、数字经济等新兴产业也加速集聚，通过形成创新型集群价值链孕育出极具市场竞争力的区域品牌。

总之，块状经济扮演的角色举足轻重，既对工业发展产生了巨大拉力，又极大地推动了城镇化进程，此外还吸纳了大量农村剩余劳动力，成为提高农村居民收入水平、缩小城乡差距的重要支撑。

---

① 赵佩佩，丁元. 浙江省特色小镇创建及其规划设计特点剖析 [J]. 规划师，2016（12）：57 - 62.
② 陈宇峰，黄冠. 以特色小镇布局供给侧结构性改革的浙江实践 [J]. 中共浙江省委党校学报，2016（5）：28 - 32.

第四节　产业集聚理论

从产业集聚（industrial agglomeration）理论的演进过程来看，产业集聚理论经历了外部经济理论、产业区位理论、新竞争优势理论、新制度经济的交易费用理论、新经济地理学规模报酬递增理论等探索过程，同时也是一个从"成本决定论"到"利润决定论""市场区位论"的探索过程。

一、古典区位理论

古典区位理论着重从降低成本的角度探讨农业、工业的最佳区位问题，其价值取向突出了"成本决定论"。"杜能圈"是围绕城市形成的一系列同心圆。工业区位论认为，集聚因素可以产生"集聚效应"，集聚效应是指某些工业部门向某个地区集中所产生的一种大于所追加的运费或劳动力费用从而使产品生产运输成本降低的效果。韦伯在理论上的最大贡献就是首次提出"区位因素"概念，并对"集聚效应"进行了分析。

亚当·斯密（1776 年）根据绝对利益理论（the theory of absolute advantage）[1]，从分工协作的角度将产业集聚定义为由一群具有分工性质的企业为了完成某种产品的生产联合而组成的群体；1817 年，大卫·李嘉图则认为，产业聚集源于生产特定产品的区位优势；[2] 1826 年，杜能从微观企业区位选址的角度，提出了产业区位理论，认为费用最小区位是最好的区位，而集聚能使企业获得成本节约；[3] 1890 年，阿尔弗雷德·马歇尔发现，产业集聚能够吸引促进专业化的投入和服务，能够提供特定产业技能的劳动力市场，并产生溢出效应，使集聚企业的生产函数优于单个企业的生产函数，企业从技术、信息等的溢出中获益；[4] 1909 年，阿尔弗雷德·韦伯首次提出了集聚的概念，并从微观企业区位选址的角度提出了产业区位理论。[5]

① ［英］亚当·斯密. 国民财富的性质和原因的研究［M］. 北京：商务印书馆，1972.
② ［英］大卫·李嘉图. 政治经济学及赋税原理［M］. 北京：商务印书馆，1976.
③ ［德］杜能. 孤立国同农业和国民经济的关系［M］. 吴衡康，译. 北京：商务印书馆，1986.
④ ［德］阿尔弗雷德·马歇尔. 经济学原理［M］. 彭逸林等，译. 北京：人民日报出版社，2009.
⑤ ［德］阿尔弗雷德·韦伯. 工业区位论［M］. 北京：商务印书馆，1997.

二、近代区位理论

近代区位理论包括德国城市地理学家克里斯塔勒（W. Christaller）[①] 和德国经济学家廖什（A. Lösch）[②] 分别于 1933 年和 1940 年提出的"中心地理论"（centra place theory），主要认为市场网络系统是按照经济规律形成的经济空间分布的等级序列。科斯从一个侧面说明了产业集聚（企业的聚集）所产生的经济效益（交易费用的降低）。[③] 佩鲁通过产业关联、外部性等角度探讨了经济的非均衡增长，认为产业的地区性集中给产业结构和增长带来了特殊效应，经济增长的原因是生产的聚集及其辐射带动。[④]

三、新经济地理学

新经济地理学（new economic geography）学派从全新的角度来研究聚集经济和产业集聚现象。迈克尔·波特从企业竞争优势的角度提出了产业群（irdustrial clusters）的概念，同时还利用"钻石（diamond）"模型对产业聚集及产业群进行了分析。[⑤] 克鲁格曼提出产业集聚的"中心—外围"模型（Core—Periphmy），说明产业集聚依赖于外部经济，即规模经济、收益递增以及运输成本和需求的相互作用。[⑥]

综上，市场区位理论的发展经历了三个阶段：单个企业的市场、潜在市场、多个企业的市场构成的市场网络，理论着重阐明了市场最佳区位选择的假设条件及目的。城市区位论则着重从城市等级与规模的空间关系、市场区与市场网的内部联系出发，探索企业如何获得最大利润。特色小镇多属于产业型小镇，其空间选址往往更遵循产业区位理论，是某一类产业市场配置的结果。特色小镇建设体现了城乡区域经济效应的"整体最佳"状态和目标，其实质也是交易成本决定论或利润决定论。

① ［德］克里斯塔勒. 德国南部中心地原理［M］. 常正文，王兴中，译. 北京：商务印书馆，2010.
② ［德］Lösch A. The Economics of Location［M］. New Haven，CT：Yale University Press，1954.
③ ［美］R. 科斯，A. 阿尔钦，D. 诺斯等. 财产权利与制度变迁——产权学派与新制度学派译文集［M］. 刘守英等，译. 上海：上海三联书店，上海人民出版社，1994.
④ ［法］弗朗索瓦·佩鲁. 李仁贵，译. 略论增长极概念［J］. 经济学译丛，1988（9）：67–72.
⑤ ［美］迈克尔·波特. 国家竞争优势［M］. 北京：华夏出版社，2002.
⑥ ［美］保罗·克鲁格曼. 地理与贸易［M］. 北京：北京大学出版社2000.

四、创新性产业集群

从亚当·斯密到波特，产业集群的探索经历了萌芽和演变过程。经济合作与发展组织（OECD）完成了创新集群概念的理解转向，提出了当代创新集群概念。伴随着世界经济的发展以及产业竞争的国际化趋势，产业集群的创新能力越来越受到关注，创新性产业集群进入人们的视野。

罗恩·德维尔（Ron Dvir，2004）提出，相关联的产业在一定区域内实现了有效集聚，就会在相互作用与影响之下形成产业集群系统。[①] 莱沃申科（Levchenko，2007）对于国际上产业集群的产业数量和发展动力进行分析研究，明确了产业集群与世界经济发展之间存在紧密的正向关系。[②]

中国学者在国内产业发展实践中，也找到了产业集群的促进要素和发展轨迹。陈松洲（2015）提出，在发展创新型产业集群过程中，必须有效发挥政府作用，例如，强化发展创新型产业集群的理念；制定科学的产业集群发展规划；构建完善的社会服务体系和技术创新服务体系；引导企业建设创新型文化；加强社会中介组织的建设；建立多元投融资体制以及重视人力资源的开发和引进等。

沈小平、李传福（2014）研究发现，创新型产业集群已经成为区域经济的重要组成部分，区域经济之间竞争的本质是不同产业集群之间生产方式与生产效率的竞争，因此，创新型产业集群在未来全球产业价值链中的地位将十分关键，推动创新型产业集群形成不仅是培育战略性新兴产业的重要手段和载体，而且是建设国家创新体系的重要助推器。必须从自组织和他组织动力系统两方面提供动力要素的作用机制，包括竞合机制、协同机制、创新机制、诱导机制和调节机制。

从本质上说，特色小镇满足了产业集聚所需要的产业基础、特定空间和文化土壤。特色小镇的专业化、专门化及领域聚焦的清晰定位，提升了吸引产业链要素集聚的效率。随着全球城市化的展开和信息网络经济的高速发展，专业化劳动力和产业资本形成了更强的增值效应，网络和智能技术以及发达的交通网络等，

---

① Ron D. Innovation Engines for Knowledge Cities：An Inncvation Ecology Perspective［J］. Journal of Knowledge Management，2004（5）：16 – 27.

② Levchenko A. Institutional Quality and International Trade［J］. Review of Economic Studies，2007（3）：791 – 819.

为产业分工和竞争提供了新的集聚动力，使各种经济要素摆脱了传统区位空间的地理约束，这也是特色小镇全面崛起的理论基础和现实土壤。特色小镇作为城市的一种类型，为要素集聚提供了空间和载体。

第五节　生产力布局理论

一、生产力布局的内涵

生产力布局理论的主要内容是：在特定阶段，总投资的地区分配状况以及重大建设项目分布的地区；社会再生产的各个环节、各部门、各要素的空间组合和安排；各区域之间、各部门之间、城乡之间、城市和地区之间的分工协作及其发展比例关系。在生产力布局理论发展的过程中形成了一些有代表性的理论观点，如表2-4所示。

表2-4　　　　　　　　　　　生产力布局理论的内涵

理论观点	内容描述
趋优分布理论	由于受多种因素的影响，一个国家或地区的不同区域的经济往往处于不同的发展水平和发展阶段，各种投资活动及要素的分配应优先投入具有较好发展环境和比较优势的区域，这样不仅能够尽快地取得相应的经济效益，而且也能快速地发挥其对周围区域的辐射和带动作用
集聚和分散理论	生产要素只有集聚到一定程度，才能形成现实生产力。在这个基础上，随着集中度的提高，规模经济效益日益显示出来。集聚理论强调在进行生产力分配的过程中，一定要处理好集聚和分散的关系，在生产要素集聚到一定程度后，要合理分散，找到一个最佳的分配点
指向性理论	在进行区域经济布局时，某些因素（如资源指向、市场指向、交通指向等）会对生产成本产生一定的影响，在进行一定的成本—收益分析后，生产要素和企业会按照成本最低的原则进行分配和选址。由于某种原因对投入的要素和企业的选址产生特殊的吸引力，最需要考虑的是资源指向和市场指向。随着科技进步，新兴产业的出现和市场约束的增强，指向的作用日益增强，资源指向日益削弱，市场指向不断增强

二、生产力再布局的意义

在中国40多年改革开放中，工业化长期主导着中国的城镇化建设，且工业化速度大大快于城市化进程。[①] 中共十九大提出了"新矛盾理论"，即当前社会的基本矛盾转变为人民日益增长的美好生活需要和不平衡不充分的发展之间的矛盾。这一重要理论的提出具有重要的理论意义和实践意义。生产力的不均衡布局就是导致经济社会不平衡不充分发展之间矛盾的根源。特色小镇是一种生产力再布局、更加注重内涵发展的生产要素再组织模式，也是一种破解有效供给不足、推动产业转型和产业升级的经济模式，还是一种多元参与、体制开放、协同共享的社区或社会治理模式。[②]

汪千群（2016）认为，特色小镇更多的是依托于大中城市而存在的相对独立空间，是介于城与乡之间的一种过渡的社会空间形态，是城市功能的延伸区域。因此，区域产业结构演变规律主要表现为：一是主体产业的顺次转移；二是区域间产业结构呈现梯度转移。资源要素投入的重点，应该优先放在具有较好基础和具有发展优势的地区，这样不仅能够尽快取得投资效果，而且能够使这些地区较早地对周边地区发挥辐射和带动作用，实现区域的协同发展。

三、城乡之间的生产力再布局

纵观人类社会经济发展的历史，我们会发现，城市化的进程是与人类进步相伴而行的，而且随着社会经济的发展，城市化进程在特定时间段内将呈现加速的态势。农业与农村的发展实践推演出了一个城市化的规律：要发展农业，必须大力发展非农业，促进农业与第二、第三产业融合；要繁荣农村，必须大力推进城镇化，城市的公共服务可以惠及农村，使城乡边界模糊化；要富裕农民，必须通过城市化途径大量减少农民，实现农村劳动力向第二、第三产业彻底转移。

生产力过于集中在大城市的布局，使大城市对乡村产生了强烈的虹吸作用，导致典型的"大城市病"和乡村的"空心化"。一方面，大城市出现人口膨胀、交通拥挤、住房困难、房价飞涨、环境恶化、资源紧张等"症状"；另一方面，城市生产组织效率吸引了乡村中的青壮年劳动力向城市迁移，这引发了乡村劳动力的"空心化"，进而造成乡村留守者情感的断层，同时也加剧了城乡之间知识信息的断层，更加剧了乡村与城市财富集聚能力的断层。乡村由于失去了精壮劳

---

① 沈建国. 世界城市化的基本规律 [J]. 城市发展研究，2000（1）：6－11.
② 周晓虹. 产业转型与文化再造：特色小镇的创建路径 [J]. 南京社会科学，2017（4）：12－18.

力，土地荒芜，原本田园牧歌的生态面貌不复存在，走向产业与文化的凋敝和"空心化"。城乡二元结构的形成，可能产生两种不同的发展趋势：一种是差距不断拉大，形成先进的城市和落后的乡村之间的对立；另一种是急于消除二元结构，实行生产力的"反偏向布局"。

城乡结构的形成是区域经济非均衡运动的结果。城市一般能够成为区域经济发展的中心，由于城市的特点，决定了在生产力布局中有着较高的要素投资效益。按照趋优分布理论和指向性理论，应当实行"有偏向布局"的先机，导致了区域经济空间"核心—外围"二元结构的形成，即区域城乡结构的形成。

四、特色小镇对于生产力再布局的意义

特色小镇的生产力来源于产业聚焦与空间匹配、专业化产业特色叠加以及多元化服务功能。生产力空间布局涉及两个层面：一是中观的区域层面；二是微观的企业与产业层面。① 生产力空间布局的变迁主要体现在产业集聚与城市形态的互动。特色小镇立足于本土的市场化、城市化、工业化、信息化基础，从现实出发设计了产生动力的政策体系和互动机制，正向提高了政府和市场等投资主体、监管主体、参与主体之间的交互频率。

而不管是产业新城还是产业园区、特色小镇，都是城市群产业集聚效应的展现形式。不过城市群的空间格局将会对地方的生产力水平造成巨大的影响。城市群内的产业集聚才是生产力提高的主要原因，而且城市群内具有高效的信息通信、交通网络、金融中介等生产性服务组织，使区域间的产业协作更加便利，城市间的产业集聚更容易产生资源共享与辐射效应。这种现象很好地解释了生产力空间布局理论的形成原理与具体作用。② 而特色小镇、产业新城、产业园区就是城市群大中小城市进行产业分工的产物，也是以差异化生产力空间布局为基础的。因此，对于规划者来说，这一概念不容忽视，但是想要灵活运用，还需要参考微观层面企业行为对产业集群理论的影响。

从某种意义上来说，特色小镇的生产力空间布局就是破解城乡之间生产力布

① 白小虎. 特色小镇与生产力空间布局 [J]. 中共浙江省委党校学报，2016（5）：21-27.
② 前瞻产业研究院. 生产力空间布局理论如何在特色小镇规划中运用 [R]. 安徽特色小镇官方网站，http://www.ahxiaozhen.com/system/2017/06/05/011027484.shtml2017-06-05.

局不均衡的问题。以社会化大生产为主要特点的城市经济发展较快，而以小生产为主要特点的农村经济无法应对市场环境变化，产业竞争力和稳定性偏弱。城市的道路、通信、卫生和教育等基础设施发达，而农村的基础设施落后；这种状态是我国经济结构存在的突出矛盾，特色小镇建设就是要淡化城乡间的二元界限，缩小垂直落差。特色小镇类似于一个新的地域生产力布局和结构创新空间，在有限的空间内优化生产力布局，破解要素聚集不充分的结构性局限，探索"产业结构优化""传承历史文化""区域发展均衡性"等创业创新生态进化规律，对于推动区域经济社会可持续发展以及城乡并进、乡村振兴等有着深刻的历史意义和重大现实价值。

第六节　价值网理论

从价值链到价值网经历了一个演进的过程。最早提出主体价值网概念的布兰德伯格和纳尔波夫（Adam Brandenburger and Barry Nalebuff，1996）在其研究中重点强调了"合作""互补""共生"等概念。

一、多维价值网络"合作"系统

价值网对于单向价值链进行拆分、重组，将各个节点的主体联合起来，形成主体价值网，将组织者或者投资者置于价值网的核心，从单纯的面向市场结构转变为融合要素交易网络与虚拟价值网结合、形成主体节点间内部建构的组织化、网络化结构。核心主体与节点主体借由群体协作响应和信息技术整合，实现价值网的联动运作。在产业语境下，这种协作响应体现在核心产业要素与节点产业要素之间的互动耦合。阿里尔等（Ariel R. et al.，2000）认为，产业集群中所有企业共享市场，各个企业既相互联系也相互独立，企业在知识、技术、信息等方面积极交流，这样在提高企业创新能力的同时可以降低企业的交易成本，提高各个企业的创新效率和经济效益，最终达到集群化的规模效益。

特色小镇也类似于一个特定的价值模块，是一种具有确定独立功能的半自律性的子系统，可以组成完整的系统，通过标准的界面结构，与其他具有独立功能的半自律子系统，按照一定的规则，相互联系，构成更加复杂的合作关系。特色小镇形成的一种新型价值创造的合作形式，即模块化网络合作组织。成员共同创造、转移、实现和分配价值，是模块化网络的四个环节，其核心是，引导价值的合理流动，这既是模块化网络组织治理的重要方面，也是增强网络组织竞争优势的重要途径。在模块化网络组织中，组织内部的主体通过合作实现知识创新和价值创新。

二、多维价值网络"互补"系统

布兰德伯格和纳尔波夫（1996）提出的价值网（value net）管理模型，解释了所有商业活动参与者之间的关系，认为互补者（complementors）是商业活动中一个新的因素。传统的集合型价值链通过裂变、分解，可以形成具有兼容性、可重复利用、符合页面标准的价值模块，这些模块重新整合成新的模块化价值链，各个主体再将各自的价值链连接起来，成为主体之间的价值系。价值系逐渐演变成价值网。价值系是存在于许多主体间的中间组织，是一个价值创造系统，是主体的引力集合。在这个系统内部，各个成员，包括作为"恒"主体的经纪人公司、供应商、经销商、模块化生产主体、合伙人、顾客等，一起合作创造价值，通过"成员组合"方式，进行关系与角色的重塑，以新的协同关系，甚至是新的角色，共同再创价值（reinvest value）。

价值网强调各种关系的对应因素，与竞争者相关的原则也适用于互补者。依据价值网理论，产业集群中的每一个成员彼此都是"互补者"，他们集聚在价值链的周围、以产业链为组织形式，建构主体协作网络，促进了以知识链为主导的协同创新网络的发展，优化了各类价值体系，包括市场信息的共享、主体技术的相互学习、在产业发展方向上的判断以及共同的价值取向观。

特色小镇就是一个特定产业的产业价值网，价值网内的主体之间存在着错综复杂的互补关系，网络节点的分布是这些关系交互作用和利益博弈的结果，优越的网络节点位置有助于主体获取更多网络资源（Koka and Prescott，2002）。特色小镇从价值创造、传递、获取、实现角度构建价值网模型，揭示和演绎了价值网中产业发展的盈利驱动因素和各成员间的相互关系。网络节点位置体现出来的网络结构关系更有助于说明网络创新的形成机制。

三、多维价值网络"共生"系统

首先，特色小镇的产业空间开发是全域产业发展的内在要义，尤其对物理空间有限的特色小镇而言，充分发挥其产业功能的关键在于找到实现"小空间大聚合"的有效路径。其次，特色小镇在物理形态上是一个功能综合体，而其实质是一个价值网体，用价值网理论指导特色小镇开发，有利于实现产业空间的多维度拓展。最后，基于价值网理论的产业空间开发在内在机理上，由逻辑起点、作用过程和空间效果三个环节构成，围绕不断升级的市场需求，特色小镇需要持续深化、挖潜、集聚各类产业要素，实现要素间的耦合互动和价值共创，从而丰富特色小镇的产业内涵，推动产业空间的有序化和延展化。

卡珊达曼和威尔逊（Kathandaraman and Wilson，2001）指出，价值网是一种以客户为核心的价值创造体系，并强调了价值网的客户驱动性。阿德里安·斯莱沃茨克（Adrian Slywotzk，2010）也提出，价值网的本质是围绕客户价值重构价值链以实现客户整体价值最优。由此可见，客户需求的激发是特色小镇价值网形成的起点。传统的市场需求在物质条件大幅提升的情况下，已经逐步迭代到"商、智、养、学、闲、情、奇"等相互融合的新内容。产业需求总体规模的扩大、需求内容的多元和品质要求的升级，客观上驱动了产业形式更加多样、产业内涵更加丰富、产业空间更加扩展。全域产业发展的最终目的是给各涉及主体提供最优的产业体验，给游客自由行走的权利和保障，同时给常住居民带来惬意的生活和空间。

特色小镇存在于一个多维价值网络系统中，这一价值网络系统由小镇外部的微观价值网络体系、产业价值网络体系和社会价值网络体系共同构成。皮尔斯·道格拉斯（Pearce Douglas，1995）提出，区域旅游产业供给的五大空间影响要素是吸引物、交通、住宿、支持设施和基础设施。其中，吸引物是核心产业要素，其余四类属于节点产业要素。多维价值网络体系促进了小镇智力资本的积累与发展，导致小镇无形价值边界逐步脱离有形价值边界，产生了小镇的双重价值边界，提升了小镇无形价值和整体价值。多维价值网络环境下的小镇价值计量包括有形价值计量和无形价值计量。有形价值计量以测量资产的经济价值为目的，通常采用资产整体估价模式；无形价值计量以测量小镇智力资本的价值创造潜力、提供产业进步的载体空间以及就业机会等社会效益为目的，通常以资产评估、潜力评估、社会价值评估等多种评价模式综合并用。

科技型特色小镇是高端产业在高等教育、科研、金融、智能制造、生物医药、新能源、新材料等领域的布局。面对行业竞争，价值网上节点主体更多地以资源共享、优势互补为基础，以领先的技术创新为关键竞争力，利用参与科技创新的节点主体，如企业、大学、科研院所、中介服务机构、政府等，通过一定的机制"产业价值链"和"创新生态链"的交叉延伸组成新的技术创新网络系统并持续迭代。价值网的开放性可以持续吸引更多的节点加入网络，促进价值网成员结构的多样化，原有的成员也可以吸收新的资源，从新的视角、利用新的方法提升其创新绩效。

旅游型特色小镇的关键在于找到实现"小空间大聚合"的有效路径，其实质是一个价值网络体。① 用价值网络理论指导特色小镇开发，有利于实现旅游空间的多维度拓展。基于价值网络理论的旅游空间开发在内在机理上，由逻辑起点、作用过程和空间效果三个环节构成，围绕不断升级的游客需求，特色小镇需要持续深化"旅游 +"，挖潜、集聚各类旅游要素，实现要素间的耦合互动和价值共创，从而丰富特色小镇的旅游内涵，推动旅游空间的有序化和延展化。特色小镇应以"旅游 + 内容"和"旅游 + 手段"为主要方向，探索符合自身旅游空间开发规律的模式，包括存量空间提升模式、增量空间挖潜模式和智慧旅游发展模式。

综上，特色产业在小镇的集聚，可以帮助集群内的主体在系统内合理优化配置资源，在集群创新体系的各组成成员之间创造、传播、引进、扩散和应用新技术、新知识、新工艺，以促进集群经济的可持续增长和产业结构优化，其核心是要实现集群内创新主体之间的密切联系和交互影响，使知识和技术在集群创新系统内部有效流动和充分扩散，通过成员之间优势互补而形成新的产业价值网。

---

① 易开刚，厉飞芹. 基于价值网络理论的旅游空间开发机理与模式研究——以浙江省特色小镇为例 [J]. 商业经济与管理，2017（2）：80 - 87.

第七节   区域品牌理论

一、区域品牌形象标识系统

中国各地区资源禀赋各异，构成了代表各自特色的"区域品牌形象标识系统"。区域品牌作为一定行政或地理区域范围内企业族群共享的公共品牌，具有非竞争性、非排他性、外部性、资产性、规模效益性、与区域企业品牌互动性、与区域文化互动性等特征。由于历史原因，区域品牌与块状经济紧密联系。特色小镇可以被品牌化。如利用产业与企业集群品牌、特定产品品牌、区域文化品牌、名胜古迹和景观品牌等命名，提高知名度、利于传播，增强其吸引力。例如以企业品牌命名的特色产业小镇（如海尔小镇）；以运动类别命名的运动小镇（如足球小镇、攀岩小镇、定向越野小镇等）；以特定产品命名的产业小镇（如机器人小镇、葡萄小镇、影视小镇）等。

区域品牌的基本构成要素主要包括区域特征、品牌内涵和视觉标识等。区域品牌不仅仅是一种符号结构系统，或者某种产品的象征，更是产业、企业族群、产品品质、社会文化的综合反映和体现。从狭义概念来说，区域品牌特指某个地区的特色"产业集群"，它象征着该产业集群的历史与现状，是区域产业集群的代表。同时，区域品牌也是一个识别系统，这个识别系统是由区域（地名）和产业（产品）名称为核心构成的，它在法律上表现为商标或集体商标。

区域品牌在性质上既具有产业集群的属性，又具有品牌的属性。[①] 区域品牌包含的内容比较广泛，区域自然与人文特征、产业集群内部的结构、产业发展的政策环境等都成为区域品牌的构成要素，都对区域品牌营销产生影响。区域品牌具有品牌的一切属性，其中最主要的是它的识别性、资产性、竞争性和目标客户与消费者特征等。区域品牌意味着高质量、高信誉、高效益、低成本，通过共同使用价值把所有单个成员的生产经营能力有效组合起来，形成数量优势，显示规模效应。

同样，以农产品品牌来打造的特色小镇，主要以特色农产品产业发展为核

---

① 詹杜颖. 品牌效应下的特色小镇构建研究 [D]. 杭州：浙江工业大学，2012.

心，以农业增效、农民增收为目的，结合乡村生态保护、乡村基础设施建设、农产品品牌打造等功能，打造具有特色产业定位、创意文化内涵、农业旅游功能、美丽人居环境的新型现代农业可持续发展空间平台。利用农产品品牌所涵盖的特定区域内相关企业、农户、流通渠道等所共有的品种品质管理、品牌使用许可、品牌行销与传播的共同诉求与行动，形成与区域农产品和区域形象共同发展的特色小镇品牌。在品牌力量的推动下，现代农业特色小镇多利用网络平台对主导产品进行集中宣传、推介、销售，带动域内经营主体进行网络销售，促进镇内特色主导农产品的发展和销售，推进"一镇一业"发展，形成现代农业发展新动能。

二、特色小镇文化资本

品牌是市场营销学的一个重要概念，现在已广泛应用于其他领域。品牌是品牌自身无形资产的集中体现，它集中于特定的形象及其个性化的"符号"或"信息"来识别。小镇品牌的力量是能够引导人们认识和了解到某一区域，并和某种形象和联想产生联系。小镇品牌形象是一个区域对内对外的整体形象，其要素包括了政治、历史、文化、环境等。经济发展和区域形象是相互驱动的关系。小镇品牌结合了主观与客观、个体化与社会化两个维度，一种新的阐释小镇品牌形象内涵的方式将进一步影响对于小镇品牌的整体营销理念，成为"小镇文化资本"的构成部分。

特色小镇的品牌营销是指用宣传手段和营销手段与目标受众进行沟通，目的是为了有效吸引资本和人力进入，促进旅游业和产业发展。利用小镇品牌文化对于吸引移民、旅游、产业、投资等方面的现实意义，凸显特色小镇作为一个新的多种经济形式的聚合体、一种整体产业链、各种创新要素融合的产业升级和经济结构调整的平台的特有风格和魅力。麦克法登等（MacFadyen et al.，2004）把一座城市类比成一个公司，深入地去研究了关于城市品牌相关的投资方式，以及一座城市可以从城市品牌当中获取的一些价值。吉普森（Gibson，2005）以在华盛顿特区推销城市生活的实践为例，探讨了关于城市领导者如何在打造城市品牌的过程中，将郊区目标市场群体吸引到城市并且定居在城市的过程。

特色小镇文化资本的形成是一个复杂的积淀过程，它涉及政治、经济、环境、科学、文化、教育、建筑、艺术等许多领域。因此，特色小镇的品牌建设需要挖掘特色形成的成因机制，分析产业、文化、旅游、服务四大功能各自的特色形成和互动过程及结果，探索特色小镇在规划、建设实践背后的行动逻辑，构建特色小镇的特色内容框架体系以及具有小镇特色的产业、社会、文化、技术诸要素的联动机制。研究特色小镇品牌构建的系统框架，以品牌效应的视角来规划设计特色小镇，可以为特色小镇建设提供新的思路和方法，对于探索特色小镇分类化、错位化、品牌化发展有着积极且深远的作用。

第八节　创新生态系统理论

一、演进历程及特点

创新生态系统是指一定的空间范围内组织与环境通过创新物质、能量和信息流动相互作用、相互依存形成的系统。它具有以下特征：嵌套性、整体性、自组织性，其中共同演进是创新生态系统最核心的特征。①

从块状经济到产业集聚，再到生态系统的形成，是特色小镇的演进历程，也是其不断走向成熟的具体表现。创新生态系统是一个封闭且能自我调控的系统，涵盖了所有创新要素以及它们之间的关系，包括资本、创意、文化、人才之间的相互作用，也指那些能够将新的理念或技术与产品、服务和生产过程相结合的资源、机构及基础设施等所组成的体系。

特色小镇创新生态系统的主要特点是：第一，高度关注镇域特色产业的市场化，目标是提升商业价值。第二，拥有完善的创新资本体系。健全的创新资本体系，是确保创新生态系统活力和效率的核心要素。创新资本体系构成多样，各具功能和优势。第三，形成完整创新生态圈。在创新生态系统中，公共和私营研究机构、企业、风投资本、专业配套服务，以经济利益为基础紧密合作，形成相对独立的独特的生态圈。第四，资本的深度介入。风险资本积极参与从科技创新到商业化和产业化的全过程，这既可以促使创新活动尽快出成果，创业企业能够快速成长，也能够显著缩短创业投资回收周期。

① 徐梦周，王祖强. 创新生态系统视角下特色小镇的培育策略——基于梦想小镇的案例探索 [J]. 中共浙江省委党校学报，2016（5）：33－38.

二、创新生态系统实践

杭州通过打造特色小镇撑起了城镇创新骨架，通过平台集聚创客形成圈层黏性，再通过要素导入支撑创业创新，"众创生态圈"渐趋成型。以杭州余杭区仓前街道"梦想小镇"为例，以产城融合的理念、"互联网＋"的思维、"店小二"式的服务，帮助无资金、无土地、无办公楼、无地位但有激情、有能力、有想法、能无中生有的"四无四有"创业者，实现创业创新梦想。这个微观层面的创新生态系统由 910 多个项目、8700 多名创业人才、620 余家金融机构、1350 亿元资本打造而成，是创业者心中的"圣地"。梦想小镇先导区全面铺设宽带、精品 4G 网络、无线 Wi-Fi 三大基础网络，确保万兆进区域、千兆进楼宇、百兆到桌面，力图让小镇成为一个互联网"特区"。①

在硅谷的创新生态系统中，企业始终是创新活动实施的主体，主导着从科技创新到商业创新和产业化的全过程。高技术企业与高校联系紧密，高校的原始基础创新，经过企业进一步的商业创新（包括颠覆式创新和改良式创新等），研发出新产品新服务，培育出新产业新业态，有效促进科研成果的商业化，实现了科技与经济、创新与商业的紧密结合，确保创新活动在每一个环节都创造新价值，形成良性循环，可以持续开展。大型企业通过不断收购发展前景良好的初创企业，或通过投资新的企业开展专项技术或者产品研发和攻关，增加了尖端技术来源，扩大了管理和技术人才来源。

硅谷拥有开放包容的文化，是美国青年心驰神往的圣地，也是世界各国留学生的竞技场和淘金场。从平等开放的角度讲，硅谷文化不分种族、肤色、年龄和性别等条件，对所有人开放，使硅谷成为国际性人才的聚集地（见图 2-1）。一批科技专家聚在一起，必然思维活跃，互相切磋中很容易迸发出创新的火花。硅谷高新技术公司的创立和资金投入方兴未艾，仍然呈现出发展的趋势。从相互合作的角度讲，硅谷人非常重视人与人之间的协作，硅谷科技成果产业化的成功绝不是偶然，而是经由团队协作、全员努力所得来的。②

---

① 齐航. 特色小镇撑起创新骨架杭州"众创生态圈"渐趋成型［N］. 杭州网—杭州日报，2015-05-26.
② 尹国俊，周玉荣. 美国硅谷科技成果产业化机制研究［J］. 生产力研究，2017（1）：150-153.

图 2 - 1　硅谷 Google 公司总部的露天研讨会（龙福宇　摄）

随着新一轮科技革命和产业变革孕育兴起，以互联网、大数据为生产要素的新经济模式正在重塑全球经济格局和竞争优势，信息网络、大数据、智能制造等高新技术加速了生产方式的变革和产业创新的方向，全数字化成为颠覆性创新的重要支撑。① 以平台经济为代表的信息经济快速兴起，创意在聚合、碰撞、交融，当资金流、信息流、人才流加速汇集，形成经济新增长点和发展新模式。在这一过程中，以云计算、物联网、大数据、人工智能、分享经济等新技术、新模式为核心的特色小镇，正在形成人才、教育、资本、技术、理念、管理等方面的独特优势，引领科技型特色小镇的发展方向。我国特色小镇建设坚持因地制宜、突出特色，善于有效集聚人才、技术、资本等高端要素，实现小空间大集聚、小平台大产业、小载体大创新，有效促进企业提质增效，加速形成新的经济增长点。②

① 张泰. 美国创新生态启示录：谷歌、脸谱、思科……这些世界级企业是怎样生成的 ［J］. 中国经济周刊，2017（8）：72 - 74.
② 桑士达. 浙江特色小镇建设的调查与思考 ［J］. 区域经济，2017（1）：41 - 44.

第三章　国外特色小镇建设的经验借鉴

第一节　学术乐园、文化净土之哥廷根[①]

一、小镇概况

世界上有无数的城，也有一些精英的城。在这些精英城里，哥廷根无疑是最伟大的之一。它面积不大，却拥有最高的智慧密度，拥有最多的智慧头脑。[②] 哥廷根（Göttingen）人口约 13.42 万，面积为 117.27 平方公里，是德国下萨克森州（Niedersachsen）的城市，哥廷根区的首府，莱茵河支流的支流莱纳河流过此城。该市以哥廷根大学闻名，是世界闻名的花国。建城超过千年的哥廷根缔造了太多的奇迹，和英国的牛津、剑桥，德国的海德堡一起侥幸躲过了"二战"期间盟军的大面积轰炸，完好地保存了 1500 多座 15～19 世纪修建的红漆木桁架建筑。城市内的建筑以哥特风格为主，多处建筑由于年代久远出现轻微的倾斜，每一条古老的街道都为城市呈现亮丽的景观。

1935 年，24 岁的季羡林借清华与德国交换留学生之机，远赴德国留学，进入哥廷根大学，先后师从著名梵文学者瓦尔德·施密特教授、西克教授，学习梵文、巴利文、吐火罗文等。1937 年留学交换期满，因国内抗日战争全面爆发，他被迫滞留德国，同时开始兼任哥廷根大学汉学研究所讲师，并于 1941 年获哲学博士学位。1945 年国内抗日战争结束，34 岁的季羡林几经辗转回到祖国。

[①]　闵学勤. 德国名镇哥廷根的建设对中国特色小镇创建的启示 [J]. 中国名城，2017（1）：36–40.
[②]　帅璐. 古老哥廷根 [J]. 道路交通管理，2017（9）：80–81.

在他的著作《留德十年》中，先生以时间叙事体例和脉络，记述了其当年从留学准备、赴德求学、抵达柏林、经历二战烽火、从西贡到中国香港、回到祖国怀抱的心路历程。① 季羡林先生对这座思想之域做了这样的描述："哥廷根大学已有几百年的历史，德国学术史和文学史上许多显赫的名字，都与这所大学有关。以他们名字命名的街道到处都是。让你一进城，就感到洋溢全城的文化气和学术气，仿佛是一个学术乐园，文化净土。"②

二、哥廷根小镇建设特色

第一，崇尚科学，营造文化气息。季羡林说，哥廷根创立的"哥廷根学派"和"哥廷根思想"，是世界科学文化奇迹。全市 13 万人口中，1/4 是大学生，有 47 名诺贝尔奖得主在此读过书，或在此教过学。哥廷根大学又是一个闻名遐迩的大学城，至今约有 250 位名人在此念过书，包括中国的朱德和季羡林，可以说世界上难以找出第二个城市，有如此的殊荣。从哥廷根学派到哥廷根思想，哥廷根以一个城市命名其学术称谓，并绵延上百年仍有影响力。与阿基米德、牛顿并称为世界三大"最重要数学家"的高斯于 18 世纪任教于哥廷根，并开创了"哥廷根学派"。此后，黎曼、狄利克雷和雅可比在代数、几何、数论和分析领域的贡献续写着这一学派的辉煌。到 19 世纪，著名数学家克莱因和希尔伯特更是吸引了大批数学家前往哥廷根，仅追随他们的博士就有七八十人，从而使哥廷根数学学派进入了全盛时期。直至 20 世纪初，哥廷根已成为无可争辩的世界数学中心和麦加圣地。区别于其他人文思想，它从科学出发，并通过科学来探求世界精髓，也因此为启迪人类的科学文明做出了重要贡献。

除了科学精英外，来自人文社科领域的许多重量级学者也在哥廷根求学或任教，社会学大师马克斯·韦伯、尤尔根·哈贝马斯，哲学家亚瑟·叔本华，德国大诗人海涅，铁血宰相奥托·冯·俾斯麦，以及中国的朱德元帅和国学大师季羡林等，都曾求学于哥廷根大学，现象学大师埃德蒙德·胡塞尔、世界童话大师格林兄弟等，都曾任教于哥廷根大学，他们共同为哥廷根创造的文化遗产使哥廷根

---

① 在赫赫有名的哥廷根大学，先生几经辗转选定印度学为主修方向，遂对其倾注热情与辛劳，最终获得博士学位，也由此奠定了毕生学术研究的深厚根基。在此过程中，先生饱尝了第二次世界大战的阴霾带来的戏剧性苦难，而于苦难之外，又更难忘学长深思，友人情深。

② 季羡林. 留德十年 [M]. 北京：人民文学出版社，2015.

成为不可复制的世界级文化名镇。

第二，文化硬实力与软实力相结合。以前人的丰功伟绩作为标杆建设各种有形建筑，借助图书馆、数据库、歌剧院、博物馆等传播无形知识。哥廷根的文化软实力体现在多方面。比如，大学图书馆向社会上任何人开放，即便是外国人也无需任何证件，可以在阅览室里随意借阅任何书籍和报纸杂志；哥廷根所属的下萨克森州早在 20 世纪 90 年代中期与其他六个联邦州共同发起了"观觉图书馆"联合会（GBV），它是全德国图书馆联合会中第一家进行网上远距离借书的图书馆，拥有全面的网络数据库；在哥廷根凭有效学生证，即可在歌剧院、交响乐团和博物馆等单位组织的多种文化活动上享有优惠或免费政策。当然，相比其他大学城，最吸引学子们背起行囊到哥廷根求学的，还是这座城市保护名人故居的方法：哥廷根几乎没有所谓的名人故居参观点，很可能不经意租的房子就是某个名人当年的下榻之处，也许还能在他们曾经使用过的书桌上沉思回味，在思想的境遇中穿越时空，与他们相遇，并聆听他们的箴言。

第三，注重环境保护。哥廷根风景秀丽，基本实现机械化，凌晨便使用机器打扫街头，让市民身处干净的环境中，并提高市民的文明素养，树立环保意识。关于哥廷根的城市环境，季羡林在《留德十年》中这样描述：哥廷根素以风景秀丽闻名全德。东面山林密布，一年四季，绿草如茵。即使冬天下了雪，绿草埋在白雪下，依然翠绿如春。此地，冬天不冷，夏天不热，从来没遇到过大风。街道十分洁净，游客在马路上打滚也不会沾上一点尘土。家庭主妇们用肥皂刷洗人行道，是一件司空见惯的事情。在城区中心，房子都是中世纪的建筑，至少四五层。人们置身其中，仿佛回到了中世纪。古代的城墙仍然保留着，上面长满了参天的橡树。[①] 哥廷根市民和游客都保持了较高的文明素养，为了做好城市垃圾处理工作，在哥廷根相对偏僻的街头都能看到大型卡通式垃圾存储箱，外表干净，设计有趣，毫无异味，不了解的过客还以为到了游乐场。在哥廷根垃圾分类非常细，包括有机垃圾、轻型的包装、旧玻璃、问题物质收集和不属于前述四种的垃圾等。垃圾都须分类投放，市民、学子、游客无一例外。不仅如此，为满足未来大环境发展的要求，哥廷根市于 2009 年协同市政集团和哥廷根大学共同发起"哥廷根气候保护"项目，制定了居住、经济、服务、宣传和能源供应领域的

① 季羡林. 留德十年［M］. 北京：人民文学出版社，2015.

"一揽子"计划，除了近60家当地组织机构和企业参加外，许多市民、协会和民间组织均直接或间接地参与了这一气候保护规划的制定。

第四，商业布局灵活新颖。哥廷根并不是一个商业城市，它没有浓厚的商业氛围，对亚洲人而言，它因为没有大的亚洲超市而显得不方便。不过它有其独特的商业法则维系着这座城市的商业运营。由于来往哥廷根的全世界各种族的学子或游客非常多，使哥廷根的商业布局更像一个旅游城市。哥廷根在人群密集的火车站设立商业街和美食街，弥补没有候车厅的缺憾，同时以价格的手段吸引众多游客，创立商机。火车站就是一条标准的商业街。对哥廷根市民而言，赶每周二、四、六早上位于老城南边的集市不失为一种乐趣。这个集市历史悠久，类似中国的室外菜市场，除了能买到各种新鲜的蔬菜、水果、肉类等食物外，常常还有音乐、美酒、鲜花相伴，能感受到浓厚的本土情调。鹅女雕像所在的广场也叫集市广场，每到周末，全城的男女老少和哥廷根大学的老师学生仿佛都聚到这里休闲、购物，哥廷根的文化中心也一下子变成了商业中心。哥廷根小镇建设特色如表3-1所示。

表3-1　　　　　　　　　　　　哥廷根小镇建设特色

小镇特色	内容描述	关键词
崇尚科学，营造文化气息	拥有最高的智慧密度、最多的智慧头脑；直接或间接地引发了科学启蒙运动*	学术之都；哥廷根学派；哥廷根思想；大学城；重量级学者；文化遗产
文化硬实力与软实力相结合	硬实力体现在：小镇完整地保存了一千多座历史悠久的建筑，图书馆、数据库、歌剧院、博物馆一应俱全。软实力体现在：作为科学启蒙运动的重镇与欧洲科学精神的发源地，始终从科学出发，探究人类文明	文化软实力；"视觉图书馆"联合会（GBV）；科学启蒙运动
注重环境保护	哥廷根每天凌晨四点左右就会出现各类清扫车，环卫工人在街头工作基本实现了机械化。早上七八点人们上班时，所有的城市户外空间已被清扫完毕，确保人们出行环境的有序和洁净	文明素养；环保意识；垃圾分类；"哥廷根气候保护"项目
商业布局灵活新颖	在人群密集的火车站设立商业街和美食街，弥补没有候车厅的漏洞，同时以价格的手段吸引众多游客，创立商机	旅游城市；鹅女雕像广场；集市；独特的商业法则

注：＊帅璐. 古老哥廷根［J］. 道路交通管理，2017（9）：80-81.
资料来源：笔者整理。

第二节　达沃斯论坛造就的世界名镇

一、小镇概况

达沃斯——世界经济论坛的举办地，一个用思想征服世界的小镇，如今已经成为"全球化"的一个符号、一个隐喻。[①] 达沃斯小镇位于瑞士东南部格里松斯地区，隶属格劳宾登州，坐落在一条 17 公里长的山谷里，靠近奥地利边境。达沃斯是阿尔卑斯山系海拔最高的小镇，海拔 1560 米，居民只有 1.3 万人。小镇坐落于高山积雪、茂盛山林和山谷湖水间，风光旖旎，一条宽阔的中心大街横穿市区，两旁山坡上错落有致地排列着色彩和谐的楼房。这里位置偏僻，交通不便，没有飞机火车可通，连高速公路也没有。有的是雪峰绵延，树木葱茏，景色如诗如画，到处辟有滑雪场。在滑雪旺季，有约 70 万名游客前来度假，成为欧洲人心中的"人间天堂"，成为各界名流娱乐休闲的地方，是瑞士知名的温泉度假、会议、运动度假胜地。

世界经济论坛（World Economic Forum，WEF）是一个非官方的国际组织，总部设在瑞士日内瓦。其前身是 1971 年由现任论坛主席、日内瓦商学院教授克劳斯·施瓦布创建的"欧洲管理论坛"，因为这个论坛在全球的影响力不断扩大，它在 5 年以后改为会员制。1987 年，"欧洲管理论坛"更名为"世界经济论坛"。论坛的年会每年 1 月底至 2 月初在瑞士的达沃斯小镇召开，故也称"达沃斯论坛"。而小镇达沃斯也因此闻名遐迩。

二、成功的要素

（一）瑞士本身独特的文化构成

瑞士居民操德语、法语、意大利语、罗曼斯语及其他语言，他们平和融洽地生活在一个国度里。这种语言的多样性和多元化的开放性国家加强了瑞士同世界的联系，可谓"多元而不杂乱"。瑞士为"永久中立国"，2002 年经全民公决要

[①] 王琦，金错刀，侯燕俐. 达沃斯的中国图谋——一个用思想"征服"世界的小镇、为何没能"征服"中国？[J]. 中国企业家，2007（16）：42 –51.

求并如愿加入联合国，积极参加联合国所属的一些专门机构的活动。这样的国家环境和形象，造就了瑞士是"世界的瑞士"和"世界的会场"的地位，达沃斯小镇就是依托瑞士本身独特的文化构成、历史地位和宽松社会经济环境而发展。

（二）不被商业开发破坏生态原貌

达沃斯小镇原先近似原始状态下的原汁原味的独特的风情别致和质朴的自然地理环境，提供了其可持续发展的基础条件，尤其对旅游业来说更是一种珍贵的财富。达沃斯小镇以其特有的质朴的自然地理环境征服了渴望回归大自然的人们。伴随着西方滑雪运动的风行，欧洲人终于发现了达沃斯这块净土，于是乎迅猛的滑雪运动席卷达沃斯大小山坡。滑雪运动所带来的经济冲击力打开了达沃斯的山门，为小镇带来了人气，带来了世俗文明，带来了产业结构的变革，带来了滑雪经济繁荣发展的机遇。贫穷落后的达沃斯小农经济从此进入了滑雪经济阶段。19世纪末铁路开通后，达沃斯逐渐以疗养胜地闻名于欧洲，到20世纪中叶，245平方公里的达沃斯小镇已经成了阿尔卑斯山区最大的度假胜地、体育和会议中心。

（三）专业的策划与经营

区域经济发展在于创新性人才的策划与经营。达沃斯小镇久负盛名的是新鲜的空气和医学界固若金汤的地位，但是世界经济论坛会议让这里深入人心。施瓦布先生攻读过多门学科，是一个学科渗透性很强的边缘性、追求跨界融合的学者，具备创新性工作的基础条件。"达沃斯论坛"的成功在于他的学术文化、商业经济活动与区域地点选择相结合的创新性思维，在于他的高超整合力和创新力。30年前他策划欧洲企业管理问题讨论会，就把会议的质量和会议环境与会址选择条件结合起来考虑，实施把所学的学科知识讨论交流和商业区域选择嫁接的思维，构建起集"学术文化—会议经济—区域发展"于一体的创新体系。达沃斯论坛具有非官方、非营利、开放性、定期、定会址、定主题六大特点，因而使论坛能从山区小镇走向世界，历经30多年持续发展，成为世界级论坛成功的代表。

（四）形成一个强大的磁场和产业链

达沃斯论坛使世界相信，这里裂变出来的信息不仅权威，而且宏大，杂交性极强，谋划着世界政治经济新秩序。正因为达沃斯论坛着力培育这种世界性的公信力，使其取得巨大的社会效益和经济效益，确立了达沃斯论坛的世界性权威地位。

随着发展中国家的加入，该论坛已发展为研讨世界经济问题的最重要的非官方聚会、私人会晤、商务谈判的重要场所，成为分享世界一流黄金信息的最密集的、纯度最高的、能量最强的"聚宝盆"，成为掌握全球来年经济走势、制定全球经济进程的游戏规则的最高权威的地方，被誉为"超级团拜会""超级交易会"。论坛与会者非富即贵，包括世界级政治家、企业家、经济学家、学术专家，因此达沃斯是冬日里最炙手可热的"名利场"。论坛还形成了一种"达沃斯精神"——在不同领域、不同国界之间进行平等讨论、融洽交流和相互促进发展，为政界和商界之间建立一座桥梁。由此可见，达沃斯经济论坛的影响和意义是非凡的（见图3－1）。

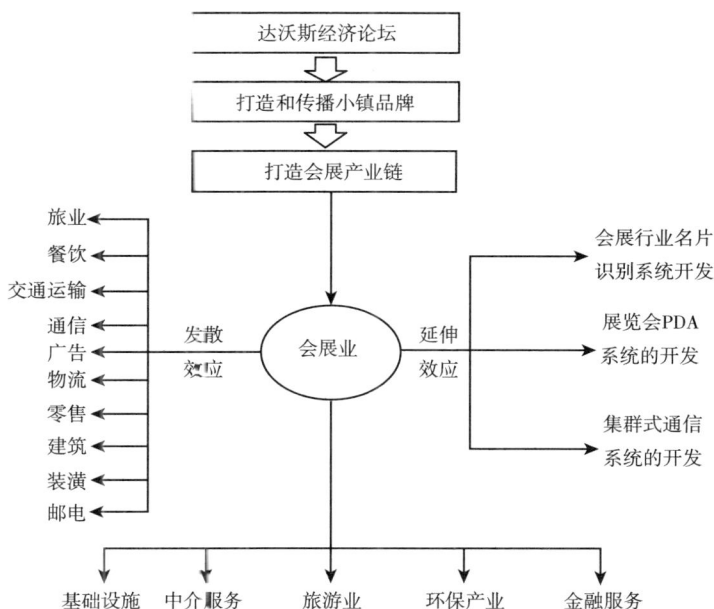

图3－1　达沃斯经济论坛产业链延伸逻辑

资料来源：笔者整理。

第三节　"小资天堂"卡梅尔

风光明媚的蒙特利半岛被称为世界上陆地、海洋、蓝天的集大成者，并被公认为理想的度假胜地。建于20世纪初期的美国加利福尼亚州卡梅尔小镇（Car-mel-by-the-Sea），就是美国蒙特利半岛一个精致的海滨文艺小镇，位于美国西岸著名旅游观光景点十七英里（17 Mile）南方约 1 千米处，距离旧金山市大约两个小时车程左右，被称为"小资的天堂"。①

　　碧海蓝天，鲜花礁石，随处可见的松鼠、海鸟和海豹，悬崖峭壁，古老的松柏，构成了卡梅尔小镇迷人的画卷，被人们称为"改变人生观"的海滨小镇。②很多游人回忆，这是一个绝对值得你停留下来细细品味、慢慢感受、娓娓道来的地方。小镇的美丽和宁静让我们这些忙忙碌碌的"工作机器"也情不自禁地放下手中的活儿，重新思考人生的意义。

　　美国著名诗人鲁宾逊·杰弗斯（Robinson Jeffers）1914 年写道，"当驿站马车自蒙特利（Monterey）攀上山顶，我们俯视卡梅尔湾（Carmel Bay），透过青松与海雾，显而易见，我们在懵懂中已来到必然之地。"③ 在《卡梅尔角》中，我们读到诗人的赞叹：

Carmel Point

The extraordinary patience of things!

This beautiful place defaced with a crop of suburban houses—

How beautiful when we first beheld it,

Unbroken field of poppy and lupin walled with clean cliffs;

No intrusion but two or three horses pasturing,

Or a few milch cows rubbing their flanks on the outcrop rockheads—

Now the spoiler has come: does it care?

Not faintly. It has all time. It knows the people are a tide

That swells and in time will ebb, and all

Their works dissolve. Meanwhile the image of the pristine beauty

Lives in the very grain of the granite,

Safe as the endless ocean that climbs our cliff. —As for us:

We must uncenter our minds from ourselves;

We must unhumanize our views a little, and become confident

As the rock and ocean that we were made from.

---

① 凌音. 卡梅尔小镇的慢生活［J］. 留学生，2016（12）：50 – 51.
② 韩露菲. 文艺乌托邦——卡梅尔小镇［J］. 人类居住，2015（2）：50 – 53.
③ Robinson Jeffers. Roan Stallion, Tamar, and Other Poems［M］. The Modern Library, Inc., 1935.

《卡梅尔角》[①]

万物总是有着那令人惊叹的耐心！

一些郊区的破旧房屋破坏了这个纯美之地的景致——

我们最初注目它时多么美好，

一望无尽的罂粟花，羽扇豆则与清丽的海崖叠嶂；

放牧着两三匹马儿，如此怡然自得，

间或有一些奶牛在凸起的石棱上蹭着侧膘——

现在有人侵入了它们的领地：它介意吗？

当然不会。它有的是时间。

它知道人群就是一股潮水

汹溢溅起而后便又回落，

他们的杰作迟早会消失。而那原生之美的意象

却永远存在于花岗岩的颗粒中，

如这无际的海洋攀爬我们的崖壁一样恒常。

——至于我们：

必须使我们的心灵超然于我们自身；

必须失掉一点人性的视角，变得更加自信，

犹如最初诞育我们的岩石和海洋。

　　虽然小镇的历史还不到百年，但是在美国西岸却是众所皆知，其是一座人文荟萃、艺术家聚集，充满波希米亚风情的小城镇。卡梅尔的早期居民 90% 是专业艺术家，其中著名作家兼演员佩里·纽伯里（Perry Newberry）和著名演员兼导演克林特·伊斯特伍德（Clint Eastwood）都先后出任过卡梅尔的市长。大批作家、艺术家在此定居，波希米亚浪漫风情随处可见。1969 年，中国著名国画大师张大千曾居住在此，称其居所为"可以居"。

　　这里的居民们极力抗拒现代化，原始的风情带给人朴实、祥和和温馨。如今市内仍禁止张贴广告、装霓虹灯或停车咪表和盖快餐店，各样的时装店、古董店、糖果店、画廊、玩具店还有日用工艺品店依然维持原貌，风采依旧，以

---

①　本诗由本书作者翻译——编者注。

优美的自然环境和优雅的艺术氛围成为加州十七英里黄金海岸公路的一大亮点。

第四节　阿尔卑斯山区最美小镇安纳西

一、小镇概况

小城安纳西位于法国东部的罗纳—阿尔卑斯地区，邻近瑞士，距日内瓦只有30多公里，被视作法国阿尔卑斯山区最美丽的小镇，人称"阿尔卑斯山的阳台"，又称"萨瓦省的威尼斯"。圣弗朗斯瓦德萨拉主教（Francis of Sales）于1602～1622年任安纳西的主教，其在位期间进一步提升了安纳西的宗教性与权威性，使安纳西成为"萨瓦的罗马"。1949年第二轮关税及贸易总协定（General Agreement on Tariffs and Trade，GATT）谈判的举办地即选址于此。法国启蒙思想家卢梭曾经在安纳西度过了他一生中"最美好的12年"。

滨水堤岸作为陆域和水域的交界线，是每一个滨水区城市设计的重点内容。安纳西小城以山为背景，以水为引导，具有水边餐厅、广场、草坪、码头、民居、商铺等多种空间形式。安纳西湖是小城美丽的开阔空间，阿尔卑斯山脉倒映在湖面上，湖水流入提乌运河，穿城而过。山、湖与运河共同构成了安纳西的自然景观主体。丰富多样的滨水堤岸给人们带来了多样化的体验。[①] 在空间设计上，城市主要有开敞空间（顺直或凸形的广场空间）、封闭空间（凹形堤岸可以营造出优雅寂静的氛围）、内部空间、外部空间（沿湖边延伸进运河的临水建筑——小餐厅，餐厅内外都可进餐，进餐的人和沿岸行走的人成为互相观赏的对象）。在实体设计上，城市的水体、桥梁、护岸、建筑等实体要素间相互组合可构成不同的堤岸景观，充分发掘当地自然景观特色，实现多种空间形式相结合。

中皇岛（Palais de l'Isle）也称为"老监狱"（Old Prison）是小城运河中的一座岛，形状像一艘船停在河边。这是一座石造建筑，又叫利勒宫，这是安纳西城中最具代表性的古迹。三角船形的皇宫坐落在河中小岛上，它始建于12世纪，

---

① 王萌．结合自然景观的小城镇滨水堤岸设计——以法国小镇安纳西为例［J］．小城镇建设，2005（3）：100－101．

是欧洲上镜率最高的建筑之一。安纳西城堡历史上曾是日内瓦伯爵所在地，12～16 世纪为萨瓦王室所有，是安纳西音乐学院的历史与艺术中心。安纳西湖（Lake Annecy）位于阿尔卑斯山脚下，被誉为全欧洲最纯净的湖泊。湖水来自阿尔卑斯山的高山雪水和雨水，绵延 15 公里，如翡翠般碧蓝耀眼。安纳西沿河的小街上都是露天咖啡馆、纪念品商店、旅店和餐馆，而楼房的拱廊前和过河的桥头上种满了鲜花。从西部山区来的休河流经整个老城，并在市政厅前注入安纳西湖。

二、产业支撑

（一）旅游产业

丰富的历史人文和自然资源，使安纳西的旅游业十分发达。滨水的堤岸结合不同的水体有不同的形式：湖边是游艇码头和人工修整过的绿坡，空间开敞，与气势宏伟的湖面和山脉相呼应；运河边是紧凑的步行道、餐厅和商铺，沿河公共空间带给小城镇热闹的气息；穿越居民区的运河，其堤岸通过种植、分层或者两边直接修筑建筑枕河，体现出静谧优雅的居住气氛。安纳西滨水堤岸水体形式的变化引起空间大小变化，湖边的开敞到河边的密集，构成不同的景观。以山为背景，以水为引导，具有水边餐厅、广场、草坪、码头、民居、商铺等多种空间形式。安纳西是动画节的先导者，也因为国际动画节而闻名于世。

（二）体育产业

2009 年 7 月 23 日，安纳西举办了环法自行车赛（Tour de France）第 18 赛段，绕安纳西湖赛段。2013 年 7 月 20 日，安纳西再次举办第 20 届环法自行车赛。2011 年 7 月 6 日，作为三个竞选城市之一的安纳西参选 2018 年冬奥会的主办城市。体育产业在促进安纳西经济社会发展中扮演着重要的角色，承担着重要的经济功能。体育产业培育了小镇的品牌和消费市场，提供了旅游资源，为小镇注入了发展动力。

第五节 "山沟里的钻石" 阿斯彭

一、小镇简介①

在美国西部科罗拉多州的山区里隐藏着一座名叫阿斯彭（Aspen）的小城市，这里四面环山，每年大半年时间都被白雪覆盖，固定人口只有 6700 人左右，每年的商业收入却高达上百亿美元，房价每平方米高达 14 万元人民币，成为全美房价最高的地方之一。阿斯彭第一次被外界得知是在 1879 年，一支挖矿小分队在阿斯彭挖出了银矿石，然后一直持续挖矿 15 年不停歇，银产量一度占世界银产量的 16%。然而随着银矿开采完毕，小山谷日渐萧条，三十多年后，这里只剩下了 705 人。

二、产业支撑

（一）赛事经济

二战结束后，一名曾经在阿斯彭训练过的美国大兵弗雷德回到了这里，在阿斯彭开始了他打造体育小镇的梦想。1946 年，大兵弗雷德与一对叫作沃尔特和伊丽莎白的商人夫妇联手开始在阿斯彭开发建设滑雪场和度假村，利用阿斯彭的地貌优势，把这所银矿小城镇打造成了山沟里的钻石。基础设施建设基本完成后，沃尔特夫妇把当时世界上最著名的滑雪赛事 "FIS 世界滑雪冠军赛" 从欧洲引进到了美国，这是开创历史的一次赛事引进，是这项世界级比赛第一次离开欧洲。这次赛事打响了阿斯彭的品牌，滑雪爱好者像朝圣一样纷纷涌来。从 1958 年到 1967 年将近十年间，小镇周围的四面大山全部被开发成了滑雪场。

阿斯彭是全世界精英人群的休闲旅游胜地，也是全世界顶级冰雪运动员和狂热爱好者每年必到之处，更是集冰雪运动、艺术文化和商业科技于一身的完美 "体育小镇"。来到阿贾克斯山（Ajax Mountain），也便来到了阿斯彭的社交中心。② 这里不光有雪山，还有艺术馆、音乐会、文化节。世界著名的公共政策研

---

① 吴韵. 编织的建筑美国科罗拉多州阿斯彭美术馆 [J]. 室内设计与装修，2015（2）：56 – 63.
② 炮制共享产权 [J]. 数字商业时代，2013（8）：150 – 152.

究机构就叫作阿斯彭学会，于 1950 年在阿斯彭成立，现在总部位于美国首都华盛顿，该学会每年都要回阿斯彭开年会；久负盛名的还有阿斯彭商业教育研究中心，其已经站在高层商业咨询界的巅峰；最有名的还要属阿斯彭思想节，每年在阿斯彭举行一次，被称为美国的达沃斯年会，是各行业顶尖精英人物的聚会，从美国总统到商业巨头，从科技先锋到产业大鳄，都选择来阿斯彭。

进入 21 世纪以来，阿斯彭迎来飞速发展，2002 年，阿斯彭再次做出具有时代意义的变化，邀请 ESPN 将世界冬季极限运动大会（X Games）带到了这里。这一动作给阿斯彭这座小城带来了全新的发展空间和年轻的文化气息，时尚、炫酷、挑战极限、引领潮流成为这里的新名词，而 XGames 作为国际顶级赛事本身所具备的专业水准也进一步巩固了阿斯彭冰雪运动圣殿的地位。

（二）环境经济

2004 年，阿斯彭市认识到环境质量的重要性，开始致力于减少温室气体排放，到 2030 年将温室气体排放量减少到 2004 年的 30% 以下。受矿井中金丝雀的启发，阿斯彭市将其可持续发展计划命名为"金丝雀计划"。2015 年，阿斯彭市实现了 100% 的可再生能源目标，成为美国第三个为其电力用户提供 100% 清洁能源的城市。尽管有这样的环境成就，阿斯彭的电费仍然是科罗拉多州最便宜的，这证明了可再生能源和低价格的能源并不是相互排斥的目标。[1] 此外，环境质量的概念还体现在建筑物上。如阿斯彭美术馆，大胆使用廉价而脆弱的建筑材料，外立面由复合材料交错"编织"而成，建筑充满了对环境的人文关怀。[2]

第六节　品质闲适生活的代名词普罗旺斯[3]

一、小镇概况

普罗旺斯（Provence）是罗马帝国的一个行省，英文简称为 PACA，现为法国东南部的一个地区，毗邻地中海，和意大利接壤。最初的普罗旺斯北起阿尔卑斯山，南到比利牛斯山脉，包括法国的整个南部区域。随着古罗马的衰败，普罗

---

① 乔伊·斯迈凯轮. 如何实现 100% 可再生能源 [J]. 能源评论, 2017（1）: 163 - 165.
② 恽嫣. 一半山景　一半雪景 [J]. 建材与装修情报, 2012（5）: 26 - 32.
③ 萝卜头, 磨盘. 欧舒丹的"漫"和"慢" [J]. 品质 2017（6）: 31 - 33.

旺斯又被其他势力所控制。法兰克、撒拉逊人、封建领主，还曾被法兰西帝国与罗马教皇瓜分。普罗旺斯是欧洲的"骑士之城"，是中世纪重要文学体裁骑士抒情诗的发源地。

厌倦了伦敦都市生活的英国作家彼得·梅尔（Peter Mayle），在纽约麦迪逊大街从事广告业 15 年后，来到远离都市喧嚣的法国乡间小镇普罗旺斯定居，专事写作，过起世外桃源般的隐居生活。普罗旺斯的炽烈阳光、浓烈色彩、花样迭出的美食美酒，和繁忙刻板、冷雨潇潇的伦敦，形成了鲜明的对比。[①] 彼得·梅尔写下《普罗旺斯的一年》[②]，呈现了一些经典作品如"这一年的记忆是由一顿午餐开始的""冰封雪埋的日子""春季到来农夫忙""采摘樱桃的时节"等，记录了梅尔隐居乡野第一年的闲情逸趣和悠然自在，传递出一种豁然安宁的生活态度，在全球掀起一股追求质感生活的风尚。作品被译成 40 种文字，销售 600 万册。此后彼得·梅尔笔耕不辍，著有同系列作品《永远的普罗旺斯》《重返普罗旺斯》，时尚读物《有关品位》，美食散文《吃懂法兰西》《面包人生》，小说《茴香酒店》《一只狗的生活意见》《一年好时光》等。普罗旺斯也成为品质闲适生活的代名词。

整个普罗旺斯地区因极富变化而拥有不同寻常的魅力——天气阴晴不定，暖风和煦，冷风狂野，地势跌宕起伏，平原广阔，峰岭险峻，寂寞的峡谷，苍凉的古堡，蜿蜒的山脉和活泼的都会——全都在这片法国的大地上演绎万种风情。每年 7~8 月间的薰衣草迎风绽放，浓艳的色彩装饰翠绿的山谷，微微辛辣的香味混合着被晒焦的青草芬芳，交织成法国南部最令人难忘的气息。在美食方面，普罗旺斯最大的优势在于农产品丰富，新鲜的蔬菜水果、橄榄油、大蒜、海鲜、香料组合成食客的天堂。

二、独特的天然禀赋

（一）自然风景和气候

小镇主要集中在西部罗纳河及其支流流域。在沃克吕兹地区由于丘陵比较多，这里的村镇也就相应地建在小山上。房屋装饰着木雕，街道用鹅卵石铺成，路边点缀着古代的喷泉。

---

① 薇安. 闲适淡然的普罗旺斯［J］. 旅游时代，2014（4）：80-82.
② 彼得·梅尔. 普罗旺斯的一年［M］. 王春，译. 西安：陕西师范大学出版社，2011.

（二）历史积淀和传奇故事

普罗旺斯波城古堡位于亚耳附近地区的波城·普罗旺斯的古城塞遗迹。波城这里曾经是被诗人米斯特拉称为"鹫族"的英勇的波城一族驻守的城塞，后来经历了无数次战争硝烟的洗礼，波城古堡于路易十三在位期间毁于战火，现在保留的是当年的古堡废墟可供游人参观。波城古堡的入口处是波城历史博物馆，展示城堡当年鼎盛时期的历史资料与文物，站在城堡顶端，环顾四方，亚耳古城等周边风光尽收眼底，北方的地狱谷就是触发但丁撰写《神曲·地狱篇》的地方。

（三）生活方式

普罗旺斯的生活方式，包括信仰、生活节奏、风俗人情、美食，普罗旺斯人普遍信仰天主教，每到周日，人们纷纷前往教堂做礼拜。如果一定要说普罗旺斯人还信仰什么，可以说他们信仰幸福，一种悠闲的生活——逃离都市，享受慵懒，在普罗旺斯做时间的"盗贼"。

（四）休闲活动和休床场所

普罗旺斯有许多定期集市，其中最大的阿尔露天集市沿最宽阔的布勒瓦赫林荫大道铺开，整整 3 公里。每个周六，警察会在布勒瓦赫林荫大道两端设禁止机动车通行的路障，平日里的一条主干道转眼变成步行街。

（五）艺术氛围

彩色泥人是这里最传统的一种手工艺品。它诞生于法国大革命时期，后来，艺人们用本地出产的泥土雕刻、烧制成二三厘米至几十厘米高的泥人来表现当地农民收获薰衣草、采摘橄榄、过圣诞节时的盛大场面。

第七节 温泉之乡别府[①]

一、别府概况

别府市是日本南部的一个海滨旅游城市，枕山卧海，半城山色半城海景。望

---

① 日本九州经济联合会．温泉王国——大分别府［N］．国际商报，2008 – 04 – 19.

山，峰峦叠嶂，云雾缭绕，泻绿滴翠；望海，别府湾风平浪静，碧波细浪，极具海滨田园风光的开阔、恬静和怡然。整个城市像一个景色优美、错落有致的园林景观，花香、林茂、草长，浓重的绿浸透了每一条街道、每一座庭院，连人们心头也荡漾着舒心的绿意。①

别府市地热资源非常丰富，是日本著名的温泉之乡和国际旅游城市。小城面积125万平方公里，人口15万。全市拥有超过200个公共温泉，而泉眼之多和泉质之丰富也是世界上屈指可数的。约有2700处温泉泉源遍布于市区约50平方公里的范围之内。别府注重保护水环境，城市排水采用分流式，雨水汇合后直接排入海中，城市污水则通过下水管道自流或经提升泵站送往污水处理厂集中处理。②

二、经营温泉

日本人将温泉区叫作"汤田"，把由地下喷涌出的热泉叫作"地狱"。别府市有九个独具特色的地狱温泉，其鬼斧神工之奇，充分显示了大自然的奥妙。由于别府共有八个温泉区，又被称作"别府八汤"。包括：位于市中心的别府温泉、洋溢着往昔风情的铁轮温泉、受女性钟爱的海滨沙浴——龟川温泉、隐藏在山隈之间的柴石温泉、以"汤花"闻名的明矾温泉、位于150米高地的观海寺温泉、曾经作为江湖过客休息之所的崛田温泉，以及别府温泉的发祥地——浜胁温泉。

"地狱"是别府具有代表性的观光胜地。地狱，指从地下250～300米处喷出来的热水、蒸汽、热泥，温度之高不能靠近，因此称为"地狱"。别府市有九个独具特色的地狱温泉，别府的"地狱"包括：海地狱、血之池、白池地狱、龙卷地狱、山地狱、炉灶地狱、金龙地狱、鬼山地狱、本坊主（日语僧侣的意思）地狱。地狱周边地区堪称地热博物馆，充分显示了大自然的鬼斧神工之妙（见表3－2）。

---

① 张国梁. 令人神往的别府地狱［J］. 走向世界，1994（2）：34－35.
② 鄢志坚. 日本别府市城市污水处理厂简介［J］. 科技资讯，2007（2）：74－75.

表 3 - 2　　　　　　　　　　　　　　别府市九大地狱温泉

"地狱"名称	特　点
海地狱	海地狱水面 500C 多平方米，热气蒸腾，袅袅冉冉，在青山绿树怀抱之下，清澈的泉水绿得像酒一般清醇醉人
血之池	血之池地狱依一叠参差峻峭的山岩展开，"高峡出平湖"，面积 3900 平方米，水温 78℃，泉水绯红，如一池青春的血液在沸涌、鼓动
白池地狱	白池地狱喷出的泉水如雪如乳，洁白耀眼，使人很自然地联想到这是大地母亲的乳汁
龙卷地狱	龙卷地狱是日本唯一的间歇喷泉，每隔 15 分钟，炽热的泉水便由地下喷出，热气迸发，轰然作响，直立如柱，高达 20 多米，气势磅礴，蔚为壮观
山地狱	山地狱是喷涌出地表的泥浆。一片沸腾的泥水咕嘟咕嘟冒着大气泡，翻滚涌流，经年累月，已堆积成山
炉灶地狱	炉灶地狱的喷发物是由石缝上升的水蒸气，散发着呛鼻的硫黄气味，远望犹如农家炉灶冒出的袅袅炊烟
金龙地狱	金龙地狱别具一格，它是由地下喷出浓烈而连续不断的蒸汽，色泽淡黄，它们聚集成一股袅袅上升，在阳光照耀下如金龙飞天
鬼山地狱	鬼山地狱喷发出色泽黑红的蒸汽，其热力是可牵引两节火车厢，再加上池中蠕动着 120 条鳄鱼，看后令人毛发竖立，脊背生寒，胆怯而退
本坊主地狱	本坊主地狱，喷发物是热泥汤，泥水横溢，沸扬滚涌，其状令人联想到意大利诗人但丁在《神曲·地狱篇》中所描写的灼热地狱之恐怖

资料来源：笔者整理。

别府三胜：在大正时代，针对别府市周边规划了三大景胜，包括佛崎、志高湖、内山溪谷。

别府八景：在大正时代，针对别府市周边所规划的八大景胜，包括高崎山（位于大分市）、滨胁公园、乙原、观海寺、鹤见丘、实相寺山、柴石溪流、由布院（位于由布市）。别府的主体产业是温泉，以此为中心，开发了当地的旅游资源。包括设立景点，建立观光设施。建立的观光设施有别府竞轮场、志高湖、神乐女湖（菖蒲园）、城岛高原游乐园、别府乐天地游乐园、杉乃井 PALACE、见返台（现已停止开放）、近铁别府缆车、别府塔等。这些建设都是围绕着当地优质的温泉资源品牌打造的。

别府利用自然禀赋优势，以环境资源为主体构建旅游特色。以温泉旅游吸引物为核心，形成集温泉度假、登山康体、文化休闲、旅游交通、旅游商贸、旅游民宿等于一体的社会化旅游产业群。

第八节　汽车制造小镇沃尔夫斯堡①②

一、小镇概况

沃尔夫斯堡汽车城坐落在市区的东北部，是一个综合了建筑和海洋、滩涂、山丘、绿地、市场服务区与便捷交通道路的工业区，占据了极佳的地理位置并且创造了独特的地理和文化景观。精细而广泛的各种功能要素塑造了活泼的城市形象。铁路与航运、大众工厂与沃尔夫斯堡的城堡都使汽车城与城市建立起有机联系。

欧洲最大的汽车制造厂商——大众汽车集团总部就坐落在沃尔夫斯堡。1998年，在已有60多年历史的大众公司厂区原职工停车场25公顷的土地上，建成了一座融服务、展览、娱乐于一体的综合建筑群——著名的大众汽车主题公园。在2000年6月1日，借汉诺威世界博览会之际，该公园正式对外开放。有着2000多名工作人员的汽车主题公园和沃尔夫斯堡火车站仅一桥之隔，每天的参观人数达6000多人，每年吸引200多万名世界各地的参观者。

二、小镇的多维度审视

德国制造业的竞争优势来源于技术创新。③ 德国颁布相关法律与制度，社会市场经济体制为制造业的创新发展创造了很好的法律和制度框架条件。各级政府制定和执行国家的研究与技术政策，在技术进步的各个环节对企业的技术创新提供支持。国家通过专利保护、知识产权制度以及环保等标准的制定为企业的创新提供激励和必要的约束。通过研发资助对企业的技术创新提供支持。在基础研究领域，由于其成果的公共物品性质，政府则直接介入，为企业技术创新提供知识产品。借鉴德国的经验，对于以制造业为主的地区，"特色小镇"的构建主要集

---

① 海茵建筑设计公司（Henn Architekten）. 沃尔夫斯堡大众汽车城 [J]. 建筑技艺，2009，10，30 – 43.

② 李津军. 汽车之城：沃尔夫斯堡 [J]. 百科知识，2008，16，53 – 54.

③ 史世伟. 德国国家创新体系与德国制造业的竞争优势 [J]. 德国研究，2009（1）：4 – 8，78.

中在打造以特定制造业为特色的品牌和文化。首先，在政策方面，应颁布相关法律制度，对于企业集聚、品牌打造与传播、技术创新等予以支持；其次，在技术方面，为研发新技术提供良好的环境，打造集研发、规模化生产、产业配套和生活配套、观光体验于一体的新型特色小镇。从不同维度来审视，沃尔夫斯堡汽车制造小镇都呈现出不同特色（见表3-3）。

表3-3　　　　　　　　　沃尔夫斯堡汽车制造小镇的多维度审视

小镇特色	内容描述	关键词
建筑材料维度	"透明"是整个建筑群的表达方式，反映出设施的功能。大众汽车城客户接待厅具有极高的透明度，极富表现力的设计与永恒的材料创造了远远高于"时尚"的营造方式。玻璃立面与屋顶形成了开放的入口与玻璃塔的建筑形象	建筑形象；"透明"；玻璃立面；开放
产业维度	小镇打造完整的以汽车研发、制造、管理及汽车零部件生产高度智能化的完整生态产业链，同时协同发展包括金融、展示、体验、旅游、居住、服务等功能的完善配套。在沃尔夫斯堡，由生产制造业引起了美食产业的诞生，产业与产业之间产生了紧密的不可分割的关系	完整生态产业链；美食产业；完善配套
功能维度	由小镇进化成"汽车之城"的过程中，功能方面也相应地多元化。通过合理布局用地功能，达到产镇融合，使沃尔夫斯堡成为宜居、宜业、宜游的智能化多元生态小镇	功能多元化；产镇融合；宜居、宜业、宜游；智能化
空间维度	小镇充分结合汽车产业的业态，构建有序、循环的整体格局。小镇中拥有完整的公共空间网络，置入研发、商务、展示、接待、咨询等综合性的服务功能，并通过慢行系统和微行体验系统进行连接，结合当地的自然资源，将人造和自然和谐统一，形成现代与古朴相结合的奇妙景观，打造富有现代化气息和高度信息化的小镇客厅	公共空间网络；服务功能；慢行系统；微行体验系统；小镇客厅
生态维度	在"汽车之城"体系的构建过程中，小镇大量的建筑、服务设施的建造都是依山傍水，结合了当地的地形地貌、自然资源，不仅没有破坏生态资源，还很好地利用了生态资源的优势	依山傍水；生态资源；互利共生
配套维度	小镇有着与汽车制造相关的配套服务，高效支撑产业发展；同时落实了各种保障性服务设施；开启了研发创业、商务商贸、文化展示、接待咨询等综合服务功能，同时拥有高品质的服务	保障性服务；高品质服务

资料来源：笔者整理。

第九节　对冲基金小镇格林威治[①]

一、小镇概况

美国格林威治小镇，一座隐秘的"对冲基金之都"，也被喻为"对冲基金大本营"。这个面积仅 174 平方公里的地方，却是大约 380 家对冲基金总部所在地，管理的资产总额超过 1500 亿美元。在全球 350 多只管理着 10 亿美元以上资产的对冲基金中，近半数公司都把总部设在这里。其中包括管理 65 亿美元资产的多战略对冲基金前点（Front Point）、管理逾 100 亿美元资产的孤松资本（Lone Pine Capital）以及克利夫·阿斯内斯（Cliff Asness）掌控的 190 亿美元资产的定量型基金 AQR。

历史上，无数传奇投资家曾入住格林威治小镇，例如华尔街传奇投资家巴顿·比格斯在康涅狄格州创立了第一家对冲基金，其留下三册《对冲基金风云录》[②]，书中展示了华尔街浓厚的商业文化、深邃的生存之道，对后市的对冲基金投资者提供了大量的投资智慧。

对冲基金亿万富豪名单中首屈一指的是爱德华·兰珀特，他是 ESL 投资公司负责人、西尔斯董事长，而且在人们的口中已经成了他这代人中的沃伦·巴菲特。据商业杂志《福布斯》称，他拥有 45 亿美元的净资产。其次是 SAC 资本的史蒂夫·科恩，拥有 30 亿美元的净资产。接下来是保罗·图德·琼斯，拥有 25 亿美元资产。这些人手上掌握的巨额资金足以影响一个国家的金融体系，他们极其富有，是富豪榜的常客，也是私人飞机、游艇、艺术品等的消费豪客。

从小镇发展的历史轨迹来看，20 世纪 60 年代，巴顿·比格斯在格林威治创立了第一家对冲基金费尔菲尔德基金（Fairfield Partners）。20 世纪 90 年代以后，随着交易技术的不断成熟，对冲基金与纽约大公司在技术上实现了分离的可能性，这一阶段随着不少居住在格林威治的纽约华尔街银行家辞职回家乡——格林威治创立基金公司，逐渐形成了基金产业的集聚。2008 年，随着全球金融危机席卷全球，对冲基金行业也引起巨大的低潮期，很多对冲基金公司陷入倒闭潮。

---

① 孟蕾. 基金小镇：玉皇山脚下的"金蛋"孵化地［J］. 杭州：生活品质，2015（4）：11 – 13.
② 《对冲基金风云录》描述了一群奇特、危险而迷人的投资家和基金经理圈子的故事，在投资生存战中弱肉强食、投资冒险与个人奋斗的经历，展示了投资家们形形色色的生活方式和经营手法。

2010 年以后，随着全球量化宽松，全球经济不断复苏，对冲基金行业也不断地复苏发展。

经过几十年的发展，如今美国格林威治小镇已经发展得初具规模，再加上它优惠的税收政策，吸引了大批的经纪人、对冲基金配套人员等进驻。此外，美国格林威治小镇地理位置优渥，毗邻纽约，因此，许多居住在纽约州的年轻人都选择在此工作，也为小镇的金融发展提供了源源不断的大量优秀人才。

二、成功要素

（一）区位与环境优势

美国格林威治对冲基金小镇距离曼哈顿仅 40 多分钟的车程，有着独特的区位条件优势。这里成为富豪"刺猬"（对冲基金）们的聚居地，或许更是必然。当初在格林威治创立基金公司的决策者，主要考虑远离城市的喧嚣和拥挤，而格林威治恰恰提供了一个舒适优美的环境。小镇位于东海岸，距离海底光纤较近，网络速度快，快捷的网络基础设施对于对冲基金行业来说非常重要。格林威治有着跟明信片一样的风景，相比于曼哈顿的嘈杂，这个小城镇尤其适合那些刻意避开公众视线的富豪"刺猬"们蛰伏。更为重要的是，康涅狄格州有利的个人所得税税率、税收结构成为格林威治吸引人的关键所在。

格林威治经过几十年的自然发展形成了目前的规模，可以说它是自发形成的，但是也有过政府的因素在里面。它的税收特别优惠，这吸引了很多对冲基金在那里落户。小镇内配套高档的精品店，满足高端人群的生活配套需求；基金交易员日常工作压力非常大，小镇配套高尔夫、健身、心理咨询等，为其缓解工作压力。另外，格林威治的教育资源也非常丰富，完备的安保体系也是基金小镇不可缺少的条件之一。

（二）文化与圈子优势

格林威治确立自己全球领先的对冲基金中心之一的地位，不能仅仅归功于它那明信片般的美景、不错的餐厅、体面的停车场和游艇泊位，以及大量的设计师商店。据统计，格林威治所在的康涅狄格州，就业人数从 1990 年至今增长了两倍。长期以来，由于毗邻纽约金融市场，对于投资行业来说，康涅狄格州本身也很有吸引力。在 2 万多个投资类岗位中，近半数（约 1 万个）来自对冲基金和私人股本公司。一位大宗经纪公司的高管承认，格林威治作为"对冲基金圈"的发展，部分原因在于聚集度，因为"他们喜欢离同行近些，被人家看到"。

对冲基金行政管理人员、技术提供者、大宗经纪商、对冲基金的基金，以及其他支持职能，都在格林威治开设业务，这让格林威治成了一个较曼哈顿或泽西市来说更具吸引力而又不那么嘈杂的选择。对冲基金公司最先来到这里，不过，随后而来的支持系统目前已成为吸引新管理公司的主要因素之一。因此，格林威治对于对冲基金及其经理人而言是一块"磁石"，因为这里具备他们运营业务所需的所有基础设施和人才。

（三）政府规划与管理优势

一是严格规划。美国建设小城镇不能随意而为，需要编制详规，而且政府很重视基础设施建设。美国小城镇建设资金由联邦政府、地方政府和开发商共同承担，联邦政府负责投资建设连接城镇间的高速公路，而小城镇的供水厂、污水处理厂、垃圾处理厂等是由州和小城镇政府负责筹资建设。开发商则负责小城镇社区内的交通、水电、通信等生活配套设施的建设资金。

二是重视环境建设。环境建设是城镇建设的主要内容之一，给小城镇提供了一个可持续发展的社会经济环境。政府在规划时，重视城镇特色，追求个性，无论走到哪里，都能看到具有不同面貌和特色的小城镇，那种千城一面、万镇雷同的现象是少见的。小城镇建好后，仍然重视建设管理，所谓"三分建设，七分管理"。美国的城市建设管理经验主要有两点：一是拥有健全完善的规章制度；二是依法办事，违法必究。

第十节　"汽车为飞机让路"的斯普鲁斯溪[①]

斯普鲁斯溪航空小镇位于美国佛罗里达州的斯普鲁斯溪（Spruce Creek）。小镇居民出门的交通工具不是汽车而是飞机。航空小镇原是二战时期的空军村，后来经过改造，现在成了著名的飞机村。镇上有 1300 户人家，居民 5000 人，1500 座住宅，光是飞机库就有 700 个，有的家庭拥有的飞机还不止一架。

---

① 前瞻产业研究院 . 国外最值得模仿借鉴的五大特色小镇［R］. https：//f. qianzhan. com/tesexiaozhen/detail/170622 - 92faab1a. html.

　　在小镇风景优美、安静隐秘的别墅住宅区内，坐落着风格各异的房屋。屋门前的大道整齐宽阔，并直通毗邻小区的一条修葺完整的飞机跑道。当地居民或是把飞机停在房屋门前或是飞机库内。小镇上公路使飞机能够直接从机场开到居民的住宅处，而公路上的标志牌提醒民众和汽车驾驶人，飞机在公路上拥有优先的路权，也就是汽车要为飞机让路。

　　斯普鲁斯溪航空小镇是世界上最大的航空社区。住在这个小镇的居民每天可以从自家门前驶出飞机，在社区公路上前往机场，然后驾着飞机去干自己的公务。办完事开着飞机回家，这是很多当地居民的日常生活场景。斯普鲁斯溪这样的航空小镇被称为住宅型航空小镇，它为富有的居民提供了用飞机取代汽车作为交通工具的便利条件。而美国研制出可以飞的汽车投入量产后，以后有可能会加速在美国形成更多的住宅型航空小镇。也为中国统筹打造集住宅开发、航空体育与文化、科普教育、旅游观光、慢生活休闲等航空特色小镇建设提供了经验借鉴。

第四章 国内特色小镇建设的典型案例

由于各地地理空间分布和产业类型迥异，我们大致可以将特色小镇空间布局形态的构成要素分为用地、道路网、界面、自然环境，并基于此形成海洋型（港口型）特色小镇、陆地型特色小镇（山地型特色小镇以及平原型小镇）。① 在此基础上对于特色小镇空间布局形态影响因素进行分析，如自然因素、区位因素、产业因素、交通因素、社会职能因素、政策因素，富于特色、技术合理、功能完整的现代城镇空间。从特色小镇的内涵来考察，大致可以根据特色小镇的核心产业、文化特色或特殊区位等将小镇分成10个类型：历史文化型小镇、城郊休闲型小镇、新兴产业型小镇、特色产业型小镇、交通枢纽型小镇、资源禀赋型小镇、生态旅游型小镇、高端制造型小镇、金融创新型小镇以及时尚创意型小镇（见表4-1）。②

表4-1   国内特色小镇的主要类型及典型案例

主要类型	典型案例
历史文化型小镇	乌镇、鲁朗国际旅游小镇、莲都古堰画乡小镇、越城黄酒小镇、龙泉青瓷小镇、湖州丝绸小镇、上虞围棋小镇、南浔善琏湖笔小镇、朱家尖禅意小镇、奉化布龙小镇、天台山和合小镇、古北水镇、平遥古城、茅台酿酒小镇、馆陶粮画小镇、石鼻古民居小镇、湘西边城小镇、三都赛马小镇、永年太极小镇、新兴禅意小镇等
城郊休闲型小镇	旧州美食小镇、安吉天使小镇、丽水长寿小镇、太湖健康蜜月小镇、下城跨贸小镇、临安颐养小镇、瓯海生命健康小镇、琼海博鳌小镇、花桥物流小镇、小汤山温泉小镇、大路农耕文明小镇、龙溪谷健康小镇、钟落潭健康小镇等

---

①② 解析住建部首批特色小镇的分布和类型 [N]. 中国特色小镇网，http：//www. town. gov. cn/.

续表

主要类型	典型案例
新兴产业型小镇	余杭梦想小镇、余杭传感小镇、西湖云栖小镇、临安云制造小镇、江干东方电商小镇、上虞 e 游小镇、德清地理信息小镇、秀洲智慧物流小镇、天子岭静脉小镇、沨泾科创小镇、新塘电商小镇、太和电商小镇、黄埔知识小镇、朱村科教小镇、福山互联网农业小镇、菁蓉创客小镇等
特色产业型小镇	大唐袜艺小镇、吴兴美妆小镇、嘉善巧克力甜蜜小镇、桐乡毛衫时尚小镇、玉环生态互联网家居小镇、平阳宠物小镇、安吉椅业小镇、温岭泵业智造小镇、东莞石龙小镇、信阳家居小镇、文港笔都工贸小镇、亭林巧克力小镇、吕巷水果小镇、王夫坨自行车小镇、秀全珠宝小镇等
交通枢纽型小镇	建德航空小镇、萧山空港小镇、西湖紫金众创小镇、新昌万丰航空小镇、九龙山航空运动小镇、安吉航空小镇、宁海滨海航空小镇、北京新机场服务小镇、人和航空小镇、千年敦煌月牙小镇、深沪海丝风情小镇、博尚茶马古道小镇、秦栏边界小镇等
资源禀赋型小镇	永嘉鹤盛森林养生小镇、青田石雕小镇、定海远洋渔业小镇、开化根缘小镇、西湖龙坞茶小镇、桐庐妙笔小镇、磐安江南药镇、庆元香菇小镇、仙居杨梅小镇、桐乡桑蚕小镇、泾阳茯茶小镇、双阳梅花鹿小镇、陇南橄榄小镇、怀柔板栗小镇、通霄飞牛小镇、金山麻竹小镇、宝应莲藕小镇等
生态旅游型小镇	九色玫瑰小镇、剑河温泉小镇、天津亿利小镇、婺源古镇、黄姚古镇、丹巴藏寨、同里古镇、绿江村、白哈巴村、坝美村、玉山官溪村等
高端制造型小镇	萧山机器人小镇、宁海智能汽车小镇、长兴新能源小镇、江北动力小镇、秀洲光伏小镇、海盐核电小镇、江山光谷小镇、新昌智能装备小镇、南浔智能电梯小镇、咸阳世界动车小镇、中北汽车小镇、路桥沃尔沃小镇、窦店高端制造小镇、爱飞客航空小镇等
金融创新型小镇	上城玉皇山南基金小镇、梅山海洋金融小镇、富阳硅谷小镇、义乌丝路金融小镇、西溪谷互联网金融小镇、拱墅运河财富小镇、乌镇互联网小镇、房山基金小镇、南海千灯湖创投小镇、万博基金小镇、花东绿色金融小镇、新塘基金小镇等
时尚创意型小镇	深圳大芬油画村、余杭艺尚小镇、滨江创意小镇、西湖艺创小镇、江干丁兰智慧小镇、大江东巧客小镇、安吉影视小镇、兰亭书法文化创意小镇、乐清蝴蝶文创小镇、杨宋中影基地小镇、宋庄艺术小镇、张家楼油画小镇、狮岭时尚产业小镇、曾江街 1978 文化创意小镇等

资料来源：笔者整理。

第一节 历史文化型小镇

一、核心要素

打造历史文化型小镇必须基于厚重的历史文化积淀。历史文脉是一个地区或城镇发展历程的记录和积淀，是居民长久以来形成的集体记忆，原真性是历史文脉存在和发展的生命线。

历史文化型小镇以独特的历史文脉为依托，既注重"形"的保护，更突出"神"的传承，注重挖掘弘扬传统文化显性因素（物质因素）和隐性因素（非物质因素），包括自然环境和人工环境，如建筑、雕塑、街巷以及大地景观等，包括社会文化和人的心理行为等。文物史迹街区遗存通常是显性因素，文化习俗则是隐性因素，二者相互作用构成有机整体。

人文主义强调人与历史文化的和谐，注重对历史文脉的探寻和整理，更加注重对历史文脉的沿袭和继承。基于此，打造历史文化型小镇，一是要深入研究小镇的历史脉络，发掘深厚的历史积淀；二是在发掘小镇文化内涵时要突出重点、表现鲜明特色；三是小镇的规划建设要延续历史文脉，尊重历史与传统。文化传承与古迹保护的深度融合，既留住了历史文脉，更让文化成为推动历史文化型小镇建设的动力源泉。

二、实践案例

（一）乌镇①

1. 乌镇概况

在全国范围内，能够保存下来的古镇不少，但是能够产生巨大的影响力并树立起自身品牌的不多，而乌镇就是其中成功的案例之一。"乌镇模式"也成为一个专有名词为特色小镇研究者所熟知。乌镇拥有 7000 多年文明史和 1300 年建镇史。据乌镇近郊的谭家湾古文化遗址考证表明，大约在 7000 年前，乌镇的先民就在这一带繁衍生息了。乌镇古名乌墩、乌戍。从地理、历史、典故都可找到相

---

① 崔洋铭，卢梦薇. 古镇旅游发展的乌镇模式分析 [J]. 旅游纵览，2017（1）：158 – 159.

关记载，1950 年，乌、青两镇合并后称乌镇至今。乌镇的建设可以大致划分为旅游景区（含水乡民宿）板块、文化艺术板块、会展经济板块等。

（1）旅游景区板块。利用规划区周边建筑用地及"三旧改造"地块，主要建设精品酒店、特色客栈、民族风情街、水上集市四大中型板块，通过引水营造水路网络形成大小不同的河道，依据河道的框架规划设计岭南风格的建筑群落，将水系、河道、建筑、文化等元素进行合理搭配，形成组合丰富的水乡旅游小镇。最终打造成为吸引一亿人群的融观光、休闲、度假、体验为一体，体现岭南水乡文化特色建筑风格的国家 5A 级景区。

（2）水乡民宿板块。乌镇水阁素有"枕水人家"之誉，正是这些错落有致、延绵数公里的水上阁楼，已经是江南留存不多的历史遗产，成为江南民间建筑的杰出代表，更是乌镇民间生活原型的一道风景。乌镇民宿的经营者多半就是房子的主人，西栅修整之后，他们又由镇外返迁回来。乌镇西栅水乡民宿为来往的游客带来最贴心、最温暖、最家庭式的旅游体验，让游客畅游在乌镇，感受乌镇悠游的曼妙时光。

（3）文化艺术板块。"小桥、流水、人家"是江南水乡古镇的共性。乌镇在充分展现共性的基础上，深入挖掘历史文化，突出抓住茅盾故居、木心美术馆等特殊历史文化资源，做好"名人文化"文章。将中国最高文学奖茅盾文学奖设置在茅盾故里乌镇颁奖，并定期组织许多与茅盾相关的研究活动。同时，兼顾多元客户群体，雅俗共赏，积极弘扬传统文化，在景区内重现传统节日"香市"、皮影戏、花鼓戏等表演活动，组建了乌镇越剧队、老年京剧队等群众团体，为乌镇的风光旅游增添了人文气息。

2. 管理创新①②

乌镇旅游开发是由市政府直接领导，在组织领导、人员调配、资金投入等方面市政府发挥了积极作用，组建了市政府派出机构乌镇古镇保护与旅游开发管理委员会，确立了政府主导、市场运作、企业经营的运作机制。同时，为加大资金投入，市政府组建了乌镇古镇保护与旅游开发有限公司，与管委会合二为一，具体实施景区的保护整治与合理开发，为主办大型活动提供财政支持。

针对不同的客源市场，乌镇在宣传促销方面增强了针对性。对海外游

---

① 诸国强．旅游景区治理模式研究［D］．上海：上海交通大学，2014.
② 陈向宏．尊重每个小镇的历史和文化［N/OL］．光明网，http：//news. gmw. cn/2017 - 02/18/ccn-tent_23758054. htm.

客，大力宣传乌镇的中国历史特色，体现中国传统文化；对北方游客，宣传乌镇"小桥、流水、人家"的江南水乡特色，用原汁原味的"枕水人家"吸引了大量的北方游客；对城市居民，则打出乡土品牌，吸引城市人来体验纯朴的乡土气息。通过科学的市场分析和定位，乌镇的旅游宣传取得了极大的成功。

3. 向未来开放

木心美术馆致力于纪念和展示画家、文学家、诗人木心先生（1927～2011年）的毕生心血与美学遗产。这不仅是一座收藏过去时的美术馆，而且是向未来开放的精神指向和学术空间。① 美术馆坐落于木心的故乡乌镇，为木心的研究提供了完整的文献。全馆建筑坐北朝南，以修长的、高度现代的极简造型，跨越乌镇元宝湖水面，与水中倒影相伴随，成为乌镇西栅一道宁静而清丽的风景线。

木心美术馆的精神指向呼应当代社会对审美的诉求，学术空间旨在构建审美伦理，确立审美原则，塑造个体的审美精神、文化记忆和思想对话。木心对人生的审美思考，是审美前语言、前逻辑的思维，是富于原创性的思维。木心的语言文字在符号化中仍然保留象形性的根基，审美镜像均为不同实体，显示为实体性、对象性、现成性。而思想则显示为动态整体的非实体性、非对象性、非现成性。把握实体，需要用理性的逻辑的概念思维，如定义、判断、推理等，而木心的诗展示了需要悟性的诗意联想。

陈丹青老师这样回忆木心——那天非常冷，木心的《世界文学史》结束了最后一课。当时，木心会小范围地给一些身在美国的中国画家讲讲课。……那年木心67岁，他对同学们说："等你们67岁时，可以看看。像葡萄酒一样，阳光，雨露，慢慢成熟的。"②

《上帝》
木心

从早晨到此刻我吃过一只蛋一杯奶
你的鸡的蛋
你的牛的奶
多么快乐呀

---

① 木心美术馆［EB/OL］. 乌镇旅游官方网站，http：//www. wuzhen. com. cn/web/cultrue/muxin？id＝16.
② 木心（口述），陈丹青（笔录）. 文学回忆录［M］. 桂林：广西师范大学出版社，2013.

就要下午七点钟了

上帝之德无处不是历历可指

从银行里取出一些钱

够买香肠和威士忌

下午八点钟了

我在路上走

狼狗到哪里去了呢

松鼠到哪里去了呢

鸽子到哪里去了呢

凡·高在博物馆里

我在路上走……

（二）鲁朗国际旅游小镇

1. 小镇概况[①]

鲁朗国际旅游小镇是由广东省援建的重点旅游开发项目，占地面积（不包括人工湖）1288 亩，总投资约 25 亿元。项目位于西藏自治区林芝鲁朗镇，位于西藏林芝八一镇以东 80 公里左右的川藏路上，地理位置优越、旅游资源三富，有"东方瑞士"的美誉。主要以冰川地貌、高山峡谷和动植物资源景观为主，是冰川、高山、峡谷、草甸、森林、河流、湖泊等各种景观并存且全世界不可多得的顶级旅游资源地，具有极大的开发利用价值和潜力。2011 年，广东省和西藏自治区共同把"鲁朗国际旅游小镇"建设项目列为重点援藏项目，提出要打造凸显藏族文化、自然生态、圣洁宁静、现代时尚的国际旅游小镇。

鲁朗国际旅游小镇的建设，一是改变小镇原有建设无规划、无风格、低端设计的建筑格局；二是整治和提升周边村庄的村容村貌，提升家庭旅馆的品质和服务质量；三是有效地整合林芝县及周边主要的旅游资源，大幅度提升旅游接待条件，扩展旅游产业的辐射和带动效应，从而为林芝县转变经济发展方式、实现可持续发展打造一个很好的载体，促进林芝经济社会发展走上一条生态绿色之路。

---

① 曾冬梅. 户均年收入为 2 万元　鲁朗小镇的贫困过往与演变之路［N］. 中国房地产报，2017－04－13.

2. 设计思路①②

（1）人文主义价值观。鲁朗国际旅游小镇位于西藏自治区林芝县鲁朗镇，东至扎西岗村—纽麦村旅游公路，南至纳木林村，西至东久林场场部，北至扎西岗村，面积约 10 平方公里，其中规划建成区范围约 1 平方公里，规划设计范围全部位于工布自然保护区的非保护区界线之内。同时，有着"最美国道"美誉的 318 国道南北贯穿而过。在鲁朗镇极具潜力的自然景观和人文传统的基础上，在人文主义价值观的指导下，以"原创性、地域性、艺术性"为设计原则，以"圣洁、宁静"为艺术追求及建设意向，依托"光、色、空间、图腾"等西藏艺术设计元素，意图打造一个充满藏族风情的诗意小镇。

（2）历史文脉的探寻与继承。鲁朗国际旅游小镇在立项之初便提出了"原创性、地域性、艺术性"的设计纲领，其中"地域性"和"艺术性"正是在人文主义城市观的指导下，对鲁朗历史文脉的针对性概括与强调。具体来说，设计从物质和非物质两个层面探寻与继承鲁朗的历史文脉。

首先，物质层面。通过考察发现，鲁朗的传统建筑、街巷等有着十分典型的藏文化的特点。包括微观角度门、窗、梁、柱等的建筑细节，中观角度建筑体块造型、建筑用色、对光的处理，以至于宏观角度街巷流线、空间的组织均与传统的汉族建筑以及现代主义建筑迥然而异，有着十分显著的民族特色和宝贵的艺术价值。设计提取了鲁朗当地建筑的典型元素，同时考察了藏文化的核心——拉萨以及同样深受藏文化影响的不丹的典型建筑特点，并加以借鉴，形成了小镇既沿袭鲁朗传统建筑特点，又具备一定艺术原创性的建筑风格。

从立面图和建筑单体鸟瞰图中可看出设计沿袭了鲁朗传统建筑门、窗、墙体、屋顶以及建筑体块造型等元素的典型特点，同时加以创新。从建筑内部透视图中可感受到藏式特点的"光"与"色"的运用。而街巷空间透视图同样可看到对藏式风格的沿袭和继承。

其次，非物质方面。鲁朗当地居民绝大部分为有着虔诚的藏传佛教信仰的藏族农民，有着丰富多彩的传统风俗和节庆。节庆如藏历新年、林卡节、沐浴节、赛马节、望果节等重大节日，习俗如转经、升经幡等宗教习俗以及"上头"等民间习俗，历史悠久，影响深远，是塑造鲁朗居民民族性格的核心要素。

---

① 陈可石，刘吉祥，肖龙珠. 人文主义复兴背景下旅游小镇城市设计策略研究——以西藏鲁朗旅游小镇城市设计为例［J］. 生态经济，2017（1）：194 – 199.
② 李白露. 基于利益主体理论的旅游小镇设计研究——以西藏鲁朗国际旅游小镇为例［D］. 北京：北京大学，2013.

方案在规划和设计上不遗余力地为这些非物质性历史文脉的保护和传承提供物质基础支持。如在小镇核心区域建设寺庙，并辅以广场等配套设施，同时在人工湖中央建设宁静肃穆的祈福塔，打造新一代宗教活动中心。另外，兴建西藏林芝文化艺术馆，用以收藏和展示西藏文化艺术作品和民风民俗。

（3）公共开放空间系统的塑造。方案制定具体政策支持节庆风俗活动的传承发展，如政府财政拨款，引导旅游业经营者出资等形式协助组织民俗活动，同时，加强民俗活动的宣传和展示，扩大其影响力，为其在新时期的发展注入新的活力。鲁朗国际旅游小镇着重突出公共开放空间开放、公平、活力和可达性等特质，设计了包括广场、街巷、公园、滨水空间等多种类型的公共开放空间。广场、商业街和公共绿地简化为点状，而滨水空间和湖滨栈道用带状表示。其中，广场规划面积为2.62公顷，商业服务设施（含商业街）规划面积为30.09公顷，公共绿地规划面积为13.51公顷，此三类开发空间在小镇中部和南部分布较密集，分别形成鲁朗镇的旅游文化商务中心（中部）和鲁朗镇行政服务中心。同时，沿着雅屹河和鲁朗河分别打造两条带状滨水空间，而在人工湖以及湿地东岸，铺设了一条长达3.4千米的木栈道。右侧为各类型公共开放空间的设计效果图，可以看出，设计较好地沿袭和继承了鲁朗当地的历史文脉，同时充分利用了鲁朗突出的自然生态景观。

第二节　城郊休闲型小镇

一、核心要素

大城市周边可以分为近郊和远郊两类空间。近郊区是城乡结合比较紧密的地区，作为复合化、城市化地区，功能要素交织，城乡界线日渐模糊，经济社会相对发达；而相对传统的远郊区则生态环境较好，较多地保留了传统农村形态、农业特点和存续空间，这两类空间形态都为不同类别的特色小镇建设提供了条件。相对中心城市而言，城市周边的小镇拥有相对低廉的出行成本，优良的空气、宜人的生态，以及比城市更加多样化、具有地域特色的生活和情趣，成为城市居民的首选。

近郊因为拥有良好的区位条件和与大城市便捷的交通联系，是城镇创新要素外溢效应最直接最明显的区域，也是为城市居民提供高品质、特色化服务的成本洼地。城市是工薪中产阶级集中居住地、高收入人群的集聚地、最优质的旅游客源地，为其周边小镇的发展提供了强大的消费市场和客流支撑。在欧美等发达国家，大城市周边的小镇就是城镇化的高端形态，是一种事业成功、节奏舒适、健康休闲的代名词。

打造城郊休闲型小镇，一是要小镇与城市距离较近，位于都市旅游圈之内，一般距城市车程在 2 小时以内，产业、资金、人才等要素向镇区流动的成本较低，渠道便捷；二是小镇要根据城市人群的需求进行有针对性的开发，形成符合城市功能延伸的块状经济、商贸物流、会议商务、休闲旅游、都市农业、康养运动等特色要素的集聚；三是小镇的基础设施建设与城市差距较小，例如自来水供应、生活污水全面收集、垃圾无害化处理、道路交通停车设施以及其他公共服务设施等达到与城市接近或同等水平。

二、 实践案例[①]

（一）旧州概况

旧州镇位于黔中腹地，明代以前为"黔之腹，滇之喉，粤蜀之唇齿"的军事战略要地，是古"安顺州"治所。距省会贵阳 80 公里，距安顺市区 27 公里，镇区人口 1.7 万人。旧州是中国历史文化名镇、全国文明村镇、全国美丽宜居小镇、国家 4A 级旅游景区、全国新型城镇化综合试点镇、贵州省绿色低碳示范镇。

（二）旧州五场

以旅游为支撑的"旧州五场"（历史文化场、特色美食场、田园风广场、乡愁体验场和传统农耕场），形成了三次产业相互融合，镇、村、民、企联合发展的特色产业体系。

（1）古镇老街民俗场。从小吃类、匠坊类、土产类、演艺类、宗祠类、创客类功能板块予以谋划，系统呈现民俗文化、屯堡美食。

（2）金街特色美食场。推出军帐宴、屯家宴等一批精品宴席，打造旧州鸡辣子、糟辣肉片等一批特色菜肴；同时囊括安顺特色美食和贵州美食，实现"赶旧州乡场·逛贵州食堂"。

---

① 安顺旧州着力打造乡愁美食小镇　逛"贵州食堂"［N］. 贵州日报，2016 - 02 - 04.

（3）文星田园风光场。依托邢江河湿地公园，突出"坐着小火车去赶场"这一亮点，打造旧州屯堡闲生活、慢生活的田园风光场。

（4）浪塘美丽乡村场。着力完善农村基础设施和公共配套服务，同时，整合屯堡传统饮食文化资源，推出屯堡菜系，布局特色民宿客栈等业态。

（5）传统农耕体验场。推出传统农耕体验项目，开发观花、摘果、采茶、识药等一批乡村业态，让游客亲自体验到传统农耕文明和休闲农业、农家生活的欢乐。

借力安顺大屯堡旅游圈战略，多举措打造古镇旅游新业态，在推进大屯堡旅游发展中，立足明代民俗文化资源和独特的美食文化，着力打造乡愁美食小镇。"旧州美食小镇"集神奇的山水风光、厚重的历史沉淀、绚烂的民族民俗、独特的饮食文化于一身，秉承"旅游＋生态＋文化＋美食"的理念，布局规划旧州特色的风景和业态，打造文化生态特色旅游小镇。旧州小镇的"四大特色"如图4-1所示。

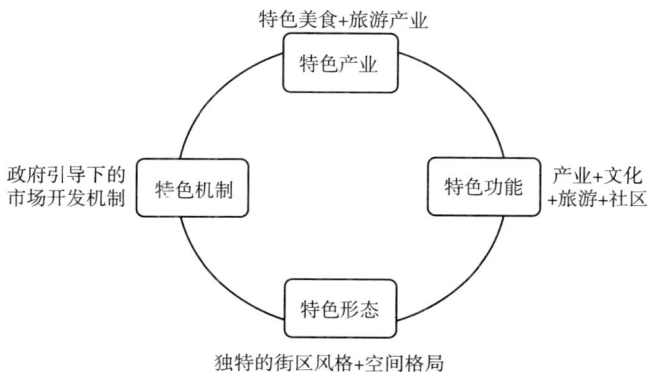

图4-1 旧州小镇的"四大特色"

资料来源：笔者整理。

第三节 新兴产业型小镇

一、核心要素

新兴产业是指随着新的科研成果和新兴技术的发明、应用而出现的新的部门和行业。世界意义的新兴产业主要是指随着电子、信息、生物、新材料、新能源、海洋、空间等新技术的发展而产生和发展起来的一系列新兴产业部门。打造新兴产业型小镇要具备以下三个条件：一是小镇位于经济较发达、发展程度较高的区域；二是小镇以科技智能等新兴产业为主，科技和互联网产业尤其突出；三是小镇有一定的新兴产业基础的积累，产业园区集聚效应突出。

近年来，国家大力推进数字经济，以信息通信技术的有效使用作为效率提升和经济结构优化的重要途径，为建设现代化经济体系提供了重要驱动力。在乡村振兴领域，通过推进现代信息技术向农业农村渗透融合，农业生产智能化、经营网络化、管理数字化、服务在线化水平大幅提升，农民信息化应用能力明显增强。地方政府通过建设农业特色互联网小镇，为农村经济社会发展提供了新的内生动力，推进了农业供给侧结构性改革。

一些农业特色互联网小镇开始崭露头角，它们利用互联网的理念和思维，将现代信息技术与农业生产、农民生活、农村生态的各个方面相融合，以农业电子商务、农产品加工、乡村旅游、休闲农业、运动养生等特色产业为发展载体，打造将产业、文化、旅游和社区等功能融为一体的创业创新平台。农业特色互联网小镇建设顺应了农业农村信息化发展趋势，让农村共享数字经济红利，为打破城乡二元结构、以信息化带动新型城镇化、推动城乡一体化发展带来了历史机遇。农业特色互联网小镇建设为农业农村经济社会发展提供了强大的内生动力。

二、实践案例

（一）石山互联网农业小镇[①]

石山镇位于海口市秀英区西南部，距离海口市行政中心 11 公里，距离美兰国际机场 36 公里，东西方向，绕城高速贯穿而过，北接火山口大道，与西海岸带状公园山海相连，雷琼世界地质公园海口园区和美安科技新城坐落在镇域内，是海口经济核心辐射带上的中轴枢纽，未来海口市城市空间拓展的重要组成部分。石山镇总面积为 120.74 平方公里，人口约 4.2 万人，拥有火山黑豆、火山荔枝、火山龙眼、火山石斛、火山诺丽、火山辣木、石山壅羊、美安小黄牛等特色农产品资源和万年火山、千年驿道、百年碉楼、古老民居、富硒红土等历史文

---

① 毛雷. 石山互联网农业小镇的蜕变路：六策略助转型 [N]. 人民网海南视窗，http：//hi. people. com. cn/n2/2016/0519/c231190 - 28367444. html.

化旅游资源。

"石山互联网农业小镇"是由朗坤集团用"互联网+"的理念、思维和技术，以"1+2+N"的运营模式贯穿农业生产、经营、管理以及服务全产业链，打造的一个新型的农业小镇。"1"是以网络为基础构建一个智慧小镇的综合运营平台，将产业、服务、创业、运营和管理统筹协调起来。"2"是搭建运营管理中心和大数据中心，为建设互联网小镇奠定软件、硬件基础，并为小镇的运营、管理和决策提供支持。而"N"是将企业、农户、机构、组织、创客等多个农业模块统一协调，未来会囊括科技、健康、旅游、养老、创意、休闲、文化、会展、培训、检测、加工、电商、贸易、物流、金融等丰富多元的维度。

发挥互联网的创新驱动作用，以促进创业创新为重点，石山搭建了互联网农业小镇青创中心等创业交流平台，助力农民创业者和返乡大学生实现创业梦想，打造经济发展新引擎。推进火山风情全域旅游，实现农业与旅游融合发展。将石山棚改与火山口5A级景区改造充分融合，推进镇墟旅游化改造，打造海南国际旅游岛战略中海口市旅游产业的一个核心旅游品牌。

（二）义乌国际电商小镇①

义乌国际电商小镇位于义乌市城西街道，毗邻义乌快递物流园区和义乌国际生产资料市场，由义乌市国际陆港集团有限公司投资建设，总用地531.12亩。项目一期共10幢建筑，包括6幢商务办公楼、1幢数据楼、3幢公寓楼，另有下沉式广场、停车场等。义乌国际电商小镇一期重点布局电商、互联网、金融、餐饮配套等行业。目前投入使用的一期项目正在打造电子商务总部园、互联网产业园、智（质）造产业园、服务外包产业园和文化创意产业园五个产业园中园，作为互联网、电子商务相关产业培育孵化摇篮。另外，2.5万平方米的下沉式广场是陆港小镇文化活动的聚集地，具备了餐饮、休闲娱乐、运动健身、生活服务等多项功能，为入驻企业员工提供舒适便利的配套服务。

陆港小镇通过搭建服务平台、完善配套服务、优化园区环境等举措，先后引入了包括专业电商企业、互联网企业、金融机构、生活服务类企业以及电商互联网配套服务企业等，预期入驻陆港电商小镇一期的电商企业将有70余家。接下来，陆港电商小镇将不断完善硬件设施和服务功能，积极对接国家"一带一路"

---

① 义乌规模最大电商产业园区——陆港电商小镇开园运营［N］. 每日商报，2017-01-13.

建设，促进义乌从"义乌制造"向"义乌智造和义乌质造"转变，构建全新的电商产业生态圈，推动义乌的经济与城市转型发展。

第四节　特色产业型小镇

一、核心要素

特色产业就是要以"特"制胜的产业，是一个地区在长期的发展过程中所积淀、成型的一种或几种特有的资源、文化、技术、管理、环境、人才等方面的优势，从而形成的具有国际、本国或本地区特色的具有核心市场竞争力的产业或产业集群。产业化特色小镇的产业可以是高科技也可以是金融、教育等，包括但不仅限于旅游产业。国外特定产业型特色小镇对环境和产业独特性要求非常高，包括国家的经济实力、金融发达程度、在世界经济地位、地理位置、人才、税费、交通、环境、信息技术，具有唯一性和难以复制性的特点，是在特定土壤里生长出来的特色小镇。

国家体育总局《体育产业发展"十三五"规划》中提出，要充分挖掘冰雪、森林、湖泊、江河、湿地、山地、草原、沙漠、滨海等独特的自然资源和传统体育人文资源，研制出台冰雪运动、山地户外运动、水上运动、航空运动等产业发展规划，重点打造冰雪运动、山地运动、户外休闲运动、水上运动、汽摩运动、航空运动、武术运动等各具特色的体育产业集聚区和产业带。这个规划将催生更多的体育特色小镇。目前已经崭露头角的有湖州德清县莫干山"裸心"体育小镇、绍兴市柯桥区酷玩小镇、嘉兴海宁市马拉松小镇、嘉兴平湖市九龙山体育小镇等。

二、实践案例

（一）大唐袜艺小镇①

浙江诸暨市是西施故里，人杰地灵，大唐镇又是诸暨市的经济强镇，它位于

---

① 陈爽，杨狄，张坚永．大唐袜艺小镇　破立之间　迸发转型发展新活力［N］．浙江在线，http：//zjnews．zjol．com．cn/zjnews/zjxw/201809/t20180917_8283317．shtml．

浙中，沪昆、常台等国家高速公路经过，作为国家高速铁路建设的"四纵四横"之一的沪昆高铁也贯穿全境，交通十分便捷，区位优势明显，目前有常住人口3.2万人，外来人口7万人。

对这座传统工业重镇来说，"袜子不仅是商品，更是产业、城镇的承载体。"从20世纪70年代开始，大唐袜业就以家庭手工作坊和集市零散贸易为主起步。经过近40年的发展，产业横向分工和垂直分工极其明显。目前，大唐织袜企业有3914家，已形成以大唐镇为中心，辐射周边17个镇乡，吸纳从业人员近20万人的一大产业集群，被确立为首批国家级出口工业产品质量安全示范区，被授予全国袜业知名品牌示范区等称号。

根据规划，"大唐袜艺小镇"是大唐的"镇中镇"，占地2.96平方公里，是全球唯一的以袜子为图腾的特色小镇，并力争成为全球最先进的袜业制造中心、全球最顶尖的袜业文化中心、全球唯一的袜业旅游目的地。大唐"袜艺"特色小镇包括"智造硅谷""时尚市集""众创空间"三大功能区域。其中，"智造硅谷"是袜业特色小镇的智能制造功能区，重点建设三个园区，吸纳300家左右企业进驻；"时尚市集"重点打造"创意体验区""袜业风情街""袜业博物馆"；"众创空间"是袜业特色小镇的电商群落生态区。"第三方仓储式现代化物流基地""大学生创业基地""袜业O2O基地"将构筑群落型的电商服务生态圈。

袜艺小镇还是一个以产业为先导，生态环境优美，承载着人们幸福生活的理想空间。小镇按照"一里一景"的理念，进一步发掘旅游功能，建设大唐袜业城、袜品创意作坊、袜艺文化主题广场、袜艺文化体验馆等特色旅游项目，将一批以"袜艺"为主题的文化景观和运动休闲旅游项目串点成线，让游客在休闲观光购物的同时，体味"袜艺"文化。

（二）莫干山"裸心"体育小镇[1][2]

莫干山镇位于美丽富饶的长江三角洲的杭嘉湖平原，国家级风景名胜区——莫干山在其境内，境内群山连绵、环境优美、气候宜人，物产、旅游资源十分丰富，有林地11.2万亩，其中竹林面积5.8万亩，茶园250公顷，干鲜果250余公

① 沈丹青．德清体育产业4大集群布局初现 莫干山欲打造体育特色小镇［N］．湖州日报，2015-08-23．

② 前瞻产业研究院．特色小镇典型案例解读之体育小镇——莫干山镇［R］．https：//f.qianzhan.com/tesexiaozhen/detail/170622-92faab1a.html.

顷，盛产竹木、茶叶、瓜果、家禽、萤石、石料等。

在"健康中国，全民健身"的大背景下，以体育旅游为创新方向的产城融合，成为中国特色小镇的发展路径之一，体育特色小镇也应运而生。体育小镇以"全民体育""全民健身""全民参与"为理念，以专业体育培训服务为支撑，通过导入定制式运动导师资源、国际性体育教育平台，融合休闲度假、医疗康养服务、体育教育配套、主题商业配套等城市功能，打造集多个功能为一体的体育康体健身基地。

按照规划，莫干山体育特色小镇将呈现"一心、一带、两翼、多区"的功能布局。"一心"指镇区核心区域，规划为产业文化中心，主要承担高端商务、技术研发、产品展览、会议研讨、商业配套、体验娱乐等功能。"一带"主要是沿黄郛路形成的以体育文化为主题的产业展示带，集中了体育产品、文化创意、休闲娱乐、餐饮美食、主题住宿等多种产业形式。"两翼"即位于镇区北侧燎原村的 Discovery 户外极限探险基地和镇区南侧何村村的久祺国际骑行营。"多区"包括竹海登山区、骑行天堂区、森氧居宿区、莫干门户区和历史创意区。

除此之外，小镇还将打造辐射长三角地区的户外休闲运动品牌，积极引进高端体育产业企业，大力开展探索、骑行、攀岩、马拉松等户外活动，使户外爱好者的体验整体向上攀升一个档次。目前，山浩户外活动策划、骑迹俱乐部、蜕已腾户外活动策划、泉天文化传播等多家体育俱乐部、体育经纪公司入驻德清，组织、策划和运作骑行、越野、攀岩、露营、速降等各类户外运动，成功实现莫干山"山上山下"的互动，随着户外运动的开展，莫干山地区已经成为长三角地区重要的户外运动目的地。未来，莫干山还通过实施"体育＋"行动计划，把户外运动和相关产业融合起来，推动户外运动和各个产业的融合发展，从而增强体育赛事撬动社会资源的效应，比如"体育＋文化""体育＋科技""赛事＋旅游""赛事＋品牌"等。

第五节　交通枢纽型小镇

一、核心要素

交通区位理论的核心是区位的概念，是地理经济现象，也是地理因素赋予交通特殊优势的人类活动区域的总称。对地域上的交通枢纽概念，综合起来可以总结为"在一个大的区域内两个或以上地区的出入必经之地"，即地域连接点上的重要地区，它具有内联与外延、辐射性、带动性功能。

打造交通枢纽型小镇需要以下两个条件：一是小镇交通区位条件良好，属于重要的进出门户或者中转地区，交通便利；二是小镇产业建设应该能够联动周边城市资源，成为该区域的网络节点，实现资源合理有效的利用。

二、实践案例

（一）萧山空港小镇概况①

萧山空港小镇在距离萧山主城区15公里、杭州主城区20公里的地方，已成为萧山发展"互联网＋"的高地，仅2016年上半年，便实现网上销售额21.57亿元。依托航空特色，集聚电商物流巨头，抓住跨境电商发展机遇，在国家"一带一路"和"互联网＋"背景下，积极打造萧山产业转型升级的新样本。小镇规划3.2平方公里，地处杭州空港新城核心地带，形成"一心、双轴、四区"的总体布局架构，三小时车程能覆盖长三角主要中心城市。

（二）萧山空港小镇产业规划

依据产业、文化、旅游、社区"四位一体"的发展理念，认真践行"信息引领、智慧应用、模式创新、三生融合"四大发展要求，以"产业重镇""主题小镇"为定位。通过三年左右时间建设，建立空运、航运、铁路、公路等多式联运智能化物流网络体系，并积极向电子商务、物流装备制造延伸，打造浙江唯一、国内领先、有影响力的空港特色小镇。萧山空港小镇构建的以智慧云、智能链、智通关、智生态（4I）为核心的"智慧物流"体系，使其完成了从无到有、从小到大，半年线上交易额超20亿元的迅速发展。实现了自身的产业转型升级，让小镇成为萧山企业转型升级的重要平台。

---

① 萧山空港小镇："互联网－"背景下萧山产业转型升级的新样本［N］. 萧山网，http：//www. xs-net. cn/.

第六节　资源禀赋型小镇

一、核心要素

资源禀赋又称为要素禀赋，指拥有各种生产要素，包括劳动力、资本、土地、技术、管理等方面。由于各地地理位置、气候条件、自然资源蕴藏等方面的不同，自然资源禀赋的差异化分布会导致某个部门专门生产某种产品或提供某种服务的分工。界定某个地方的资源禀赋优势，通常从总量、分布特点、品质高低及可开发情况、与市场的关系等方面进行描述。例如，资源的丰富程度，在世界或者某个地区的排位；品位高低、质量优劣、开发的可行性；距离市场的远近，市场容量的大小等。

打造资源禀赋型小镇，一是要小镇资源优势突出，品质或存量处于领先地位；二是要小镇资源或由此衍生的产业市场前景广阔，需求旺盛，发展潜力巨大；三是要对小镇的优势资源深入挖掘，发挥自然资源、产业基础等优势，科学谋划布局，引导优势要素集聚，实现产业项目集聚发展。

森林特色小镇是指在森林资源丰富、生态环境良好的国有林场和国有林区林业局的场部、局址、工区等适宜地点，重点利用老旧场址工区、场房民居，通过科学规划设计、合理布局，建设接待设施齐全、基础设施完备、服务功能完善，以提供森林观光游览、休闲度假、运动养生等生态产品与生态服务为主要特色的、融合产业、文化、旅游、社区功能的创新发展平台。

以创建"宜居、宜养、宜游"为目标的"森林特色小镇"是适合全部人群的"天然氧吧"，充分体现了人与自然和谐发展，适合健康身体、养生养老、旅游居住。建设森林特色小镇有利于提高国有林场和国有林区吸引与配置林业特色产业要素的能力，助推林场林区转型发展，促进林业供给侧结构性改革，提高生态产品和服务供给能力与质量，不断满足广大人民群众日益增长的生态福祉需求，践行习近平总书记提出的"绿水青山就是金山银山"的新发展理念。

二、实践案例

（一）永嘉鹤盛森林养生小镇①

永嘉鹤盛镇位于永嘉县东北部，镇域面积达176平方公里、总人口约4.3万人、下辖41个行政村，共有耕地面积19810.8亩，林地面积219952亩。鹤盛境内坐拥国家4A级风景区、世界地质公园西园石桅岩景区和国家级森林公园龙湾潭景区，以及永嘉农家乐"金名片"岭上人家。鹤盛镇打造森林康养基地，以森林资源开发利用为主要内容，融入森林游憩、休闲、度假、疗养、保健、运动、养老等健康服务新理念将森林功能的多样性挖掘出来，通过森林浴、森林瑜伽、森林音乐节、森林食疗、古道漫步、山地竞速等森林康养体验，将赏景性森林旅游向森林康养方式转变。鹤盛镇发展森林养生小镇具备四大优势：

一是生态优势。鹤盛镇森林覆盖率达到75.17%，局部负氧离子高达10万个/立方厘米，拥有"永嘉绿肺"之美誉，2016年更是荣获"中国老年宜居名镇""浙江省休闲农业与乡村旅游示范乡镇"等荣誉称号。

二是区域优势。鹤盛镇位于永嘉县东北部山区，东与乐清（芙蓉）交界，北与云岭乡相邻，南距永嘉县城47公里。

三是资源优势。拥有陶姑洞、红岩湖、永乐古道等多处本地旅游资源，拥有填垟枇杷、东皋红柿、西炉杨梅、湖头番薯枣等多个特色农产品。

四是文化优势。鹤盛历史底蕴深厚，蓬溪古村是中国山水诗鼻祖、永嘉太守谢灵运的后裔世居之所，为楠溪江耕读文化的繁荣地。

结合新型城镇化建设，鹤盛镇大力打造集旅游服务、休闲度假、养生娱乐等多功能为一体的森林休闲养生为核心的度假区。规划打造万亩彩色森林、千亩红色枫林、千亩观光果林、百里多彩桃林彩化精品线。在雁楠公路精品线建设一个驿站、两个长廊、三群雕塑，完成两侧绿化。2018年，鹤盛镇森林养生及休闲林业总产值将达到2亿元以上，林业产值占当地总产值50%以上；同时增加5家农家乐、3家民宿，新增3家养老服务机构，实现60岁以上老人养老服务全覆盖，将"绿水青山"变成"金山银山"。

---

① 首批省级"森林特色小镇'出炉，鹤盛森林休闲养生小镇上榜！［N］.浙江省林业厅官方网站，http：//www.zjly.gov.cn/.

（二）磐安江南药镇①

磐安江南药镇是浙江省第一批特色小镇之一，坐落于磐安新城区，共包括新渥镇和深泽乡的 8 个行政村，距离磐安县城大约 10 公里，诸永高速穿城而过。近年来，磐安江南药镇依托中药材资源，致力于中药材产业产、供、销一体化建设，强化功能配套，一二三产业融合发展，着力打造药材天地、医药高地、养生福地、旅游胜地。浙八味特产市场年交易额突破 20 亿元，游客人数突破 50 万人，药镇药农户均收入达到了 5.4 万元，比创建前增加了 2.1 万元，实现了产业特色更加明显、人文气息更加浓厚、生态环境更加优美、配套设施更加完善、体制机制更加灵活的小镇新格局。构成江南药镇的专题园区如表 4－2 所示。

表 4－2   磐安江南药镇的专题园区

专题园区	建设内容
中医药产业园	为加快中医药产业的集聚规模效应，在新城区大麦坞区块，规划建设占地 1000 余亩的中医药产业园，积极引进以"浙八味"等道地药材深加工、传统中成药开发为重点的中药饮片加工、中药制药、中药保健品、中药日化、中药食品和中医医疗器械等中医药产业链中相关企业
中医药养生园	在小镇核心区规划占地面积约 900 亩，建设中医药康体养生园。实施县中医院搬迁，努力将该区块打造成集医疗、预防、保健、康复、养老、养生、科研、教学为一体的中医康体养老养生服务中心
中医药文化特色街区	在灵山路以南区域规划占地面积约 410 亩，建设涵盖中医养生、医疗、康复、药膳食疗等中医健康服务特色街区，内含各具特色、各种专业的名中医馆、养生堂，着力引进全国各地名中医和专家坐堂问诊，使之成为江南知名的中医药文化集聚区
养生博览馆	为弘扬磐安中药文化，普及中医药养生科学知识，在小镇核心区规划建设占地面积约 50 亩，总建筑面积 20000 平方米，由养生文化馆、中医药馆、中医养生科普馆等组成的中国养生博览馆
药文化园	在浙八味市场北路、老翠峰寺区块和 219 省道以南、岩上区块，分南北两区，北区以千年古刹翠峰寺为依托，南区以岩上区块的地理风貌和历史资源为基础，深入挖掘药文化，建设以非物质文化遗产展示、民俗文化表演、娱乐服务为主要内容的药文化园

---

① 张雪．"欠发达"小城镇的特色产业创建之路——以磐安江南药镇为例［J］．小城镇建设，2016（3）：99－102.

专题园区	建设内容
百草园	在小镇核心区块周边，分东、中、西三区，建设以中药材花卉园、药用植物园为主要内容的千亩中药材百草园，调整园内林分结构，逐步打造成集农业科普知识宣传、农业科学种植展示的中小学生科普教育基地和休闲观光农业基地
生态物流园	整合资源建设集仓储（冷链）、物流、快递、汽车综合服务及商务配套等设施功能的现代物流仓储平台，引进具有现代物流仓储管理经验的企业，以满足江南药镇日益增长的物流、仓储需求

资料来源：笔者根据相关资料整理。

浙八味特产市场占地 28.8 万平方米，目前已经成功入驻中药制药、配方颗粒、饮片加工企业 59 家，中药保健营销企业 522 家，全年实现服务业营业收入 22.05 亿元，中高端中药饮片加工产业链逐步形成。此外，磐安县最大的国际建材市场也坐落于江南药镇，占地 60 亩，建筑面积 12 万平方米，近 200 家品牌商铺入驻，提供 500 多个就业岗位，每年市场交易份额 2 亿元以上。依托浙八味特产市场和国际建材城以及引进的大型制药企业，为附近居民们提供了大量的就业岗位，同时也衍生出饮食、超市、住宿等一系列的服务产业，吸引了许多外来务工人员来磐安就业。

第七节 生态旅游型小镇

利用原有的生态景观进行科学选址，深度打造，充分发掘当地旅游资源，把山水风光与当地人文文化联系起来，把民风民俗联系起来，通过提炼升华，形成独特风格和魅力。对于生态旅游型小镇，不仅仅是生态与旅游产业的集聚和融合，注重营造生态、环保、养生、宜人的休闲文化魅力，也是特色小镇的重要元素。

游客的水平、层次、消费模式以及滞留时间形成的人均消费水平是生态旅游型特色小镇产业发展的基础。生态旅游型小镇注重文旅产业链条的打造，即以吃、住、行、游、购、娱等要素构成的多样化休闲产业聚集，再由业态聚集形成产业聚集，从而带动文旅产业发展。小镇要实现产业、城市、旅游、文化等多种功能的实现，既是景区，也是园区、社区。成功的旅游小镇开发，通常摒弃了门票经济的模式，而是通过在产业链条其他环节的变现，来实现整个小镇的经济价值实现。以"政府引导、社会投资、市场运作、小镇自治"为原则，鼓励社会企业和资本参与投入，同时在运营管理过程中也引进市场化机制，实现小镇治理的社会价值、公共价值和商业价值的融合。

一、核心要素

打造生态旅游型小镇需具备以下三个条件。一是景观的生态化。小镇生态环境良好，独具特色的自然风光，或花团锦簇，或湖光山色。一切景区的开发与挖掘都建立在自身的自然和生态资源基础上，因地制宜，宜居宜游。二是产业的可持续发展。产业特点以绿色低碳的生态观光、康体休闲业为主，可持续性较强。三是景观的文艺化。依托当地悠久的文化历史资源，营造浓郁的艺术氛围，增加景区的文化内涵。充分挖掘当地的文化特色，通过大型节庆活动等增加景区吸引力，如葡萄节，音乐节、美食节等。

二、实践案例

（一）九色玫瑰小镇[①]

云南丽江市古城区七河镇金龙村是云南省一库八级电站移民规模化示范点，村民为金安桥电站和龙开口电站的库区移民。由于村民移民来到金龙村后耕地面积大大减少，水果也不占优势，收入大不如前。为了改善村民生存环境，金龙村决定大力发展生态旅游产业，规避因自然环境局限带来的种种不利。金龙村利用彩色的房屋、墙面，9 种颜色彩染的 442 栋房子，以及房前屋后种植观赏玫瑰，打造九色玫瑰小镇。玫瑰小镇的发展模式，把金龙村建设成为新兴旅游景区，实现村民收入翻番。

2014 年以前金龙村还和丽江的大多数小村落一样，带瓦片的屋檐，白色的墙壁，并没有什么特别的。九色玫瑰小镇的计划实施，使得小镇瞬间就实现了华丽转身。金龙村的民居既保留着原有的瓦房样式，又融入了多元素的 3D 壁画，是民族文化与现代艺术结合的产物。壁画的创作风格多样，有极具艺术效果的飞机、奔马、花海；也有取材于本土景象的大山、电站大坝和人物形象。目前，金龙村的 3D 彩绘已完成 50 多幅，除了 3D 彩绘外，墙上

---

① 石岩．九色玫瑰小镇一开园就跻身丽江"三甲"[N]．中国企业报，2016 – 10 – 18．

也有紧紧围绕着玫瑰爱情主题小镇而写的文字和普通绘画，3500 平方米的地面 3D 彩绘将申报吉尼斯世界纪录。如今，金龙村俨然已经发展成了时尚的"国际"小镇。

2014 年，丽江玫瑰小镇旅游开发有限公司与村里签订紧密型合作协议，共同建设"九色玫瑰庄园"。项目建设内容包括：在金龙村 442 户农户的房前屋后种植观赏玫瑰，打造"丽江玫瑰第一村"；种植 1000 亩食用玫瑰，并通过深加工开发玫瑰产品；建设玫瑰景观，打造特色旅游小镇。目前，全村家家户户都参与玫瑰种植，累计种植食用玫瑰 300 亩，园林玫瑰 30 多万株。丽江玫瑰小镇旅游开发有限公司则通过建立苗圃基地，为村民提供 9 色玫瑰苗；收购玫瑰花，开发搞科技玫瑰产品；围绕打造旅游"升级版"目标，建立机制，营造环境。目前小镇的一期工程为村民提供了 100 个以上的工作岗位；小镇的商店、超市、农家乐、小吃店等全由村民自行经营；门票收入将与村里分成，房屋庭院在今后可出租，老百姓还可到景区参加表演活动，增加收入。

（二）剑河温泉康养小镇①

温泉作为旅游资源在旅游业中占有很重要的地位，而且在医疗服务产业化中也是十分重要的资源。贵州省乌当区拥有丰富的温泉资源，当地政府将重点打造"康养温泉"模式，将旅游产业和健康产业结合，让老百姓在"康养温泉"模式中获益。乌当区作为贵州全省的大结构产业发展引领产业示范区，"大健康发展""大旅游发展""大数据发展"三位一体的发展模式形成了乌当区现代产业的发展体系，也使贵州成为名副其实的"中国温泉省、世界康养地"。

剑河温泉位于距离贵州省凯里市剑河县城 20 公里的 320 国道公路旁，距天门洞风景区 1 公里。温泉在山脚之下，原有温泉眼 10 余口，现存 6 口泉眼。泉水晶莹清澈，每秒流量 10 升，各泉眼温度不同，从 38℃至 50℃不等，全都为含微量放射性元素氡的温泉，故称之为氡泉，对疗养、健身有显著的疗效。

"康养温泉"作为一和新的温泉模式，将在温泉的发展中占重要地位。多彩贵州将通过温泉与休闲娱乐、中医养生以及现代医学组合，实施差异化产品和不断创新的服务，使温泉旅游成为集休闲度假、情感沟通、文化体验等众多功能于一体的时尚旅游产品。

---

① 罗元涛. 黔东南着力打造旅游"升级版"[N]. 贵州民族报，2017 - 04 - 14.

剑河温泉不仅水质和设施好，节日里还安排很多民俗活动吸引外地游客，比如打糍粑、跳苗族踩鼓舞、听苗族飞歌，这些都是景区的民族文化盛宴，民族民俗文化融入景区，真正让游客切身感受到剑河温泉的苗侗文化内涵，这是剑河温泉吸引游客的亮点之一。

第八节　高端制造型小镇

一、核心要素

高端制造业是工业化发展的高级阶段。相对于低端制造业，高端制造业是具有高技术含量和高附加值的产业。低端制造业是工业化初期的产物，而高端制造业则是工业化后期和后工业化的产物。高端制造业的显著特征是高技术、高附加值、低污染、低排放，具有较强的竞争优势。

高端制造业的概念应该从行业和产业链环节两个角度来进行界定。从行业的角度讲，高端制造业是指制造业中新出现的具有高技术含量、高附加值、强竞争力的行业；从所处产业链的环节上讲，高端制造业处于某个产业链的高端环节。如果对产业部门进一步细分，这些高端环节也可以看成是产业部门的细分行业。打造高端制造型小镇，一是小镇产业要以高精尖为主，并始终遵循产城融合理念；二是要注重高级人才资源的引进，为小镇持续发展增加动力；三是要突出小镇的智能化建设。

二、实践案例

（一）世界动车小镇①

世界动车小镇位于青岛市城阳区西部，规划面积83平方公里，包含31个社区，常住总人口11万人。小镇以轨道交通装备研发和制造为主导，形成完整的技术创新体系和产业集群，打造轨道交通全球创新中心、全球制造中心、全球博览中心、全球VR中心、区域性服务中心和区域性金融中心，实现城镇功能完善、基础设施一体化、公共服务均等化，建成具有全球影响力的国家高速列车技

① 朱文达. 青岛市城阳区：创新催生世界级动车小镇［J］. 中国品牌，2015（11）：64－66.

术创新中心和产城融合、宜业宜居的世界动车小镇。

小镇在高速列车领域构建从基础研究、产品开发、装备制造到运维的全链条创新体系，全面提升中国高速列车技术创新能力和全球行业竞争力，推动高速列车技术创新成为中国高端装备"新名片"。到 2020 年，动车小镇轨道交通全产业链产值将达到 1200 亿元以上，青岛市轨道交通全产业链产值将达到 1500 亿元以上，产业本地配套率可达到 50% 以上，出口产品占有率达 50% 以上。

轨道交通全球创新中心作为世界动车小镇建设的核心区域，规划面积 12 平方千米，重点建成"三平台、两中心、一网络"："三平台"，即高速列车技术与产品研发平台，科研成果产业化平台，大数据与应用服务平台；"两中心"，即高速列车产业技术合作、转移与辐射中心，国际化轨道交通装备检测认证中心；"一网络"，即开放的、国际化、专业化协同创新资源网络。

轨道交通全球制造中心充分发挥国家高速列车技术创新中心品牌和"裂变效应"，引进一批中车旗下以及国内外轨道交通工业设计、整车制造、核心零部件供应、检修服务、铁路线建设等高附加值企业，构建体系完备的轨道交通装备产业链。同时做好创新中心研发成果的本地转化和应用。

轨道交通全球博览中心充分挖掘青岛机车发展文化底蕴，规划建设轨道交通会展中心、博物馆、科技馆、文化馆等，积极筹办国际轨道交通博览会、高峰论坛等活动，打造集高铁制造参观、轨道交通技术展览、动车文化交流、人才教育培训等具有复合功能的全球博览中心。

轨道交通全球 VR 中心加快轨道交通大数据中心建设，积极推进"动车小镇＋虚拟现实"发展。一方面在动车小镇基础设施建设、交通管控、智能建筑、风貌控制等方面引领数字城市建设；另一方面利用 VR 技术建设轨道交通虚拟实验室、虚拟实训基地、动车体验旅游等项目，融合全球相关科技、文化、旅游等资源，建设集科研、制造、观光、旅游等于一体的一站式全球 VR 中心。

轨道交通区域性服务中心集聚全国、全省轨道交通研发制造、工程建设、设计咨询资源，成立轨道交通产业联盟，组建青岛轨道交通工程设计咨询院，打造立足全省、面向全国的轨道交通综合服务提供商。

区域性金融中心以国家高铁战略平台为依托，深化与国家开发银行、中国农业银行等合作，加快集聚一批金融机构和基础设施建设基金、产业发展基金、股权投资基金，打造服务园区、辐射周边的区域性金融中心。

（二）宁海智能汽车小镇①

宁海智能汽车小镇产业定位属于高端装备制造产业，位于宁东新城核心区内，小镇规划面积 3.47 平方千米，投资规模 60.2 亿元，由新加坡 DC 国际、美国 AECOM 等国际一流的团队规划设计，完美体现生产、生活、生态共融，产业、文化、旅游共生理念。小镇临水见山，自然生态优美。通过工业参观廊道、汽车主题公园、科技文化中心、小镇客厅、特色街区以及慢行系统等功能区的打造，处处体现智能、汽车、小镇主题，让人们徜徉在山水之间，体验智能世界。

小镇处于长江三角洲都市圈，以智能汽车生产制造作为核心产业，打造以新能源汽车研发、制造、管理及汽车零部件生产高度智能化和与"互联网＋"商业模式紧密结合为核心的完整生态产业链，同时协同发展包括金融、展示、体验、旅游、居住、服务等功能的完善配套，打造以智能汽车产业为核心的多功能产业品牌。长三角完整的都市群，汇集了产业、金融、贸易、教育、科技、文化等雄厚的实力，对经济活动的集聚功能也在逐步增强。发达的经济、强劲的汽车消费人群，为宁波新能源汽车产业带来资金、技术及强大的市场支撑。交通方面也十分便捷，更加有利于小镇经济发展、文化交流、科技创新。

小镇通过对各类资源进行科学配置，提升竞争力和吸引力，实现创新低碳的产业经济、绿色友好的小镇环境、高效科学的政府治理，最终实现小镇居民高品质的生活：一是通过完善新能源汽车"智造"的相关配套服务，高效支撑产业发展。同时合理落实各种保障性服务设施，构建大数据公共服务平台。二是构筑小镇研发创业、商务商贸、文化展示、接待咨询等综合服务功能，提高服务的品质。三是以提升生活环境为重点，嫁接汽车文化旅游功能和城镇居民居住功能，创建幸福的居住区。

第九节　金融创新型小镇

一、核心要素

金融创新（financial innovation），是变更现有的金融体制和增加新的金融工

---

① 宁海智能汽车小镇：梦想照进现实［N］.宁波日报，2016 - 09 - 20.

具，以获取现有的金融体制和金融工具所无法取得的潜在利润，它是一个为盈利动机推动、缓慢进行、持续不断的发展过程。金融创新是指金融内部通过各种要素的重新组合和创造性变革所创造或引进的新事物。金融制度创新主要集中在国家宏观政策调控方面，包括金融组织制度的创新与金融监督制度的创新。任何金融管理法律、法规的改变，都可能引起金融经营环境与经营内容上的创新。

金融整体发展主要依靠社会经济机体的内部力量推动金融创新。在金融技术迭代的大环境下，金融机构会衍生出更多的金融产品。金融产品创新是商业银行金融创新的着力点，商业银行要进行利润空间的扩张，提高收益率，必须为客户提供更多的产品和服务。例如面向普通居民的各种新型理财品种；支付方式的改变；服务实体、服务"三农"、服务小微的特定产品或者产品组合等，都在一定程度上促进了金融体系的完善。

打造金融创新型小镇，一是小镇要处于经济发展迅速的核心区域周边，属于核心区的配套服务平台，具备得天独厚的区位优势、人才优势、资源优势、创新优势、政策优势；二是小镇要有一定的财富积累，经济结构处于较高级的发展阶段，市场广阔，投融资空间巨大；三是聚焦科技型中小企业的融资过程，拥有为企业和金融机构对接提供法律、财税、担保、评估以及咨询等第三方专业服务的中介机构，科技金融是此类小镇发展的强大动力和重要支撑。

二、实践案例

（一）杭州玉皇山南基金小镇[1][2]

玉皇山南基金小镇选址于风景秀丽的玉皇山风景区，地处西湖世界文化遗产保护带的南端，核心区规划总占地面积为 2.5 平方千米，总建筑面积约 30 万平方米，是一座具有江南特色、景观优美的小镇。以美国格林威治基金小镇为标杆，运用国际先进理念和运作模式，结合浙江省和杭州市的发展条件与区域特质所打造的集基金、文创和旅游三大功能为一体的特色小镇。目前，玉皇山南基金小镇已经集聚了各类基金机构 160 家，资产规模超过 1000 亿元，在同类小镇中位居前列（见表 4 - 3）。基金小镇凭借金融业列入首批浙江省特色小镇创建名单。

① 安诣彬. 城郊地带可持续的有机更新实践——以上城玉皇山南基金小镇为例 [J]. 小城镇建设，2016（3）：72 - 74.
② 林航. 公共管理视角下的特色小镇创建经验研究——以杭州市玉皇山南基金小镇为例 [D]. 西安：西北大学，2018.

表 4-3　　　　　　　　杭州玉皇山南基金小镇与同类小镇的业绩比较

小镇名称	成立时间	入驻企业（家）	资产管理规模（亿元）	税收（亿元）
嘉兴南湖基金小镇	2014.07	2700	3500	4.1
杭州玉皇山南基金小镇	2015.05	1090	5900	10.77
北京房山基金小镇	2015.07	95	1659	——

资料来源：林航.公共管理视角下的特色小镇创建经验研究——以杭州市玉皇山南基金小镇为例［D］.西安：西北大学，2018.

　　玉皇山南基金小镇融入了产业集群理论思想，采取的高新、创新产业与高知识溢出产业的发展战略，将碎片化的基金小镇整合入微小镇生活圈，描绘着线上线下、工作生活紧密关联的小镇蓝图。根据规划，一期的山南国际创意产业园已建成，入驻企业以文创、私募（对冲）基金为主；二期甘水巷、海月水景公园、鱼塘北地块正在建设中，主要集聚私募基金龙头型企业；三期三角地仓库区块和四期白塔片机务段区块，引进为基金小镇提供配套金融服务的私募中介机构、初创型机构等。

　　基金小镇还提供一系列特色配套服务。比如引进由浙江省金融业发展促进会组建和管理的"浙江省金融家俱乐部"，创办成立"浙江金融博物馆"，成立对冲基金研究院，为小镇入驻私募机构提供专业化服务。基金小镇用"微城市"的理念打造园区，加快建设生活配套服务平台，在玉皇山南集聚区内，公共食堂、商务宾馆、停车场、超市等配套设施逐渐完善。

（二）章丘金融小镇项目①

　　章丘金融小镇项目坐落于圣井新城片区，与山东大学、山东财经大学遥相呼应，结合章丘的交通、产业、生态、环境优势，发挥各类专业人才的带动作用，高起点规划建设布局合理、配套完善的金融集聚区，通过聚合引进一批银行、证券、保险等传统金融机构，吸引一批金融服务、企业协会、会计师律师事务所等机构入驻，同时孵化培育一批基金、众筹、电商金融等新型金融业态，实现金融市场规模化、金融机构多元化、金融产品多样化、金融企业集约化、金融服务专业化的目标，致力于打造山东乃至全国特色金融小镇的典范。

---

　　① 刘海奎，袁致甲，曲晓明.助力济南区域性金融中心，章丘金融小镇"呼之欲出"［N］.山东省地方金融监督管理局官方网站，http：//www.sdjrb.gov.cn/258/6852.html.

章丘区充分利用专业建筑设计公司在特色小镇等方面成功的设计理念、专业优势和成熟经验，以及丰厚的人力资源、文化资源、科技资源、金融资源、教育资源等，同时借助山东大学、山东财经大学的人才优势、科研优势，以金融小镇为切入点和引爆点，促进金融要素的集聚整合，建设金融服务创新平台，聚力打造"产融结合＋产城融合"的特色金融小镇，为丰富济南市金融中心业态、服务金融中心建设"增砖添瓦"。

第十节　时尚创意型小镇

一、核心要素

"世界创意经济之父"约翰·霍金斯先生认为，"人人皆有创意，创意需要自由，自由需要市场"。时尚产业最早发端于法国和意大利的时装制造业，意为"时尚服装的制造者和销售者"。随着产业范围的不断拓宽，产业体系的日益完善，现代时尚创意产业已经从服装行业延伸到极其广泛的领域。在产业形态上，时尚创意产业是跨越高附加值先进制造业与现代服务业产业界限的多产业集群组合。它既有先进制造业的产业形态，也有传统手工业的技艺形态；既有现代审美的需求，也有传统文化的利用；融合了第二产业的高端制造，第三产业的商业、服务、媒介、媒体、设计、文化、娱乐、餐饮等一系列的业态，是创意性、生产性的新兴产业运作方式。

由于时尚创意产业具有十分丰富的文化艺术内涵，十分鲜明的时代特征，以及普遍融合的产业关联性，已经成为当代文化产业异军突起的力量，被各国政府纳入产业政策的重点支持对象。"时尚创意与城市的和谐、时尚创意与人的和谐、时尚创意历史与未来发展的和谐"理念，以设计师的深刻领悟和灵感构思诠释出属于世界的中国时尚。

打造时尚创意型小镇，一是小镇要以时尚产业为主导，形成产业链条，逐步整合供应链资源，降低成本、提高效益。二是小镇应该以文化元素嫁接时尚，增强品牌意识，提高附加值，并与国际接轨，引领国际时尚潮流。三是要突出互联网经济优势，摈弃"低小散"，力争"高精尖"，促进"互联网＋"与传统产业的深度融合，如在销售端，利用实体体验店和互联网平台，形成全新的定制模式。四是要打造时尚展示与交流平台，促进国内与国际的互动交流。五是要全方位保障。设计小镇人才认定标准，广泛吸纳人才；创新知识产权保护策略，实施原产地保护；在产业配套方面，完善仓储物流，在生活配套方面，打造"5分钟工作生活圈"，解决创业者的后顾之忧。

二、实践案例

（一）深圳大芬油画村①②

大芬村位于广东省深圳市龙岗区布吉街道，曾经是一个普通的客家人聚居村落，当时的村民只有200人左右。1989年，一位香港画商黄江来到这里，招募当地居民、学生及画工进行油画创作、临摹、收集和批量销售，由此将油画这种特殊产业带进了大芬村，后来发展成了今天的"中国油画第一村"。

大芬油画村占地面积4平方千米，村内画廊有600多家，画家、画师1万多人，形成了油画订单、生产、回购和外销的完整产业链。大芬村画廊的油画始于模仿，通过复制市场最流行的名画作品获得订单。到了后来很多画家或画师都来这里创作，开始有了很多原创作品。随着越来越多的画师或画家纷纷在大芬村安营扎寨，大芬油画村的规模一年一年地扩大，大芬村的油画远销海外各地，形成了一定的品牌效应。

在大芬村的原创油画城，珍藏着蔡腾的代表作《乡村旧事》，其被评价为"现代清明上河图"。德国艺术大师布赫廷（J. G. Buechting）评价其为"两幅具有世纪纪念意义的巨作，是时代的文化瑰宝"。

画廊是大芬油画链接世界的一个窗口，以"达芬奇雕像广场"为街道中心点，成放射状分布数条街道巷弄，是各类画作批发零售的集散地，油画的很多批发、零售业务都是在这里完成的。

一些国际油画商慕名而来，长期在大芬村下订单收画。大芬油画村以油画为主，辅之以国画书法及其他工艺品。大芬油画村除了油画之外，还包含有其他艺术门类的经营，如国画、书法、雕塑、刺绣、漆画、景泰蓝等。在大约780家门店中，从事油画经营的有近600家，从事国画、书法创作和销售的有50余家，

---

① 袁俊，吴中堂．基于网络文本的文化创意产业园与旅游业融合效果研究——以深圳大芬油画村为例［J］．资源开发与市场，2016（9）：631－636.
② 袁新敏，李敖．自发机制下创意人才集聚地演化过程分析：基于大芬村的案例［J］．中国科技论坛，2017（12）：139－147.

从事画框、颜料等相关配套产品经营的有 70 余家，从事工艺、雕刻、刺绣、装饰、喷绘及书画培训的共近 70 家。大芬村每年生产和销售的油画 100 多万张，年出口创汇达到了 3000 多万元，占领全球油画市场六成的份额。

大芬村为客家人的聚集地，随着油画在此落地生根，村里的一些客家围屋被加以修缮、改造，从而成为独具特色的艺术品商店，中西文化元素巧妙地融合在一起。众多画廊和画室为初学者提供餐饮服务和绘画教学，吸引了众多艺术爱好者、艺术家和附近居民前来聚餐和交流，也是香港明星们热衷的电视剧、广告片的指定拍摄地，在延伸产业链条、丰富产业内涵等方面衍生出复合型产业转型方向。大芬村保持着浓厚的艺术气息，古朴的街巷和村落与艺术高度融合，两者和谐共融，呈现出现代都市的文化软实力。

（二）余杭艺尚小镇①

艺尚小镇位于临平新城核心区，规划面积 3 平方公里。作为未来的城市副中心，规划区成为临平要素集聚、交汇的链接区块。其建设对整合临平的区域资源、梳理城市空间结构、优化城市服务功能、提升城市生活品质有着至关重要的作用。艺尚小镇以时尚产业为主导，把推进国际化、体现文化特色与加强互联网应用相结合作为小镇主要定位特色。规划形成"一心两轴两街"的基本格局，"一心"为小镇的形象之心、交通之心、功能之心，"两轴"为沿望梅快速路及其延伸段形成的山水文化轴和沿迎宾路形成的产城融合轴，"两街"即中国·艺尚中心项目形成的时尚艺术步行街和调整后的汀兰路时尚文化步行街。

艺尚小镇产业规划由时尚设计发布集聚区、时尚教育培训集聚区、时尚产业拓展集聚区、时尚旅游休闲集聚区、跨境电子商务集聚区和金融商务集聚区六部分组成。艺尚小镇产业定位于设计与研发、销售展示、旅游休闲以及教育与培训等，规划引进品牌服装企业 80 家左右。其中，"中法青年时尚设计人才交流计划基地"已落户；中国服装协会、中国服装设计师协会、法国时尚学院、中法时尚合作委员会已入驻。小镇还积极引进了美国纽约大学时尚学院、英国圣马丁艺术学院和意大利马兰欧尼时尚学院三大国际知名时尚学院作为研发设计与人才培养机构，以及七匹狼、太平鸟等 40 余家国内知名品牌进驻发展。

---

①　余杭艺尚小镇：恋上一座艺术与时尚的江南小镇［N/OL］.浙江在线—浙江特色小镇官方网站，http：//tsxz.zjol.com.cn/ycnews/201803/t20180307_6739701.shtml？bsh_bid=1960478855.

第五章 国内外特色小镇的经验总结

特色小镇在西方发达国家有悠久的发展历史，并形成了一批闻名全球的小镇，每年吸引着成千上万的游客，在全球范围内产生了广泛的影响。西方发达国家以新理念、新机制、新载体推进产业集聚、产业创新和产业升级，其城镇建设也是伴随着工业化、城镇化发展起来的。目前，西方国家的城镇体系基本成熟，处于稳定发展期，小镇魅力在现代视野中弥久恒新，特色的运营手段与品牌传播渠道也在不断创新和迭代之中，不断焕发出新的生命力。

我国的特色小镇建设是在城镇化大背景下提出的，目前还处在探索期。特色小镇从一开始便被赋予了城乡统筹发展、经济转型升级和经济供给侧改革等重要的使命。"政策引导、探索创新，因地制宜，各具特色"是目前阶段的主要做法。我国特色小镇建设在推进城乡协调发展、可持续发展及加速城镇化进程等方面具有十分重要的作用，特色小镇建设在讲好中国故事、彰显中国文化、演绎中国元素、呈现中国色彩等方面扮演着重要的角色。但从总体来看，我国特色小镇发展相对滞后，城市特点、产业布局和文化阶层等重要元素没有发挥应有的作用。因此，学习借鉴国内外特色小镇成功的建设经验十分必要。

西方发达国家在特色小镇建设方面有着丰富的经验，值得我们学习与借鉴。如美国的卡梅尔小镇、瑞士的达沃斯小镇、美国的格林威治对冲基金小镇、法国的普罗旺斯小镇，历史悠久、产业富有特色、文化独具韵味、生态充满魅力，被载入无数文学艺术作品，在文学经典中找到永恒的小镇魅力，令世人向往。目前国内外特色小镇成功案例也很多，虽然风格各异，但还是有一些共性规律可以总结，有一些值得总结归纳的思考逻辑和实践模式。

第一节　聚焦主题鲜明的产业领域

一、深挖产业的价值组合

聚焦主题鲜明的产业领域意味着深挖产业的价值组合，从产业链到价值网，改善传统运营模式，持续与多个产业链、价值网合作伙伴深化全方位、深层次的合作，体现为多个产业链的交互，形成覆盖领域广泛且无必然连续性的产业链网络结构。特色产业在质疑声中不断发展和改变。虽然特色产业模式无法替代主流产业发展方式和传统经济发展轨迹，但仍然能够作为补充和延续，满足企业类型广泛、长期增长、阶梯式和网络式创新迭代的需求。除此之外，对于特色产业行业、特色产业类平台以及特色产业产品，特色产业以某个产品和服务为核心衍生出的利益相关、分工不同、能够在各自的产业环节内完成自循环的上下游业态集合体。特色产业类平台还包括开拓了特色产业功能、为其设立单独板块及多个切入点的综合特色产业类平台。

二、突出产业特色与相互嫁接

特色小镇的"特"主要体现在产业特色上，也就是说特色小镇的产业必须自成体系并主题突出。任何一个特色小镇必然有一项与众不同的产业，由产业链衍生而出的价值网具备极强的主题性，体现了小镇的"一业为主，带动百业，交错成网，共赢共生"的产业格局。作为产业升级平台，国外特色小镇不仅空间特色明显、文化浓郁，更关键在于构建了具有较强主题性的产业领域。

虽然大多数特色小镇在形成初期都是以传统生产制造为主，小镇从业者大部分与核心产业相关，但随着企业的壮大，不论是产业链拓展还是小镇的功能延伸都逐渐围绕核心产业的需求而衍生。紧紧围绕主导产业，进一步拓展开发配套、衍生、辅助、共生平台等几个层面的业务，进一步形成规模化的产业集群。充分利用自身优势，如区位优势、环境优势、历史人文优势、服务优势等，将其进一步巩固拓展并且有效地提升。

随着时间的推移，经济转型和产业升级是推动特色小镇发展的动力之一。因此，特色小镇建设不仅是外部物质环境优化，还包括政策设计和宽松公平竞争的市场环境的营造，更要关注促进企业创新发展的平台建设。当传统制造业逐步向文化创意、旅游业延伸，或农业逐渐通过农产品加工、农业观光旅游等活动实现三次产业间的联动与融合，不断向产业结构的高级化阶段演进。投资主体在发展核心产业的同时，通过将主营业务拓展到其他领域，推进多元化经营战略，满足小镇建设各参与主体的需求。例如制造业将主营业务向研发服务、仓储物流等新领域的拓展；文化创意小镇将主营业务向会展、博物馆、网络交易平台等新领域的拓展等。此外，小镇还发展与之相关的旅游、餐饮及服务行业，以便扩大业务规模，提高综合竞争力。

空间选址必须凸显区位优势和产业基础，做到自然禀赋适宜、开发成本较低、产业历史悠久、基础设施完善，对于人们的生产生活、经济发展中都有着非常广泛的影响。选址的好坏直接影响到投资主体、经营主体和居住主体的交易成本、服务方式、经营效率，进而影响到模式的可持续性和市场竞争力。高科技产业通常与研发能力极强的高校和研发机构交互，如硅谷与斯坦福大学有着千丝万缕的关系；制造型特色小镇选择建设在交通枢纽或者重要交通门户，是纵贯南北或者横贯东西的重要贸易口岸，发展成为特色产品的货物批发、零售的流通中心；文化创意产业似乎没有特殊或苛刻的选址要求，像 U 盘产业，随时随地嫁接一个地域资源，[①] 哪怕是废弃的工厂、街区、村庄，创意者都可以通过艺术创造点石成金，如大芬油画村、1978 文化创意小镇等；金融创新小镇通常建设在大城市的周边区域，紧邻金融中心，属于卫星城镇。

三、培育差异化竞争优势

从大力发展小镇特色化的产品和服务，培育差异化竞争优势，到将产业中存在的供应链、工序链、资源链、人才链、资金链进行市场化跨界延伸，市场化、平台化这类特色小镇的成功在于具有企业家精神的本地能人返乡创业、建设家乡，他们即中国的"乡贤"。小镇作为他们的"乡愁"而被选择，类似于中国传统文化中的"衣锦还乡"。

---

① 周丽. 文化创意产业与三次产业的融合发展研究：基于广东肇庆的实践探索 ［M］. 北京：企业管理出版社，2013.

有些特色小镇的缘起是企业家为家乡所在的小镇建设基础设施及公共设施，以企业集团支撑着小镇的经济发展与社会服务，即公司镇模式。如好时小镇（Hershey）① 的创始人米尔顿·好时（Milton Hershey）先生，先后在兰开斯特（Lancaster）、费城（Philadelphia）从事过焦糖生意，1900 年决定在家乡德利郡买下一个农场，创办巧克力工厂，并为小镇建设相关配套设施，于 1906 年将其命名为好时镇（Hershey）；有些则是通过带动众人创业建设家乡。再如海伊（Hay-on-Wye）旧书小镇的创办人理查德·布斯（Richard Booth）先生，牛津大学毕业后回乡率先开起二手书店，并对随他开设的各家书店严格制定经营特色，避免同质化竞争。在布斯先生的带领下，小镇陆续出现近 40 家旧书店，成为全球最大的二手书市场，形成以旧书为主题的特色小镇。

美国格林威治小镇，面积很小，却云集了超过 500 家对冲基金，管理着世界上数千亿美元资产，人均资金管理规模在全球排名第三，仅次于纽约和伦敦，被誉为世界金融对冲基金之都。

生态旅游是一个新的风口浪潮，它建立在旅游业最坚实的基础——自然基础之上。在全球化与工业化的背景下，推动旅游可持续发展已经形成全球共识，寻找监测旅游可持续发展的具体技术方法也成为关注焦点。

特色小镇在发展过程中应当尤其注意对差异化资源的配置、对土地进行更高效的利用、对生态环境进行保护。随着高铁、机场以及公路等交通基础设施建设的不断完善，都市生活圈不断扩大，推进了部分郊区乡镇的发展，同时青年创新创业群体也逐渐将发展目标向小镇转移。而特色小镇的选址一般均远离大城市，定位于较偏远的郊区，交通网络的发展和特色小镇的兴起相互支撑，对我国城乡统筹发展具有重大意义。

第二节　基于深厚的历史积淀和文化传承

随着特色小镇的演进和发展，推动特色小镇文化内核更新、前进的途径有两条：一是源于小镇文化"为核"的"裂变""聚变"或"剧变"；二是源于"外来""外缘""入侵"的文化在起作用。这两条途径往往同时存在，并相互影响、

---

① 张银银，柴舟跃. 查理的巧克力梦工厂现实版：好时巧克力小镇［J］. 人类居住，2017（11）：16 - 19.

相互转化，共同推动着小镇文化的开放、包容、进步和发展。

一、以地理性区域文化建构特色

中国幅员辽阔，历史悠久，各地特色传统文化博大精深。特色小镇的文化内核要在文化价值观体系构建过程中作进一步的提炼、筛选或解构。例如，我们提炼某个地理区域的科学技术（也包括绘画、音乐等文化现象中的高端元素）、经济、政治与法律等标志性文化元素，或者把人们的日常生活习俗（语言、服饰、饮食习惯、节日礼仪等），以及艺术、宗教、各种价值观取向作为特色小镇的文化体系的构成部分，那么，特色小镇的文化就可以建构成为一种自身的特色。

二、打造小镇的特色品牌管理体系（TIS）

TIS 是英文 Town Identity System 的缩写，是特色小镇的"品牌管理体系"，是小镇形象管理对内对外品牌形象、特有历史文化、器物特色等的基础理论。与 CIS 相近，通过对理念、行为、视觉三方面进行标准化、规则化，使之具备特有性、价值性、长期性、认知性，可译为"小镇识别体系"。主要由小镇视觉识别、小镇产业识别、小镇文化识别三个部分构成。小镇的景观风貌具有强烈的视觉识别性，往往是小镇产业特色的空间映射，因此，具有产业特色的特色小镇，其空间风貌必然用视觉形象来进行个性识别，具有强烈的可识别性。特色小镇的产业识别多以参照系为比对目标，判断标准包括：是否具有国家乃至全球性的影响力？其产业地位是否以全球、国家、区域为参照系？是否已经达到或超过某一行业领域内较高或顶尖的质量标准？这也正是其独特性的有力体现与保证。文化识别主要指抽象意义上的精神理念，难以显现其中具体的内涵，只能传达其精神特质。

大量古村落传承着历史文脉，拥有厚重的历史感和丰富的时代气息。古建筑是前人留下的珍贵文化瑰宝，具有历史、文化、科技、艺术等多方面价值。一座保存完好的古建筑，既是研究某一阶段历史文化的重要实物文献和视觉文献，又是社会、文化变迁的历史见证，扮演的历史角色无疑是其保存和修复的重要意义所在。因此，基于历史遗存的特色小镇建设，要先了解古建筑本身的科学布局和结构体系，以及小镇经历的故事、承载的历史文化，才能在开发以及活化过程中遵循真实性、完整性、延续性的修缮原则，竭尽全力表达对历史的敬畏和对文化的尊重。在遵循文物建筑保护"最小干预""整体性""可识别性"等原则的基础上，修缮扩建为一个有故事、有情怀、亲和共享的开放式互动空间。

三、增强辨识度

符号意识对于特色小镇来说，就是要完成从社区语言、街区语言、建筑语言、人物语言、形象语言的转换。IP（Intellectual Property），即知识产权，通常包含三大体系，包括著作权、专利权和商标权，而著作权通常是文化产业研究中的主要聚焦点，主要表现形式包括文学、影视、游戏、动漫、综艺等作品的素材版权。在如今的全媒体时代，特色小镇优质IP的运营与深度开发不断呈现新的趋势。

开发多元化IP体系，建立符号意识，设计多元符号，形成符号系统，可以准确表达小镇的文化和历史，避免"千镇一面"。因此，特色小镇的建筑物和街区设计必须具有独特的风格和风貌，建筑与景观设计均充满了符号感，极具辨识度。由小镇独特IP延伸出的产业链和价值网等，商业运营成为共同推动特色小镇产业发展的重要动力。围绕特色小镇IP进行的一系列价值的开发、优质IP的运营成为小镇发展的要义。要想在井喷式的IP中脱颖而出，必须另辟蹊径，而"多业态一体化发展"，便是特色小镇IP开发的新路径。行业内众多的交流和展示活动集聚人流，吸引人的眼球，基于此打响某个领域的品牌。

四、文化建构与重构

特色小镇的文化特色具有"雨伞式"概念的特点，包罗万象，常常与"社区文化""社会文化"所指的概念范围一致。小镇文化可以分为三个层次：小镇文化内核、辅助内核的商业伦理体系、人与自然环境的适应性。仅靠传统文化资源，不能给现代文明提供足够的支撑。传统文化的角色转化只是现代化进程中文化重构的一条线索。标志现代文化内核的这些元素，不是仅靠宣传和呼吁就能在本土扎根的，而是需要通过相应的资源投入和传播方式才能融入人心。在内核不变的情况下，整个文化体系可以得到新的整合，并建立新的理念秩序。传统文化的内核与其相对应的文明结构是同构的，因此在小镇的现代化进程中难免要被新的内核所取代。对于特色小镇而言，传承特色文明传统，以及嫁接现代元素是其文化重构的一个关键环节。

特色小镇的文化内核构建及传播至少涉及三方面的问题：谁是小镇文化的生产主体？用什么样的方式生产？生产出来以后如何传播？文化生产主体、生产方式和传播方式三个方面共同形塑文化，而在这三者背后起决定作用的是通过何种媒介传播。媒介的演进逐渐打破了文化传播的边界性，尤其是互联网媒介，将人类各种行为都整合到文化的普泛化。如果说，互联网大大突破了文化的边界，使得文化空间骤然打开，文化形态日趋多样，那么，边界模糊以后，互联网培育新的文化习性，求真、尽善和审美之路愈加复杂。

五、塑造小镇特色元素的生命力

越是民族的，就越是世界的。小镇特色元素不仅仅是对中国式的视觉符号的运用，而是烙在品牌中的中国文化精神内核。创意人只有把握住这一内核，才能为民族品牌找到真正的生命力和价值所在。现在很多创意的方法都是外来的，这有其有价值的地方，也给中国的特色小镇建设带来了很大的影响。

每个国家每个市场都会有它自己的消费价值观和文化，必须赋予创意元素崭新的人文价值。中国人有中国人的话语方式和沟通方式，当然也有我们自己的符号。任何一个国家在世界上的强势品牌，其背后都带着这个国家的精神和文化——可乐是美国的文化、法国香水是法国的文化，正因为这样，它才会在世界上得到认同，才会带来不同文化所支撑的价值。

重新审视日本特色小镇的特征，发现其空间的流动性、简明的意匠、构造和表现的一致性、使用材料与自然的融合等，都与现代文化艺术不谋而合，从而肯定了日本特色小镇的特殊价值，使文化"外缘"向"内核"转化，奠定了民族自信心。因此，小镇特色元素或中国式创意的魅力在于：对于国内拜访者而言满足了普适的价值观和亲和的消费心理，而对于国外慕名而来者则有一种独特的民族文化的吸引力。

六、名人、名品催生特色小镇

特色小镇与当地名人、名品以及地域文化密切相关，是历史建筑、地域信仰、生活方式、传统工艺、文化名人等各种有形、无形的文化资源催生的结果，小镇的旅游业往往较为发达。文学家、艺术家的文学艺术作品，传播着小镇文化、思想和图景，他们的作品就是一部有生命的、光亮的、吸引眼球的宣传广告。

例如法国吉维尼①这个又有千余人的小镇，充满了诗情画意的田园风光，每年吸引了高达 60 余万游客慕名而来。小镇宁静的田园美景和淳朴的自然风光吸引了画坛印象派大师莫奈，他在吉维尼生活了 40 余年。莫奈以花园中的各式花卉为素材，留下了大量印象派传世之作，最终在此离世。莫奈名作《睡莲》和《日本桥》等很多作品的灵感都源于此地。

法国普罗旺斯地区（Provence）② 文化丰富而浓郁，有 12 世纪时的骑士爱情文化、中世纪的建筑文化，盛产薰衣草，也是法国早期文艺复兴的著名画派普罗旺斯画派的起源地及戛纳电影节的举办地。正是英国作家彼得·梅尔（Peter Mayle）的《山居岁月》（A Year in Provence）将其推向了巅峰。历史上不少知名作家、艺术家择居于此，有塞尚（Paul Cézanne）、梵高（Vincent Willem van Gogh）、莫奈（Claude Monet）、毕加索（Pablo Picasso）、夏加尔（Marc Chagall）等大画家，美国作家费兹杰罗（Francis Scott Key Fitzgerald）、英国作家 D. H. 劳伦斯（David Herbert Lawrence）、法国作家赫胥黎（Huxley）、德国诗人尼采（Friedrich Wilhelm Nietzsche）等文豪。

普罗旺斯地区小镇众多，各具特色，共同构成了世界浪漫之都，有些因小说故事场景发生地而成名，如小鲁伯隆山区（Petit Luberon）是《山居岁月》的故事发生地，伊福岛是《基督山伯爵》中基督山伯爵被关押的地方；有些得益于独特的风景，如施米亚那山区是普罗旺斯的名花薰衣草最佳观赏地，胡西昂小镇是有着"红村"之称的迷你小镇，莱博镇则是一座中世纪山城。

海德堡是德国著名的大学城，历经 600 多年悠久历史的海德堡大学及其图书馆在德国是最为古老的。历史上无数大诗人都曾为海德堡写诗歌颂，同时，每年也有超过 300 万的游客来到这座小镇，俨然成为德国旅游的必到之地。

一些特色小镇因家族秘密工艺、地域传统特色的传承与发扬而形成，由于技艺与传统的独创性，奠定了小镇在全球产业链的中心地位。瓦腾斯（Wattens）

---

① 莫奈的花园小镇——法国吉维尼 [J]. 北京农业，2013（7）：56 - 58.
② 郑玮. 普罗旺斯文学在中国的现状和接纳——普罗旺斯文学的起源、发展及没落 [J]. 西南民族大学学报（人文社科版），2012（9）：75 - 77.

水晶小镇、薇姿（Vichy）疗养小镇、格拉斯（Grasse）香水小镇均体现了这样的发展轨迹。

　　薇姿（Vichy）疗养小镇①颠覆了旅游者对于旅途目的的固有想象。享有"温泉皇后"之称的薇姿小镇坐落于法国中部的奥维涅（Auvergne）火山区，是具有千年历史的火山温泉泉眼集中地，拥有 15 座温泉，悠久的疗养历史产生了小镇特有的"四手疗法"传统技艺。如果说旅行是为了摆脱生活压力的桎梏，那么薇姿之旅就是一次心灵放松之旅、肌肤的疗养之旅。此外，薇姿小镇极佳的地理视野、狭窄整洁的街道、童话般的欧式木屋、岁月留下的斑驳、居民们温厚的笑容，都会让你的脚步放缓，惬意地享受一段静谧的时光。

　　瓦腾斯（Wattens）水晶小镇②坐落着世界上最大、最著名的水晶博物馆——施华洛世奇水晶世界。小镇由喷泉、花园、绿茵地构成的主题园区，处处都洋溢着欢快的氛围。小镇的发展在于施华洛世奇家族（Swarovski）的祖传水晶制作工艺。施华洛世奇这家古老而神秘的公司至今仍保持着家族经营方式，独揽水晶制作工艺作为商业秘密代代相传。施华洛世奇第五代传人马可斯（Markus）说："一百多年来，瓦腾斯的水土成就了施华洛世奇这个品牌，我们只会在瓦腾斯的土地上续写这个神话"。③

　　1730 年，法国第一家香精香料生产公司诞生于格拉斯小镇。从此，香水业才正式在格拉斯落地生根、生长、壮大。香水产业的发展离不开传统手工业的延续与改良。随着新技术的引进，花朵成为香料的主要原料，格拉斯由此获得"世界香水之都"的美誉。今天的格拉斯依旧在茉莉、蔷薇、玫瑰、含羞草、橙花和鸢尾花的环抱中，呈现一种永恒的甜美。

　　世界上成功的特色小镇都保留着对个体性、差异性、层次性、情境性、多样性、复杂性的坚持，并在城市的每一个细节中体现。这样的小镇从历史、文化、生态、民俗出发，通过多元化、大格局、宽旷视野的情境设置与复杂元素的匹配，科学地对待物质与情感世界的多样性，用多彩的视觉颜料呈现丰富的生活画面。

---

① 张银银，柴舟跃. 温泉皇后：薇姿小镇［J］. 人类居住，2017（1）：20 - 23.
② 金明灭. 施华洛世奇家族：独揽水晶之秘［J］. 名人传记（财富人物），2015（8）：82 - 84.
③ 陈婧. 水晶如何跨界——对话施华洛世奇集团全球总裁罗伯特·布克鲍尔［J］. IT 经理世界，2010（17）：117 - 119.

第三节　满足不同需求的配套设施[①]

与传统产业园区较为单一的生产功能不同，特色小镇的功能综合性强，不仅有企业生产区功能，也有居民社区生活功能，也有游客旅游休憩等功能。特色小镇建设要注意产业升级、文化培育、旅游发展引发的综合配套要求，推动全产业链能力的整合提升，培育产业链差异化竞争优势。其建设内容、规划内容、实施成效应与小镇的长远发展相结合，避免出现功能单一、无法满足参与主体的多元化诉求。为了实现小镇整体功能，功能布局必须形成多功能综合性的商品生产与交易市场，在基础设施建设、生态环境建设等方面加大投入力度，形成布局合理、功能综合的核心产业功能匹配。

不同产业类型的小镇，其主导功能会有所侧重，如生产制造类小镇通常以生产功能为主，同时配有商业店铺、银行、酒店、俱乐部、学校等完善的社区功能；文化创意类、康体旅游类小镇则旅游休憩功能比重较高，拥有生态公园、创意坊、演示坊、博物馆、温泉酒店或乐园等现代化游乐设施；以贸易、金融、物流业务为代表的专业公司，日益崛起为小镇新的经济增长点。通过创新发展理念和发展路径，对小镇核心产业派生的庞大资源链进行高效利用，加大拓展新发展空间。

满足不同群体需求的配套设施是特色小镇建设的硬件基础。配套设施的选择和侧重点取决于小镇的不同参与主体。科技创业型小镇常住人口不乏高端技术人才、互联网人才、海外人才和行业领军人才。新时代的"创客"在文化上也有更多的诉求，人群对于生活品质的要求较高，热衷于发掘更尊贵或更稀缺的生活方式或服务，"财富＋""文化＋"和"生活＋"使他们的生活定位发生了变化，他们更加强调精神内涵和环境格调与自身本色的匹配度。

金融小镇的居住人群通常收入高，被称为"高净值人群"。他们对生活品质和高端的教育及医疗都有着较高的要求。设计者必须综合考量高端人士的生活定位和目标，充分满足其品质生活和健康生活的诉求。文旅小镇为了吸引游客，必须具备体现小镇风格的建筑和街区，保留建筑的原貌或进行外观修缮，建立与周边乡镇街道或城区沟通联系的绿色通道、大型停车场以及酒店餐饮等配套设施。

[①]　前瞻产业研究院.国外特色小镇建设借鉴启示［R］.规划研究，2017－08－25.

不同类型小镇的配套设施举例如表 5 - 1 所示。

表 5 - 1　　　　　　　　　　不同类型小镇的配套设施举例

小镇类型	人员需求层次	内容描述
科创型特色小镇	信息与交流需求	配套信息网络设施，高速稳定的 Wi - Fi 系统全覆盖；各类论坛、行业峰会、学术报告会等场景设计；室外交流的大小型宴会厅、酒吧、茶吧，大型公用会议中心及小型私用会议室
	创新创业需求	各种新型的孵化器等科技创新公共服务平台建设，以及教育培训机构用房；创客空间、创客咖啡等场所
	日常生活需求	公共食堂、特色餐厅、24 小时营业店、大小型宴会厅；公寓和酒店；充电系统、停车位、便捷的公共交通需求；休闲和健身场所，如泳池、运动设施、交流空间等
	环境体验需求	创业的政策软环境；人文软环境；绿色、环保、生态、便捷、舒适的硬件环境
金融型特色小镇	户外景观	如无围篱的户外景观、绿意盎然的院子
	高标准安保设施	满足财务自由人士更安全、更尊贵的生活需求
	高端物业设施及配套	智能化居所；休闲会所、休闲茶座、咖啡吧、金融书吧等高端休闲场所；满足大型公用和小型私用的需求
	康体需求	健身中心、网球场、高尔夫练习场、特色中心等用以缓解工作压力，满足社交需求
文旅型特色小镇	文化景观需求	建筑、景观、标识有一定的地标性，展示地貌、历史、生态等特色，具备观赏和学习价值
	研修需求	游客在旅游过程中增长知识，开阔视野
	娱乐购物体验需求	让游客通过娱乐购物等活动融入小镇的生产、生活和游憩中，使旅游成为深入人心的体验

资料来源：前瞻产业研究院. 国外特色小镇建设借鉴启示 ［R］. 规划研究，2017 - 08 - 25.

第四节　特色营销打造区域品牌

一、打造区域产业品牌

充分挖掘特色小镇的特色产业。依据特色小镇的经济、自然等特点打造适合自身发展的具有特色的产业，充分发挥自身优势，创造独特的特色小镇品牌。以打造独特区域品牌为核心，吸引带动一大批产业链上下游的企业发展，形成特色产业的产业集群，创造更多的就业机会，促进经济的整体发展。我国 127 个特色小镇自公布以来，每个特色小镇都紧扣信息、环保、健康、旅游、时尚、金融、高端装备制造等产业发展，新增企业就业人口 10 万人，平均每个小镇新增工作岗位近 800 个，农民人均纯收入比全国平均水平高 1/3。①

二、开展区域品牌活动

区域品牌活动还应该是具有连续性、周期性的活动。活动品牌的树立需要一个较长的过程，单次的活动不具备成为品牌活动的纵深基础。因此，连续性或周期性是区域品牌活动的必要条件。良好的区域品牌活动是双向的，它必须是和受众具有高度互动的过程。成功的区域品牌活动应该能够吸引众多受众参与，并能够通过受众参与活动后，自发地进行口碑宣传或网络病毒式传播等实现影响力的高度扩张。

三、开展大事件营销

大事件的把握是指依托于某个大事件的发生经营城镇的一种方式，往往具有偶然性。最典型的代表为达沃斯小镇（Davos），② 1987 年召开的世界经济论坛（WEF）成就了达沃斯小镇，而会址之所以选择于此，是因为论坛创始人施瓦布先生酷爱滑雪。小镇海拔高（是阿尔卑斯山系最高的小镇），四面环山，空气干爽清新，对保健有极大帮助，因此 19 世纪末铁路开通后，达沃斯逐渐以疗养胜地闻名于欧洲，并建设了众多的医院等医疗设施。如今，作为 WEF 年会会址，在会展业的回顾效应、前向效应及旁侧效应的作用下，商务服务设施需求增加，产业链逐渐完善，小镇也发展成为阿尔卑斯山区最大的度假胜地、体育和会议中心。

---

① 王优玲，万利．住建部：进一步明确特色小镇培育路径以防"盲目造镇"［N］．新华社，2017 – 03 – 24.

② 王业强，张璐璐，孙硕．特色小镇及其文化资源作用——以达沃斯小镇为例［J］．开发研究，2019（1）：108 – 114.

四、树立总部经济品牌

总部经济（headquarters economy）是特色小镇形成的另外一种途径。由于总部核心能力导入了高端主体，在空间上形成了若干特色总部聚集区，各个主体之间交互质量的提高使各主体都提高了经营能力：一是由于群体经营摆脱了个体经营的局限，产权多元化和业态多样化使经营范围在空间和内容上都得到了扩大；二是交互机制使资源共享范围扩大，资源配置更为优化，减少了内部的阻力和冲突，从而带来经营成本节约，提高了资源整合和利用效率；三是由于合理的分工、兼容和合作提高了有序化与组织化程度及交互经营效率；四是交互经营机制激发各交互主体的竞争热情和创新精神，调动了积极性、主动性。总之，由于交互经营能力提高，成本降低，空间扩大，经营范围和机会增加，就必然使经营效率提高和规模扩大。交互经营的共生效应使交互群体的生存能力和发展能力大于各交互主体独自经营的生存和发展能力，促进了交互经营的快速发展。

通过企业总部引领形成的特色小镇，往往是经济全球化和互联网高度渗透发展的结果。作为某一行业的企业总部所在地，奠定了小镇的行业地位，决定了其产业的引领性、风向标与高价值。例如全球纺织品企业总部中心的朗根塔尔小镇（Langenthal），全球体育用品公司总部的赫若拉赫小镇（Herzogenaurach）等。这些企业拥有全球化的分支机构和供应商网络，总部的入驻有效带动了小镇乃至周边地区的经济发展和产业结构的调整。

首先，总部经济可以促进相关商业服务业的发展。企业总部是一个企业经济控制、活动协调、技术创新的部门，握着高端资源，处于价值链高端环节，附加值高。它因为某一单一产业价值的吸引力，而出现众多资源大规模聚合，形成有特定职能的经济区域，在此区域形成现代社会高端智力和科技掌控力的极化运作与资源聚合。其次，总部的入驻可以有效提升当地知名度，吸引专业人士。总部的功能属性决定了其需要所在地提供诸如金融、法律、广告等高端商业服务带来无形的品牌效应，吸引某一行业的集聚，形成小镇的主导产业。最后，可以为当地创造就业机会。如赫若拉赫小镇早在 2011 年就为当地带来了 1.67 万个就业岗位。①

---

① 前瞻产业研究院. 国外特色小镇建设借鉴启示［R］. 规划研究，2017－08－25.

五、持续投入与创新

和其他领域一样，特色小镇也要防止品牌老化，原有的品牌元素和形象需要与时俱进，大胆创新。例如，薇姿为了确立和巩固全球权威医美领导品牌的地位，对于原有的品牌在传播渠道上也在不断创新，通过"超级猩猩"（Supermonkey），见证肌肤水润时刻；邀请科学美妆科普人郝宇博士和业界众多时尚媒体、护肤老师及达人召开发布会等，观摩现场肌肤水环境等渗实验，详细了解薇姿补水黑科技的神奇功效，借此扩大品牌传播面和影响力。

因此，小镇要对原有品牌进行持续投入、研发创新和产权保护，实现产品的延伸或是技术的创新，对不适合发展的原有品牌则要尽快终止，防止出现更多的沉没成本。打造特色小镇的品牌是一种使命和责任，同时也是惠及子孙后代的大事。从自然条件、地域特色结合经济政治方面来考虑选择发展小镇的品牌，对于品牌维护要有资金的支持，要有品牌营销的意识，注重小镇产业功能和生态环境宣传，利用好现有渠道和相关政策，确保在市场竞争中取胜。

第五节　延伸和补缺大城市功能

事实上，在任何时代，最终都回归到社会人的交往与信息交换。从经济学的角度来看，"产城融合"的理念，于民间而言，可以大大减少当前"产城分离"导致的通勤时间成本与金钱成本；于政府而言，可以降低管理成本，并开启更贴近社会经济发展的城市管理模式。不过，"产城融合"的前提在于产业与人之间的和谐与互相兼容。

一、城市空间圈层扩张

当人类进入工业化时代，由于聚集产生效益，从传统的家庭小作坊式生产转向社会化大生产，第二产业兴旺发达，无论是从用地规模还是人居环境来说，都促成产业与城市的分离。但是，在进入后工业化时代后，作为第二产业的工业不再是城市发展的主要动力，其用地规模也将相应减少，随之第三产业的比重上升，其绿色属性与人的生存得以共存。同时，由于"后工业社会是围绕着知识组织起来的"，随着知识经济以及互联网时代的到来，城市面貌和城市空间结构形态必然得到相应改变，生产与居住用地兼容化，城市空间结构从圈层式走向网络化，"产城融合"得以实现。

二、旅游业与地产业融合

特色小镇正在走向政府主导、企业参与、市场运作、政策支持的立体轨道。在这种背景下，利益的多元需求，肯定会导致诸多的行为变化。休闲是城市功能的必然延伸，特色小镇作为时代特征的一种产物，正在成为一种新兴的行业，甚至是一种综合价值不可估量的产业经济模式。特色小镇是旅游行业与地产行业的融合产物，是中国产业体系中的一种特色。

从地产行业来看，越来越多的开发商将目光从住宅地产转向旅游地产和商业地产，寻找新的商机；从旅游行业来看，休闲度假已经成为人们的普遍"乐活"方式，而特色小镇在旅游资源供给环节中所占据的地位更加突出。从政府管制来看，特色小镇行业受宏观调控和金融政策的影响较大，政府对投资局部过热的住宅市场实施了调控政策，而特色小镇的管制相对宽松，是发展的利好因素。

从政府角度来看，特色小镇是城市的形象名片区和城市第三产业发展的承载区，具有投资大、回收期长的特点，所以政府会为其发展配套相应的财税和土地政策。从开发商角度来看，介入特色小镇是为了通过低成本的土地进行房地产开发，但同时也需要承担一定的社会功能和运营压力，必须解决访问者和入驻者的问题，也就是除地产之外的旅游项目或者创业项目的吸引力问题。从消费者角度来看，特色小镇是城市化飞速发展的时代，是城市人群内心想要回归的一种生活方式，一种能把休闲引入生活的生存方式。特色小镇的实质就是城市功能的一种必然延伸，也是传统地产开发商产业链从住宅向商业地产、科技地产或"产城创"综合体等延伸的重要方向。

三、形成城市功能延伸的新核心

当一个城市经过发展步入到了大城市的行列，城市各项功能与发展会进入一个特殊的时期。大城市作为一个错综复杂的综合体，城市的影响力因此会成几何级数增长，城市空间发展模式也开始多方位地变化。一般城市从小到大"摊大饼"式的发展，在一定程度上发挥了道路、供水、供电等基础设施的效益。但随之而来的，则是交通的混乱、功能变迁的不畅、老城区的衰败等一系列问题。城市综合成本的上升，建设小镇的综合收益远远超过"摊大饼"式发展的收益，所以小镇建设已成为一个城市延伸发展的必然。

传统的城市服务中心区都是集商业、广场、行政、娱乐等各种复杂功能于一体的综合体，各项功能的联系错综复杂，是一个城市功能的全面集聚，随之而来的则是功能的凌乱与冲突、交通的混乱与市政设施的滞后等一系列问题，从而使城市服务中心区从繁荣走向衰落。法国巴黎德方斯的建设，一方面为了消除塞纳河的阻隔，另一方面也是为了建设新的城市发展极，拉动城市西部的发展而创建的城市新区，现在这个新区已经成为巴黎重要的商务中心与会展中心。

城市边缘区是城市向乡村双向过渡地带，城市需要注入一些乡村的生态元素；乡村需要注入城市的现代化文明。因此，这个双向要素流通是城市发展中最复杂和最富想象空间的地区。近二十年来，随着我国改革开放的加深和城乡经济的迅速发展，作为城市功能和乡村功能互为渗透的特殊而又十分活跃的城市边缘区，一方面成为城市快速发展、功能延伸的主要地区；另一方面也是城市问题集中突出的地带。特色小镇建设可以改变城市边缘区的发展现状，改变城市边缘区面临的诸如缺少系统规划、土地使用经济效益低、土地闲置、环境污染严重和治安管理较差等现状，以特色小镇科学的系统规划，破解城市边缘区的建设难题。

第六节　人居、产业与生态高度融合

随着人类居住环境在空间上的不断扩张，更多具有不同组织形态和物质、文化、生态等特征的聚落逐渐形成，并产生了城市系统和乡村系统。特色小镇塑造的理想生态人居环境是以自然环境系统为依托、以创新创业族群的诉求为导向、以资源与要素流动为命脉、以体制机制和政策演进为脉络的"社会—经济—自然—文化"的复合系统，具有创新、创业、生态、生活、生产等多元复合功能。

一、遵循复合生态系统演化的规律

特色小镇建立起的生态人居环境是一个"社会—经济—自然—文化"的复

合生态系统。这个系统的存在、发展和演化都遵循其结构变迁轨迹、功能变迁动力和形态变迁方向等多维度辩证统一的规律。从外在形态可识别度来看，小镇的外在形态是一个自然生态亚系统，由生物结构和物理结构组成，如人、绿色植物等与小镇环境系统所建立起来的交互关系构成了这个亚系统的生物结构；人工设施及人文景观构成了小镇的主要物理结构。这个系统以生物与环境的协同共存以及环境对小镇经济活动的支持、容纳、缓冲及净化为特征，发挥着重要的生态功能，包括资源的持续供给能力、空间的持续容纳能力、自然的持续缓冲能力以及人类社会的自组织与自调节能力。

二、建立自然人工复合生态系统

特色小镇的自然人工复合生态系统强调把小镇的人群聚居作为整体，建设以生态系统为切入点，以生态思维和生态文化为导向，以可持续发展为目标，以建筑、地景、规划三位一体为核心，融合政治、经济、社会、文化、技术等各个方面的因素，系统地、综合地、全方位地从不同的途径协调人、产业、自然、基础设施之间的相互关系，保护和合理利用自然资源与文化遗存，提高生态系统的自我调节、修复、维持和发展的能力，建立一个包括但不限于乡村、城乡接合部、城市等为基本人居生态单元，形成"社会进步—经济高效—文化多元—自然生态和谐"的自然人工复合生态系统。

三、坚持人类活动的自然化

所谓人类活动的自然化，即是营建一种自然物种多样性高、生命力强、能自我调节的生产生活环境，强调自然环境中竞争、共生、自生的生存发展机制，表现为生物的活力、物质流动的畅通性、能源的可循环性、人对自然的适应性以及较低的生存风险。所谓人类活动的经济化，即是以尽可能小的物理空间容纳尽可能多的经济活动，提高交易的空间频次；以尽可能小的生态代价换取尽可能高的经济效益，降低生态消耗频次；以尽可能小的物理交通量换取尽可能大的经济交易量，降低交通消耗频次，实现资源利用效率的最优化。

例如，碧桂园在惠州、东莞和北京周边建设 5 个科技小镇项目，主要集中在特大城市的周边，或者城市群当中的节点，距离一线城市不超过 60 千米，以及匹配有高速公路等基础设施。而且，碧桂园科技小镇选址的生态环境往往适宜于人居，比如惠州市潼湖科技小镇坐拥 30 平方千米的中央湿地，为广东省最大的内陆生态湿地，北部还有湖泊，实现了产业活动的自然化。再如，青海、云南等地按照"减量化、再利用、资源化"的原则，将发展旅游循环经济作为高效使用资源的一种生产方式，通过旅游循环经济最大限度地优化资源配置，提高资源环境的利用率和利用效益，带动提升了旅游经济系统中其他资源的利用效率，最大限度地减少废物排放。①

第七节　多元动力的驱动

特色小镇的建设力量多元化。特色小镇的形成一方面是市场化发展的结果，另一方面也离不开政府政策性的扶持和推动。政府通常通过税收、配套等相关政策的扶持，降低企业成本，促进产业集中集聚，形成特色小镇。

一、内部自生力量和外部附加力量

国内特色小镇的建设主体将动力源分成了内部自生力量和外部附加力量。目前，特色小镇的建设主体大致可以分成外部投入和内在积累，两大主体形成了特色小镇建设的两大动力机制，即外推型和内生型。外推型指依靠某种外部力量推动建设而成的特色小镇，包括政府或企业的大力投入、大城市要素外溢、功能辐射、外资注入及科技力量的推动。其特点是：管理者意图明显；投入大、速度快、见效明显；特色小镇的建设不是一蹴而就的，是经过长时间的积累，经济发展到一定阶段的产物。内生型动力源则指依靠自身积累，逐渐发展成长起来的特色小镇，具有历史悠久、渐进渐变、逐渐完善的特点。发展契机对于这类小镇的发展十分重要。参照世界上成功的特色小镇实践，特色小镇建设应发挥市场配置资源的核心作用，辅之以政府政策扶持，坚持市场是优化资源配置的核心力量。总之，每个特色小镇具体的形成契机与发展路径各不相同，厚重的内在积累所具备的稳定性和外在推动力量的不确定性共同作用，形成了特色小镇的特定模式和

①　明庆忠，李庆雷. 旅游循环经济学［M］. 天津：南开大学出版社，2007.

发展轨迹。

二、源于经济增长的动力

新型工业化、城镇化、信息化、农业现代化等多元增长动力都将推动特色小镇的发展。"双引擎"和"双升级"体现了促进我国特色小镇增长的多元动力。其中，"双引擎"主要在于传统的文旅产业"IP引擎"的改造升级，以及对于制造业"创新引擎"的发掘，这样既发挥传统制造业的潜能，同时又结合新兴产业和信息产业来打造小镇发展的"双引擎"。"双改造"意味着未来特色小镇新的发展动力不仅在于新的产业业态，也包括利用互联网技术来对传统产业进行升级"改造"。从供给层面看，还可以对体制机制进行"改造"，这些都是从供给方面产生推进特色小镇发展的新动力。

三、源于对新兴产业契机的把握

特色小镇通过紧抓新兴产业发展机遇，占据发展先机，从而形成特色，往往是金融、科技、信息等新经济产业。代表小镇有美国硅谷（Silicon Valley）及格林威治基金小镇（Greenwich）。硅谷曾是人烟稀少的农牧区，依托斯坦福大学打造成世界上第一个科技园区，并掀起全球科技园区的建设热潮。1938年，斯坦福大学毕业生比尔·休利特（Bill Hewlett）和戴维·帕卡德（David Packard）创立惠普公司，拉开硅谷创业的序幕，1947年斯坦福大学提出高科技工业园区的构想，并于1951年创立了斯坦福研究园区，逐渐成为世界著名的高技术设计和制造中心。1971年《微电子新闻》根据半导体中的主要成分"硅"正式命名此地。格林威治小镇，被誉为对冲基金的"硅谷"，华尔街传奇投资家巴顿·比格斯在对冲基金这类新经济产业发展机遇下，依托小镇得天独厚的区位优势及政府的相关政策红利，创立了第一家对冲基金企业，逐渐集中了约380家对冲基金总部，小镇也由住宅卫星城镇转变为对冲基金产业集中地。

四、源于消费力格局出现的深刻变化

消费市场加快向休闲、旅游、文化、娱乐、健康等产业集中集聚，这些变化正为特色小镇创新发展带来新机遇，也促进了资源加快向更具比较优势的小镇集聚和转移，由此推动了我国小镇格局的加快调整，为全国小镇体系的重构、升级与创新提供重大发展机遇。另外，基础设施日益完善正为小镇创新发展提供有力支撑。我国正在进入以高速铁路、高速公路、现代化综合交通枢纽等为代表的基础设施加快升级与完善的新阶段，城市与周边的运输能力和畅顺程度大幅度提升，交通运输市场的买方格局已基本形成。新一代信息技术加速发展正为物流创新提供新动力。当前，以物联网、云计算、移动"互联网＋"、大数据等为核心的新一代信息技术正在加速发展，其在小镇产业发展中的日益普及和广泛应用，将深刻改变小镇产业资源配置的方式，促进小镇传统产业加快转型升级，为小镇产业实现创新驱动发展提供强大动力。可以说，在社会生产消费布局深刻变化、基础设施不断完善、新一代信息技术加速发展的推动下，推动小镇发展多样化的新型投资模式、新型服务模式和新型组织形式不断涌现，构成小镇发展的多元动力源泉。

综上，特色小镇资源禀赋各异，形成路径也不尽相同。其文化元素的生生不息，是缘于一种内在的某种基因积累，这种基因不断地积累、发酵、裂变、再积累、再发酵、再裂变，于是我们就看到了小镇具有生命力和裂变力的表达方式与呈现形式。对国内外特色小镇的建设路径分析发现，成功的特色小镇资源各异，极具个性，可复制性小。这些特色小镇的形成可以说是各种特定资源在时间与空间上耦合的结果，一些决定性要素有时是可遇不可求的，存在一定的偶然性。如能人返乡创业型的特色小镇，离不开具有建设家乡情怀的企业家；家族、传统延续型和名人、文化催生型的特色小镇更是离不开地域、家族深厚的历史积淀；大事件机遇、新兴产业契机、企业总部的入驻则更是具有不确定性。因此，在特色小镇建设热潮下，要研究特色小镇生成发育的特殊性，可能具有的"非普适性"和"非复制性"，处理好小镇个性与共性的关系，避免生搬硬套和大规模复制已有模式。

第八节　多元模式的探索

特色小镇的产业选择是一个与特色直接或间接相关的产业链、价值网或产业体系，通常被贴切地形容为"特色产业生态圈"。这一特色产业经济圈，就是对特色产业的产品（服务）供应链积极布局与全面拓展，通过项目投资、资源整合，带动上下游产业链的发展，进而最终形成整体和谐、良性循环的、横跨多个行业的特色产业布局。

一、产业融合模式

产业融合模式又被称为"第六产业模式"。"第六产业"已经成为破解传统农业生产销售难题的新方向，也拓宽了新农业发展的思路。特色农业生态圈通常依托拥有完整产业链的生产商和流通商，建立农业生产基地或现代农业产业园区，搭建起遍布全国的销售网络，形成种植、养殖、商贸物流、加工、现代农业体验、旅游观光等的多元化产业，形成相互支撑、相互助力的全景产业链。综合的产业链优势既可以保证产品的品质，又有利于形成一二三产业融合的大农业格局，实现大农业发展战略，为围绕资金、土地、农民三要素摸索出一套有效的"产业模式"。

一二三产业融合就是"第六产业"①，一二产业联动，主要体现在农产品加工上。而一三产业联动则有更多拓展空间，包括农产品流通、农产品电子商务、农业休闲旅游、创意农业等。"第六产业"强调让农民分享到二三产业增值带来的收益。在金山区廊下镇"联中一号"蘑菇工厂里，蘑菇年产量是传统种植的20倍；每到周末，还会有上百名家长和孩子来参观采摘。目前，这座蘑菇工厂亩产值已经达到了200万元，甚至高于市郊一些工业企业的土地亩均产出。这座蘑菇工厂，就是金山第六产业发展的生动样本。②

二、产业链延伸模式

聚焦核心产业，延伸产业链，交错成网。在调整产业导向和产业格局的过程中，小镇将触角伸向各类衍生型产业和延伸性产业领域，试图找到合适的产业发

---

① "第六产业"这个名词最早是由日本东京大学名誉教授、农业专家今村奈良臣提出的，意思是将农林水产业所属第一产业，加工制造业所属第二产业和销售、服务等所属的第三产业进行整合，通过一二三产业的相互融合，提升农产品附加值，提高农民收入，使原本作为第一产业的农业变为综合产业。比如，以日本为代表的绿色观光旅游发展模式、以法国为代表的专业农场发展模式，当然也有以澳大利亚为代表的葡萄酒旅游发展模式等。

② 金山三产融合互动"第六产业"起步［N］．解放日报，2017 – 07 – 11.

展方向。上海的泰晤士小镇总占地面积 1 平方公里，目前已有美术馆、油画院等公共文化服务平台，聚集了各类收藏馆和博物馆等特色文化展示交流平台，以及画廊、设计等多家文化创意工作室与文化产业经营平台。泰晤士小镇提出"生活＋休闲＋创意"的文创产业集聚区概念，其最大的特点在于将园区与居住、社区紧密结合，打造 24 小时创意不间断、永不落幕的园区。

再如，浙江丽水艺术小镇古堰画乡，就抓住了"丽水巴比松画派"表达的主题——家乡，并结合当地的历史遗存，打造了一个独特的乡愁艺术小镇。依托生态和文化两大优势资源，构建了油画产业和旅游产业相互融合发展的"双特"产业体系。依托艺术特色产业与人文环境，特色小镇整合各方资源，激发民间创新的潜力，形成一个集艺术研究、科普、教育、生产、展示、交易、交流等相关服务功能为一体的生态产业圈。

高端制造业明确以特色产业为主攻方向的产业功能布局，聚焦在某个特定的行业发展，衍生出上下游产业，形成一定规模的集聚效应，培育"新技术、新产业、新模式、新业态"，推动产业规模化、集群化、网络化、高端化发展。一批企业开始在各个行业中崭露头角，在高端智能制造、创新创业孵化基地、智慧家庭解决方案、智慧城市示范应用、智慧供应链建设、科技产业金融等领域延伸其产业链，加快形成了具有产业链水平的制造业与互联网融合发展生态体系（见图 5－1）。

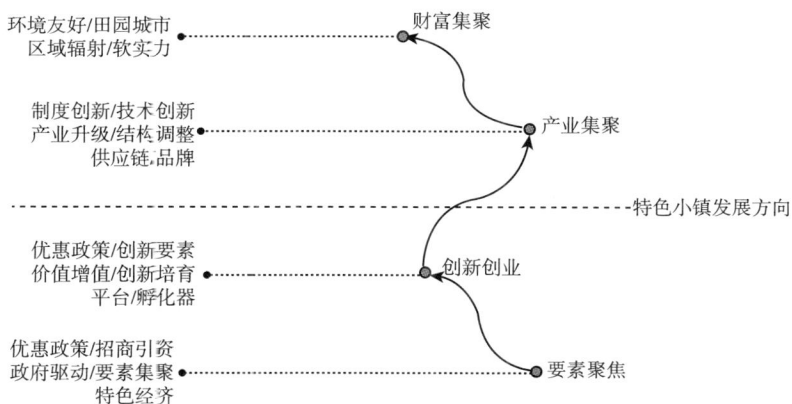

图 5－1　特色小镇产业进化路径

资料来源：笔者整理。

三、"产城创"生态圈模式

"产"是产业资源的集聚，即产业平台、供应商、生产商、渠道商等形成的生态圈的聚集，是在区域内形成的产业资源社群；"城"是城市社区的功能集聚，即产业社群的智慧生活交互平台，主要是人居生活、放松身心的社区；"创"是创新创业资源集聚平台，汇集了研发平台、信息沟通平台、技术交易和转化平台、金融服务平台等资源，是产业及政策资源聚集后形成的双创资源供给源。

"产城创"生态圈整合了全产业链资源，在创新创业孵化基地、智能制造、智慧家庭、智慧金融、研发成果产业化等多个领域发力，通过产业聚集带动人才聚集、经济发展、就业提升；通过建立智慧生活社群促进产业社群进一步融合交互；通过"双创"活动进一步推进产业链交互成网，促进创新、创业协同发展，形成了"产城创"联动、创客与资本等频繁交互的微型城市社群，这些微型社群通过传导信息、资金和人才等要素，为城市、产业的发展提供了新的动能。

部分集"孵化器、加速器、企业总部基地、人才公寓、配套设施"于一体的产业链化高科技园区，通过打造"金融 + 文化 + 科技 + 资本"创新创业示范区、"互联网 +"先行区，成为创新、创业、创意、创客云集的"四创"基地。以创业带动产业，以产业带动就业，配套智慧小镇，三者联动，形成共创共赢的"产城创生态圈"，助力城市产业升级，提高城市综合竞争力（见图 5 - 2）。

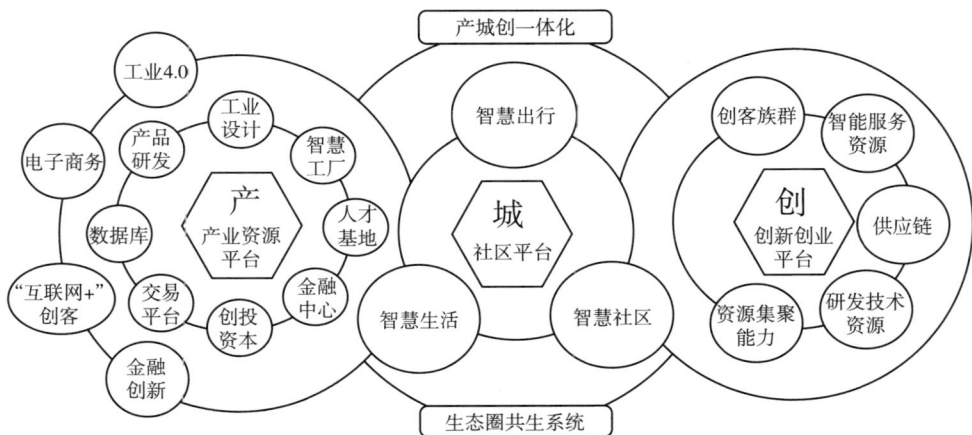

图 5 - 2　"产城创"生态圈构建

资料来源：笔者整理。

四、"产学研创孵投"模式

(一) 各要素的定义

"产"是企业资源,是指"科创小镇"的产业支撑。"学"是高校和研究机构的资源,是"科创小镇"的人才支撑和创新源泉。"研"是研究力量,是"科创小镇"促进技术创新成果转化及交易平台的关键点。院士专家工作站、研发中心这些科研资源为创新型企业提供了更多创新机会。"创"是创业家资源,是打造"科创小镇"的活力支撑。"科创小镇"拥有优秀的梦想导师团队,他们有各行各业的成功企业家,有基金、金融领域出色的投资人,有高校及研究机构的知名学者,还有各相关中介机构的专业人士等,为创客提供全方位的支持。"孵"是孵化器资源,是打造"科创小镇"的平台支撑。"科创小镇"通过建设"众创空间',打造"种子 + 苗圃 + 孵化器 + 加速器"的孵化链条,提供创新孵化、成果转化到产业化的一体化服务,促进创新创业主体集聚、成长和崛起。"投"是金融资本资源,是打造"科创小镇"的资本支撑。

(二) "产学研创孵投"模式具备的特点

"产学研创孵投"模式又被称为"科创小镇"模式,是中国建设具有全球影响力的科创中心的重要战略性载体。"科创小镇"致力于打造"产学研创孵投"多元要素的大平台、大集成、大联盟,其使命是集聚科技创新企业、吸引创投资本、成为大众创业优选、提供商务休闲生态,成为科技、人文、生态融合的科技创业新镇。大平台的重点是汇聚创客、企业、科研院所、高等学校、VC 基金、PE 基金、孵化平台等资源,让各方资源在大平台内加强合作、无缝对接。大集成就是充分发挥"产学研创孵投"的叠加效应,在市场对接中产生"1 + 1 > 2"的增值效应。吸引、集聚、整合创新创业要素,搭建创新创业服务平台,引导社会资源支持创新创业项目。大联盟着眼于创客、企业、科研院所、高等学校、天使基金、孵化平台的重新组合与配置,通过合作路径的重组,引发交互反应的创业模式。

"科创小镇"多具备以下特点:一是提供广阔的空间载体。"科创小镇'的载体包括现代农业园区、工业园区、城市街区等各类载体,发展空间充裕,能够满足不同类型的创新创业需求，有利于实现全产业链规模。二是较低的商务成本。因为有丰富的商业资源和配套优惠政策，"科创小镇"拥有较低的商务办公和人居成本，并提供项目孵化、成果转化和产业化一体化的多元服务。三是优美的生态环境。"科创小镇"多选址空气清新、绿树成荫、生态良好的区域，"创客"文化氛围浓郁，适合大众创业。

（三）"产学研创孵投"模式的意义

1. 科技要素集聚

顺应"互联网＋"的发展趋势，"科创小镇"以信息化与工业化深度融合为主线，以"四新"经济为主要内容，通过引进新一代信息技术、节能环保、新材料、新能源、智能装备、文化创意设计等关键领域的关键企业、关键项目，国内外各类规模性科技企业、中小微科技企业和相关的科研机构及研发团队，促进科技企业创新创业。

2. 促进大众创业

以创业服务、孵化空间（开放工位、孵化器、加速器）、创业投资为主要发展内容，建设各类科研孵化设施，引进高新技术成果转化、交易、交换平台，为企业或创业团队提供涵盖项目孵化、技术开发、技术转移等起步时期的综合服务，吸引各类创业团队入驻小镇发展。

3. 吸引创投资本入驻

各类天使投资基金、风险投资基金、股权投资基金、产业投资基金、并购基金、股权众筹等各类创投资本在小镇设立自有的孵化设施和办公场所，为科技企业和创业企业构建投资基金、企业信贷和直接融资等融资服务体系，提供便利化、多元化、全金融链的资本市场对接服务，满足企业初创期、成长期、成熟期等不同发展阶段的资本需求。

4. 打造商务休闲生态圈

根据创新创业人才的年龄特征和工作特性，"科创小镇"提供融交流、文化、休闲、体育等多种功能，形成宁静悠闲、人与自然和谐共生的创新环境和商务环境，成为国内外企业和人才提供商务交流、技术培训、产品发布、静心思考的理想驻足地。"产学研创孵投"模式集成要素及政策如表 5 - 2 所示。

表 5 - 2　　　　　　　"产学研创孵投"模式集成要素及政策

集成要素	政策
众创空间	(1) 零成本入驻：对租赁办公用房建设众创空间的，免房租、水电费、网络费；对用自有房或购买房屋建设众创空间的，按房租市场价及水电费、网络费进行全额补贴； (2) 活动补贴：对众创空间举办创新创业大赛、投融资路演和创业导师讲座的，给予一定金额的活动补贴； (3) 新认定区级、市级和国家级孵化器的，一次性分别给予不同标准的资助
创新创业团队	(1) "科技创新券"补贴：为入驻"科创小镇"众创空间或者孵化器的创新创业团队，提供科技创新券，用于公共研发平台的科学仪器使用、检测等费用； (2) 高层次人才补贴：对符合条件的高层次人才提供生活补贴； (3) 银行贴息：对于符合条件的创新创业企业在创业期间获得银行贷款的，给予贷款贴息
创新创业引导资金	设立创新创业引导资金，助力企业发展
培育奖励费	创投公司为"科创小镇"引进企业可以获得投资额度 1% 的培育奖励费，最高不超过 100 万元
人才居住	符合条件的提供免费简装公寓房或宿舍
交通补贴	为入驻"科创小镇"内众创空间的创新创业团队免费提供镇内区域交通工具并对市域内公共交通费和高速通行费给予一定补贴
挂牌上市企业	在"科创小镇"注册纳税的各类企业，完成股改给予中介费补贴，成功挂牌上市也给予补贴
风险补偿金	鼓励种子基金、天使投资等创投资本发现并投资创新创业项目和科技型初创企业，对投资失败项目，按损失额的百分比给予补偿

资料来源：笔者整理。

五、多主体共生模式

艾哈迈季安（Ahmadjian，1986）将"共生"定义为不同种属的物质联系生活在一起，形成共同生存、协同进化或者相互促进的关系。小镇建设是一种内部资源的自组织过程。它是连锁单元之间在一定的共生环境（交互环境）中按某种内在要求结成的共生体（高度一体化的共生系统）。这种共生体按一定的连锁机制形成某种共生模式（交互模式），产生出新的共生能量，推进各经营主体在共同进化和共同受益中发展。

由于交互过程是交互主体在特定时空条件下的共同进化过程，主体之间的关系服从共生过程的一般本质，即共同进化、共同适应、共同发展。在激烈的市场竞争中，交互经营用交互主体之间的相互吸引和合作代替了相互排斥和对立，用合作、协同的方式去拓展市场，相互补充和促进，可加速交互主体的进化创新，实现共存共荣、共同发展，为交互主体提供了在相互激励和合作中发展进化的有效途径。互惠共生关系促进共生系统进化机理，也是指导交互经营促进各交互主体共同进步和发展的根本法则。

共生理论对产业链合作具有适用性和兼容性，共生模式一方面构建了产业链合作共生关系的合理性，引导产业链转移到最佳的交互通道；另一方面还利用共生规律引导共生关系朝共赢方向发展，设计出最符合产业链合作的共生模式，推动产业链互利共赢。

产业链合作模式是产业链之间相互作用的方式或相互结合的方式，反映产业链生产要素、产品的互换和利益的分配关系，是共生组织模式和共生行为模式的具体结合。产业链合作在组织模式上具有连续性，在行为模式上呈现由非对称向对称互惠共生发展的趋势。小镇特色产业既不是狭义的产业概念，也没有物理空间的界限，甚至可以将城市、街区、社区、文化、生活包含进去，实现"跨界以致无界"。

从产业角度看，小镇主张各类跨界产业与特色产业相融合，旅游休闲、体育运动、时尚产业、奢侈品等均可以纳入产业范畴中，共同形成特色产业联盟；从文化角度看，小镇从产业中提炼出"特色""产业价值网"等关键词，并将其作为城市文化精神融入市民生活中去；从空间角度看，小镇打造的是全区域覆盖的特色产业网络，把特色的理念渗透到经济社会发展的各个领域，形成产业、城市的融合发展。

随着中国特色消费方式的升级，人们对特色产品的质量、特色服务的质量及创新形式的要求也将日益提升。小镇的核心竞争力，就是以产品为核心，提供更好的运营与服务。要成功打造这一特色产业布局，必须坚持多年扎根特色产业，深耕特色产业，将高品质的特色产品，通过小镇强大的平台资源、专业化的运营、优质的服务及精准的销售渠道，让特色创造更多价值。

体育特色小镇紧密结合百姓的体育生活方式，发展"体育＋"，打造赛事、设施等吸引点，并融合高科技元素，强化服务，推动户外运动用品的供应，最终将体育运动与工业、科技、文化、旅游有机结合，形成户外休闲、冰雪运动、骑行文化、极限探索、运动品牌等休闲产业。例如莫干山体育特色小镇以极限基地为基础，以打造"裸心"体育为主题，以探索运动、户外休闲、骑行文化等为特色，将体育、健康、文化、旅游等有机结合，积极引进高端体育产业企业，带动生产、生活、生态融合发展。

产业链合作对于推动小镇内外经济结构调整和产业转型升级具有重要意义，将共生理论引入产业链合作的研究中，以产业链合作为例，产业链合作在组织模式上具有连续性，在行为模式上呈现由非对称性向对称互惠共生发展的趋势。为了进一步提高共生关系的稳定性和高效性，结合产业链合作共生关系的现状，优化产业链合作共生模式的目标和机制。

以产业链合作为先导，小镇内外主导参与的产业链合作在业界和新闻界受到广泛关注，产业链合作的前提是产业链上的互补和耦合，强调不同产业利用各自在技术、资本、资源等方面的优势开展合作，实现互利共赢，是一种典型的共生关系。生物学中的共生理论和方法，以产业链合作为例，产业链合作的共生模式及演化趋势，构建小镇内外产业链合作的共生机制，以期用共生思想指导产业链合作模式的合理设计和方向选择，促进产业链合作深入有效开展。特色小镇的多主体共生模式如图5－3所示。

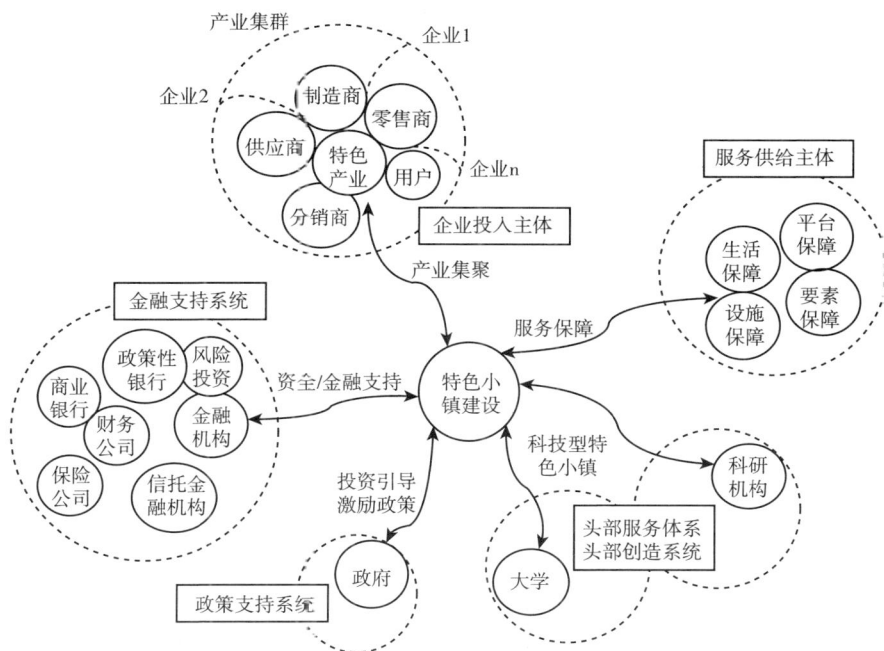

图5－3 特色小镇的多主体共生模式示意图

资料来源：笔者整理。

　　综上，国内外特色小镇的经验显示，特色小镇建设必须聚焦主题鲜明的产业领域，植根于深厚的历史积淀和文化传承，建设满足不同诉求的配套设施，延伸和补缺大城市功能，促进人居、产业与生态高度融合，通过特色营销打造区域品牌，集聚来自政府、社会、居民等多元动力，开展多元模式的探索。

　　一是为小镇寻找时代机遇。寻找小镇在城市群发展的历史、文化、时空中的坐标与产业坐标，最大限度地保护乡村的自然、生态与文化，推动城乡之间人才、资本等要素的自由流动，帮助大城市缓解资源、交通、土地等"瓶颈"，为城市发展选择一条可持续、低资源消耗的路径，让小镇在全球产业链条中赢得优势与机遇。

　　二是向世界学习。成功的小镇规划和建设必须拥有国际化的视野。世界上著名的特色小镇通常都是一个建筑师人本观点的演绎，从有趣的空间概念出发，呈现自我的风格和形态，探究横跨世界各地所展现的高度自发性、原创性与适合性的设计理念，充分考察和体验全世界经典的小镇设计，体验不同文化对空间规划的要求以及视觉表达，在小镇规划、小镇管理、小镇文明上拥有国际化的标准。

　　三是向传统学习。向传统学习、向大自然学习，尊重传统历史和本土文化，崇尚植根本土的创意体验，对地域性产业、文化、历史和景观的表达，体现不同情景和空间独特性以及对当地文化的尊重。注重意境体验，长期观察和研究地域及地质与季节、时差的交替变化，将其掌握和运用到小镇谋划中，做到人文与自然规律和谐统一。意向造型，修旧如旧，遵循先人法式，崇尚古雅，摒弃浮华奢靡。

　　四是向经典学习。收集和研究历史文化遗存和经典的视觉文献，研究当今世界最伟大的建筑师、设计师们的代表作，中国经典人文思想及呈现出来的小镇特征，创新城镇建设的文化理念，加强对小镇创意的执行能力以及文化的转化能力。

　　五是以人为本。特色小镇配套设施不仅要满足国家相应城镇配套设施的基本要求，更要突出配套设施的特色性和创新性。配套设施是基于小镇中特定的使用人群的需求，通过对特色小镇核心人群的需求分析，确保小镇配套的合理性和创新性，以及配套设施的组成要素和配套功能的匹配度，让小镇居民享有均等化的公共服务，享有更多的就业机会，享受高品质现代化的城市生活。

第六章　特色小镇的规划路径

第一节　特色与聚焦

一、突出民族特色和本土化导向

鲁迅说："只有民族的，才是世界的。"① 特色小镇要突出民族特色和本土化导向，尊重、运用并活化民族的、传统的内容，满足"人类寻根诉求"，体现在现代社会发展模式下人类社会对历史的传承、对传统的尊重，对人类思想演进历程历史轨迹的再现。小镇的主旨是通过融合现代时尚元素和地道传统文化，创造性地展示生于斯长于斯的独特存在，既代表过去、现在，也代表未来；既展示文化自信，也创造真正的文化符号与文化效应；既连接历史与当今，也沟通中国和世界，是独特的文化纽带和存在意象。

特色小镇的关键在于"特色"，有文化意象、标识和符号的小镇才能有特色，特色是小镇的核心元素。小镇的品牌、吸引力、可辨识度等都在于"特色"，其可持续发展的动力也在于"特色"。目前成功的特色小镇无一不是把凝练特色、打造特色、传播特色作为小镇发展的首要任务。特色小镇本身就在打造集产业、商业、文化、旅游"四位一体"的创意社区和创意价值链。在旅游形态上集聚展示、发布、交易等多个创意功能，形成居住、游览和消费价值链合力。

乡村特色小镇通常按照生产、生活、生态"三生融合"理念和宜业、宜居、宜游"三宜结合"的要求，充分挖掘小镇的地貌特色、建筑特色、产业特色和

---

① 鲁迅. 且介亭杂文集［M］. 北京：人民文学出版社，1973.

文化特色，加强文化内涵挖掘和生态环境保护，合理确定小镇发展规模，做好统筹谋划。旅游产业类的特色小镇则关注客流量，关注游客的活跃度。同时旅游小镇应该与大城市之间有便捷的交通联系。通过各类运营活动将城市消费导入小镇，为小镇注入活力、激情和智慧。结合田园亲子、青年探险、中年禅修、老年养生的旅游消费需求，在小镇配套"吃、住、行、游、购、娱、学、养、思"等城市消费项目，升级小镇现有的产业结构，并帮助当地能人孵化创新创业项目，带动属地百姓就业致富。

科创小镇通常选择山湖资源、人文环境以及开放的大学、经典建筑及成熟的街区，以便回避巨大建筑带来的空间压迫氛围，汇集人类的智慧和天地精髓，选择具有宜人空间尺度的建筑群，突出空间自然的原型特征，依山造势，伴水为家。在科创小镇当中，苹果公司和谷歌公司都营造了绝佳的工作环境和舒畅的人际交互场景，区内建筑物通常是一种低密度的城区空间设计，树立了科创小镇的标杆。开放的大学已经成为另外一张"名片"，同时也为大学赢得更好的生源和社会评价，从而产生更为广泛、深远的传播力与影响力，因此许多高等院校也逐渐重视和主动融入科教小镇的建设，充分利用小镇资源的优势，将学校资源建设纳入科教小镇规划，并形成长期的可持续的科教融合机制。

二、特色源于创意

特色的实质是将既有资源禀赋创造性地转化为市场能力的过程。创造性转化，就是要按照时代的特点和要求，对那些至今仍有借鉴价值的内涵和陈旧的表现形式进行改造，赋予其新的时代内涵和崭新的表达形式，激活其生命力。创新性发展，就是要按照时代的新进步新进展，对传统文化的内涵加以补充、拓展、完善，增强其影响力和感召力。在文化形态上，特色小镇刻意设计一系列情景，还原传统街景、生活人文、历史，引入并创造现代生活方式和文化，打开以往原生街区的封闭性，以创意的影响力向周边不断扩散，形成一个开放包容的社区再造的创意源泉。

特色小镇建设必须克服内容单一、产品粗糙、经营粗放、同质化等问题，更加广泛地运用物质文化、民俗文化等资源类型，加大开发精神文化、精英文化等资源，成为各参与主体共享的网络信息平台、展示交易平台、研学修身平台、文化交流平台。这些平台将为参与主体提供全方位的服务。

创意为小镇建设赋予内容的原生动力，加强创新实践，设计独特的文化项目，进行拓展和延伸，扩大资源的市场价值和经济效益。基于策划而产生的一整套创意经济产业链模式，可以提高对产业的服务与培育能力。加大对特色小镇内的公共服务、技术服务、信息平台建设的投入力度，以相关产业为载体促进小镇发展。根据各地的文化创意资源条件和产业优势，集中支持主导产业与建筑设计、城市设计、广告设计，以及文化创意产业与关联产业的跨界融合。

三、突出文化凝聚与引领

在特色小镇建设中，既要重视文化作为产业资源的运用，也要突出文化的凝聚引领作用。围绕某个产业打造完整产业生态圈之时，以展示馆、文艺创作、文化活动等集中呈现相应文化类型，为小镇建设赋予内容创意的原生动力、注入文化之魂。结合乡情文化精神作深层思考和创意设计，开发出蕴含乡情文化精神特质、具有高品质文化价值、满足不同层次精神文化需求的多样性产品，建设精神世界里的乡村情怀。还要设计体味乡情文化的项目，大量创作各种类型的乡情题材文艺产品，使人于经年不断的活动中亲近触摸中华文化精粹，在沉静的青山中寻求心灵净化，在对共同的民族传统、生活方式、文化精粹、人文精神的体验认知中，获取潜移默化的文化熏染。

四、注重小镇的平台属性

叶檀曾评论乌镇成功的三个要点：首先 40% 来自项目选址；其次 25% 是乌镇的综合管理水平；最后 25% 是对文化的尊重，像陈向宏所说的"对于历史的诚恳"。所以，我们对于古村的历史要诚恳，特色小镇既传承历史，又推进发展，面向未来；既是文化传承平台，又是特定产业集聚发展的载体。①

与传统的模式不同，从小镇的平台属性出发，乌镇一开始就将小镇的后续运营作为重要问题加以考虑，弄清楚道路、房屋和配套设施为谁而建、因何而建，将业主和游客需求调查作为规划的必备环节，坚持从产品类型和业态经营需要来反推小镇，发挥小镇在生产、生活、生态以及可持续发展方面的重要作用。发掘文化、文艺、国际化、重大节庆、会议、名人、名建筑、名典故，营造独特的文

---

① 周婷. 乌镇古镇传统空间研究［D］. 北京：北京林业大学，2012.

化与文化利益。

例如，郁南县连滩镇以"状元之乡①，院士故里②"为主题打造文化旅游南江特色小镇。引入战略性合作伙伴对兰寨古村落现存的古建筑进行修缮和复建工作，活化村内著名的"瑞昌大屋""安宁庙"等历史文物古迹，讲好连滩张公庙、状元及第等历史故事，发掘国家级非物质文化遗产《耍歌堂·长鼓舞》《禾楼舞》，开发千亩油菜花景观，加上连滩大糠糍、印糍、酿油豆腐等美食，丰富当地的旅游资源。

主题性创意产业园也具有平台属性。建设主体通常以产业为核心、以项目为载体，促进小空间大集聚、小平台大产出、小载体大创新。打造文化、科技、商贸、旅游产业联动、互动发展的新模式。云栖小镇是以企业投资为主的云产业生态小镇，这里围绕云计算创新创业的完整产业链，开创了云栖大会永久举办地、全国首个云计算产业生态联盟，是云产业的交流、展示、推广、体验基地。

五、以创意驱动提升产业能力

发掘典型的中国文化符号，或是中国文化崇尚的精神境界，以及独具地方特色、具有全国影响、代表中华文化经典元素的珍贵素材，以宏观与比较的视角把握周边发展大势、合理定位文化资源价值、提炼独特优势，改进提升目前存在的低、小、散、粗、同质化等问题，需要依靠具有强劲带动力、辐射力和影响力的创意精品和支柱性产业，激发城市居民追求田园城市生活的兴趣。整合各方资源，将文化资源优势转化为产业、产品优势，切实增强文化驱动力。

用文化、艺术、产业复活乡村，充分利用农业、山林、滨江、临海等自然禀赋，引入产业资源，构筑田园综合体，把地方特色历史文化、非物质遗产文化展示，实现建设集文创、艺术、体验、休闲、观光、度假、居住等多功能于一体的传统文化特色小镇。加强政府对文化创意产业发展的引导和扶持，营造文化创意产业发展的良好环境；提升文化艺术的创作演出能力，加大对精品创作、创意设

---

① 云浮郁南县连滩镇兰寨自然村，是岭南清末三大状元之一林召棠当年求学高中的地方。这样一个人口只有 1500 人的小村落，在历史上出过 1 名状元、3 名进士和众多举人。新中国成立后，这里又陆续走出了 160 多名本科大学生，是岭南一处独具特色的崇文之乡。

② 傅廷栋院士，1938 年 9 月 9 日生于广东省郁南县连滩镇天花塘乡塘村，华中农业大学教授，1995年 5 月当选为中国工程院院士，被称为"中国杂交油菜之父"。

计、产品研发、资产运作以及文化科技融合的支持力度。

第二节　目标与定位

　　发展特色小镇是新型城镇化的一个重要内容，丰富了新型城镇化战略的内涵，也是国家和各级地方政府促进城镇化建设的重要支撑。因此，在新型城镇化的背景下，各地应该明确特色小镇自身的功能定位，发挥资源禀赋优势，挖掘和彰显自身特色，选择适合自身的发展路径。综合分析项目内外部发展环境和资源禀赋，同时借鉴成功案例和经验，可以推导得出小镇未来发展定位。特色小镇定位一般需要包含功能定位、产业定位和形象定位三方面内容。其中，功能定位确定了特色小镇发展的目标；形象定位确立了小镇的独特 IP；而产业定位是特色小镇的核心内容，为人口、资源要素集聚提供支撑。

一、功能定位

　　特色小镇的功能定位必须围绕自身发展的总体目标，重点体现历史活化与文艺复兴功能、生态涵养功能、生态居住功能、生态旅游功能、生态农业功能、科普教育功能和知识经济功能。基于这些功能，我们大致可以将特色小镇的主要功能定位划分为以下类型：基于人工智能、大数据以现代制造业为主体的制造业集聚型特色小镇；以有机农产品、特色种养业和绿色食品加工业为主体的特色农业集聚性小镇；以布局合理、环境幽雅、交通便捷、通达性强为特色的交通枢纽型小镇；以休闲度假、运动娱乐、疗养、培训、会展为主体的城市功能延伸型特色小镇；以总部办公、科技研发、国际教育、咨询论坛为主体的知识经济功能科教特色小镇；以湿地保护区、候鸟保护区、平原森林、江河湖海等水系为主体的生态旅游型特色小镇等。虽然每个特色小镇都是功能综合体和社区，但是每个小镇都有自己的特色，其主体功能必然比较突出。

　　无论基于何种产业发展起来的特色小镇，其功能定位都包括"社区功能"。德国社会学家斐迪南·滕尼斯（Ferdinand Tönnies）认为，社区是指那些由具有共同价值取向的同质人口组成的、关系亲密、出入相友、守望相助、疾病相抚、富有人情味的社会关系和社会团体。① 体现在：一是小镇为支撑其主业发展提供强大的配套资源，如总部办公、餐饮、住宿、商品、旅游、时尚、娱乐等；二是小镇为居民创造就业机会，为自主创业以及创新意识的孕育提供良好的外部环境；三是两者的互动发展，形成可持续发展的、具有共同价值取向的和谐环境。

二、产业定位

在产业门类上，乡情文化更具开发运用价值，可在与文化关系密切的特色小镇、文化小镇、美丽乡村等建设中发挥重要作用。具体实践中，大致有体验民俗、追寻乡土之根的人文旅游，享受乡情田园慢生活的古朴民宿，品味生态、传统、特色餐饮的农家乐，观赏生态农业的观光旅游，回归山间田园劳作的农耕盛会，与时令、季节、特产结合的赏花采摘，栖息于绿色氧吧中的休闲养生，还有自驾、露营、乡村马拉松、绿道骑行等乡情运动之旅，配置以端砚、玉器、书画、摄影、电影艺术创作基地，六祖大典等实景演出，南药、崖柏、根雕等传统手工产业。可以深度发掘农业、文化元素的乡村资源，发展以内容创意、高新科技为特征的传媒、设计等文化产业，形式之丰富多样，为特色小镇实践提供了有益借鉴。

良好的产业基础是特色小镇发展的关键。由于传统的城镇产业集中建设，让一些产业集中区比较成功的区域逐渐发展成为产业发展型特色小镇。改革开放40多年来，全国形成了一批产业特色较强、区域优势明显的经济体，特色小镇建设为产业转型升级提供了强大的产业基础和区位优势。互联网小镇带动了互联网金融、数据挖掘等多个产业发展；以装备制造业为主导产业的特色小镇带动了新材料、机电与电子、信息与控制、新能源等上下游配套产业发展；旅游特色小镇依托旅游资源、文化、体育、特色产业，形成具有鲜明特色的旅游产品和盈利模式。特色小镇的发展模式为传统产业的转型升级提供了新的思路，是在经济社会发展到一定程度之后传统产业的集聚转型，可以作为未来传统产业集聚转型的经验借鉴。

---

① ［德］斐迪南·滕尼斯. 共同体与社会：纯粹社会学的基本概念［M］. 北京：北京大学出版社，1999.

三、形象定位

　　小镇的定位分成静态定位、动态定位和组合定位。静态定位就是利用小镇固有的禀赋和优势进行定位。如微观层面的静态交通，充分结合道路和绿化设置停车场等。动态定位就是结合自身实际，扬长避短，显示自身特色，打造独特 IP。例如深入挖掘乡情自然资源的内涵，凸显当地自然特色，塑造村庄空间景观的多样性和复合性，创造具有良好生态基础的景观系统。规划形成绿化景观结构，在各个功能区块形成景观节点，包括村庄公共服务中心景观节点、公园绿地景观节点等。小镇的组合定位就是小镇以集群形态出现，利用小镇间的相同和地理上的相近，相互组合、借助合力向外辐射。将景观形象、自然景观形象、传统街区形象有机结合，以不同物质载体表现地域特色，使小镇成为文化浓郁、独特的历史文化名城。

第三节　融资与开发

　　特色小镇建设需要拓宽融资渠道，多渠道筹集建设资金。要建立政府和社会资本合作项目库，着力在基础设施领域引入社会资本。在发挥财政资金的引导作用，用好财政支持资金的同时，要加大招商引资，吸引大中型小镇和民间资本通过合资、合作、独资等方式参与特色小镇的建设和经营。从狭义上讲，特色小镇的融资是开发商筹集资金的行为与过程，也就是说开发商根据自身的开发需求、资金拥有的状况，以及未来经营发展的需要，从某个渠道的投资者和债权人处筹集资金，以保证开发建设工程的需要。

　　在具体操作中，特色小镇建设的市场化依赖各类从事产业投资的公司、集团公司，及产业投资基金，通过"机会分析＋价值评估＋方案设计"等一系列企业行为进行投资决策。地方政府还需要参考借鉴国内外特色小镇招商的成功经验，做好特色小镇的招商推介工作，优先确保特色小镇重点项目、基础设施用地指标，在资源要素方面倾斜，保障特色小镇建设的有序推进。部分小镇建设还导入了创意地产运作模式。这种运作模式主要是房地产开发商结合本土化的文化特征、创意理念而形成的宽松环境和特色。也有一部分小镇建设采用了项目特许权、运营权、收费权、旅游景区门票质押担保融资等方式，扩大融资规模。政府鼓励采取 BOT、TOT 等融资方式，吸引战略合作伙伴，加快旅游基础设施和配套设施的建设。

中央高度重视特色小镇发展分别从土地、财税、金融三个方面在经济上大力支持特色小镇发展，从 2016 年开始将特色小镇创建列为农村重点工作之一。基于中央的政策红利，各地地方政府也陆续出台相应政策，支持特色小镇创建工作，特色小镇进入了国家层面推广的新阶段。总体而言，政策红利主要包括土地、财政、金融等方面。例如优先安排用地指标；对如期完成的按比例给予奖励，对未达成的加倍扣减；利用现有房屋和土地兴办文化创意、科研、健康养老、工业旅游、文创空间、现代服务业、"互联网＋"新业态的，可实行 5 年的原类型过渡期政策，期满后可按新用途变更。财税方面包括一般 3～5 年的财政返还、资金奖励（有的按年给，累计三年；有的一次性给予奖励，规模在 200 万～500 万元）和贴息扶持等。在金融方面，支持产业投资发展基金、产业风险投资基金等基金设立，鼓励采取 TOT（转让经营权）、BOT（建设—经营—转让）等 PPP（政府和社会资本合作）项目融资模式等。

一、几种集中融资的建设方式

（一）BOT 模式

BOT（build-operate-transfer，即建设—经营—转让）是私营企业参与基础设施建设，向社会提供公共服务的一种方式。以政府和非政府部门的项目公司之间达成协议为前提，由政府向非政府部门的项目公司颁布特许权，允许其在一定时期内筹集资金建设特色小镇的基础设施并管理和经营该设施及其相应的产品与服务。政府对该机构提供的公共产品或服务的数量和价格可以有所限制，但保证非政府部门项目公司的资本具有获取利润的机会。整个过程中的风险由政府和非政府部门的项目公司分担。当特许期限结束时，非政府部门的项目公司按约定将该设施移交给政府部门，转由政府指定部门经营和管理。

BOT 经历了数十年的发展，为了适应不同的条件，衍生出许多不同种类，如 BTO（build-transfer-operate，即建设—转让—经营）方式，以及 BLT（build-lease-transfer，即建设—租赁—转让）方式等。此外，还有例如 BOOT（build-own-operate-transfer，即建设—拥有—经营—移交），BOO（build-own-operate，即建设—拥有—经营）等变种的融资方式。

（二）PPP 模式

PPP 模式即公私合营模式，为 public-private partnership 的首字母缩写，是指政府与私人组织之间，以特许权协议为基础，彼此之间形成一种伙伴式的合作关系，并通过签署合同来明确双方的权利和义务，以确保项目的顺利完成。特色小镇联动区域城市、产业、资源，通过导入 PPP 模式，即政府和社会资本合作模式，鼓励私营企业、民营资本与政府进行合作，参与公共基础设施的建设。其开发运营模式采取特色小镇的开发原则"政府引导、企业主体、市场运作"，创造有活力、可持续、灵活的运营机制。

（三）TOT 模式

TOT（transfer-operate-transfer，即移交—经营—移交）模式是国际上较为流行的一种项目融资方式，通常是指政府部门或国有企业将建设好的特色小镇项目的一定期限的产权或经营权，有偿转让给投资人，由其进行运营管理；投资人在约定的期限内通过经营收回全部投资并得到合理的回报，双方合约期满之后，投资人再将该特色小镇项目交还政府部门或原企业的一种融资方式。

（四）BOO 模式

BOO（build-own-operation，即建设—拥有—运营）模式是一种正在推行中的全新的市场化运行模式，即由企业投资并承担小镇建设工程的设计、建设、运行、维护、培训等工作，小镇建设形成的硬件设备及软件系统的产权归属企业，而由政府部门负责宏观协调、创建环境、提出需求，政府部门每年只需向企业支付系统使用费即可拥有硬件设备和软件系统的使用权。这一模式体现了"总体规划、分步实施、政府监督、企业运作"的建、管、护一体化的要求。BOO 的优势在于，政府部门既节省了大量财力、物力和人力，又可在瞬息万变的信息技术发展中始终处于领先地位，而企业也可以从项目承建和维护中得到相应的回报。在 BOO 项目中，项目公司有权不受任何时间限制地拥有并经营特色小镇项目设施，BOO 项目的所有权不再交还给政府。

（五）ABS 模式

ABS（asset-backed securitization）工程项目融资是指以项目所拥有的资产为

基础，以项目资产可以带来的预期收益为保证，通过在国际资本市场发行高档债务来募集资金的一种证券化融资方式。ABS 项目极大地分散了小镇项目投资的风险，使每个投资者承担的风险相对较小。这种债券还可以在二级市场上转让，变现能力强，使投资风险减少。

我们大致将实践中特色小镇建设的融资渠道分成传统模式和创新模式，重点区别在于政府与企业的角色和定位。在特色小镇建设的初期，政府深度参与，承担了较多的项目风险。特色小镇项目建成后，社会资本开始参与特色小镇的经营，参与风险的管控，承担相应风险。由政府完全主导向半市场化、市场化的逐渐过渡，体现了特色小镇融资模式的渐进过程（见图 6-1）。

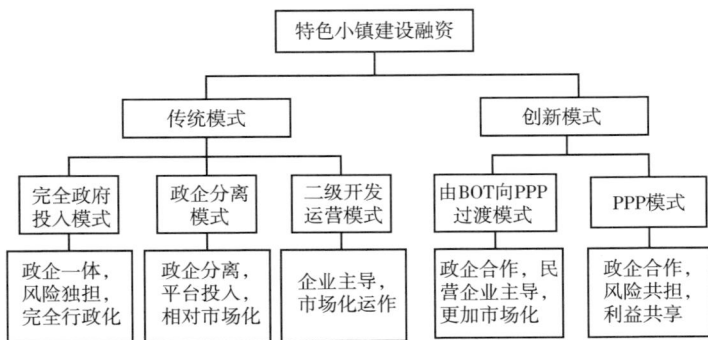

图 6-1　特色小镇建设融资渠道

资料来源：笔者整理。

二、开发建设涉及的投资主体

特色小镇开发建设应首先使用市场这只"看不见的手"，只有那些市场覆盖不到的地方才需政府拾遗补阙，政府用"看得见的手"去调节。特色小镇开发建设以及有效运行，离不开政府的宏观调控。在经济发展新常态的新形势下推动小镇经济发展，必须更好地发挥政府的作用，有效履行政府在保持政策稳定、弥补市场失灵等方面的职责，使"看不见的手"与"看得见的手"更好结合，推动经济可持续发展。按照中央政策文件要求，特色小镇建设坚持"政府引导、企业主导、市场化运作"的原则，投资主体就是市场主体、决策主体、执行主体和责任主体，而企业主导与市场化运作的关键在于政府方、投资方、企业方的联合开发。

（一）政府引导

特色小镇开发建设需要整合区域规划、产业规划、设计规划等专业资源。政府方的定位十分清晰，即顶层设计和规划统筹。包括协助特色小镇项目立项，争取上级政府（国、省）在特色小镇、精准扶贫、PPP 项目、产业基金等方面的政策与资金支持；配套建设道路、市政管网、桥梁等基础设施；联合企业进行推广宣传，提升小镇知名度与影响力；与企业共享招商引资渠道，联合招商等。推进小镇建设的全域化、特色化、市场化、融合化。

（二）企业主导

特色小镇需要确立企业的主导地位，企业的绝对主导地位带来的定价权是应付未来外部市场环境不确定性的有力壁垒。它有利于提高小镇的经营效率、经营规模和收入水平，实现小镇产业经营的规模化、集约化、专业化、市场化和社会化。根据国家旅游局和中国旅游产业促进会的数据，2015 年超过一万亿元的旅游投资，50% 以上是民营投资，集中在休闲度假类项目，投资主体包括地产、煤炭、农业、水电、保险等不同行业，社会资本成为特色小镇开发建设的主力军。

（三）市场化运作

只有让市场机制"自主选择、自我组织、自行发展"的功能更显性化，特色小镇建设才会由"外推"转向"内生"，小镇的可持续发展才拥有源源不断的动力。引入社会资本进行特色小镇的开发建设投入，调配多方企业资源，联合开发建设运营。包括导入核心项目、支撑项目、联动项目等产业资源，提供小镇产业内容；调配资源，为小镇引人、引智、引资；进行小镇前置运营规划的编制，承担规划设计咨询、投融资服务、PPP 咨询建设、工程建设、招商运营推广等职能。

第四节　绿道与串联

一、城市以绿道打造全新乡村

传统的城市和乡村，在人们心中的概念是相互隔绝的两个区域，一个代表现代文明，另一个代表贫穷落后。密布城乡的绿道体系和承载文化与生活的驿站建设改变了这个思维定式。绿道搭起骨架，驿站展示节点文化，在这样的生态体系下，人与自然和谐共生，城市和乡村融合，升华出更高层次的"城市—乡村一元化"梦想。

（一）绿道提升乡村生态价值

城市绿道建设是新时代城市生态文明的直观体现之一，也是市民共享生态福利的绿色载体。在绿道建设中，传统与现代交相辉映，古香古色又不失现代实用功能。规划者可以依托山形地势，平整道路，修葺房屋，把"微景观"引入院前屋后，把拥有优良自然本底的驿站打造成为能够反映地域特色和时代风貌，既错落有致又尊重村民生产生活习惯、便于发展相关产业的新村庄。建设田园城市是城市未来长期发展的方向，绿道建设启动以来，城市决策者就坚定了推进乡村绿道和驿站建设的战略考量，让绿道成为以生态为本底、多功能复合的生活场景、消费场景、创新场景，显示出强大的生命力。

随着生态环境改善，水质、山体、绿地等乡村自然环境得到改善，生活环境升级，民居条件通过公共环境整改得到整体提高，提升乡村形象及知名度，并通过经济发展、市场主导等条件，通过政府引导、市场主导两大推动力，实现乡村形象升级。以整体接待配套、公关设施、自然资源为基础，往外复制、延伸，以点带面，乡村价值通过"互联网＋"平台化效应获得提升。

（二）绿道促进乡村生态价值经济化

"以点串线、以线带面、连线成网"，提升乡村旅游资源的整合度、联通性和吸引力。坚持以宜居为中心、以生态为本底、以产业为支撑、以田园为基调、以文化为特色，通过绿道促进乡村绿色功能化，构建交通、产业、生活、生态等"绿色功能体系"，打造生态保育、慢行交通、城乡统筹、休闲游览、文化创意、体育运动、景观农业等综合绿道功能。通过规划建设环湖主绿道环线，整合利用现有公路、乡道、村道等改造主题绿道，形成"环＋放射"的绿道网，同时有机串联湖、岛、山、林、溪流、村落等景观资源，在串联沿线产品的同时，又极大地带动了经济发展。通过打造自行车漫游道路等方式串联全境景点，促进乡村旅游快速实现产业化发展。依托历史、自然、人文等优势，整合湿地文化、历史文化等资源，大力发展生态农业、观光农业和乡村旅游，把乡村旅游作为经济发展的新业态和促进经济发展的新的经济增长点。

（三）绿道将乡村建设成为城市的诗和远方

城市的高楼大厦是乡村的梦想，乡村是城市的诗和远方。绿道将城市与乡村之间的河流、田野、社区、文化等串联起来，再整合连片的森林、水系、湿地等生态资源，形成一张城市绿色大网络。就在这条绿道上，乡村的民居小院和文化遗存被纳入了整个绿色的版图。以绿道为中心，游客的到来带动了驿站周边的住户整治环境，部分农户重操祖业，开始制作传统手工制品；有的农家建起了民宿小院，在文化交融中共同打造休闲旅游、文化创意、健康运动为主题的综合性驿站空间，回归善良、勤劳、淳朴的生活方式。

二、绿道价值改变城市生活格局

（一）建设城市慢行系统

建设一定规模有品质、有特色的绿道，对提升旅游形象、改善城乡环境具有重要意义。绿道把村落景区、乡村旅游景点全部串联起来，作为景区慢行系统的一部分。聚焦美丽宜居城市建设，依托特色打造"名山、名湖、名镇"，市民可以推窗见田，开门见绿，仰望蓝天，俯掬清波。利用绿道中的小径散落的景点串珠成链，既可以让本地人有地方可以去健身、散步，又可以让外地游客了解到本土的文化风情，展示原生态美，感受乡村生活，体验乡野乐趣，让绿道以"诗意""画意"为主线贯穿全局。

（二）建设田园城市新业态

乡村的生态文化价值不仅改变了村民们的生活，更引来了众多追求梦想和创作的城市人，这些慕名而来的"新村民"又为乡村注入了新的活力。乡村新建游客服务中心，改建酒馆、书院、小院、博物馆、青年旅舍等多元业态，整合打造了第五空间、大田景观及污水处理系统和生态湿地，与文创等艺术设计机构合作，还可引进名誉村长、传统生活美学践行者等新村民及乡村餐饮品牌，传统乡居生活焕发出新的气象。通过乡村自身价值吸引艺术家进入社区，与当地的自然、人文环境产生互动，进而延续更多可持续发展的多元业态。

（三）建设邻里共享交流空间

绿道结合原有农林、水系基础，构建复合开放型的生态体系，串联起绿地内的重要空间节点，成为健康、多元、互通、易达的绿色步行网络和舒适宜人的休闲游憩的环境，居民可以体验到不同生态意境。结合地块地形和场地特色，新增设休闲广场、木质廊架、溪水栈道等节点，丰富植物种植群落和层次，形成绿地景观，构建健康、多元、开放、互通的邻里共享交流空间。绿道沿线建立的海绵技术、标识系统、太阳能灯、垃圾箱等便民设施，足以满足游人休憩、娱乐、交流等功能需求。

（四）促进运动养生与休闲观光有机结合

绿道是新时期运动养生与休闲观光有机结合的一种新的出行休闲方式。绿道在山体之间也本着生态、自然、野趣的原则进行相互串联。其中，城区内的山体继续成为适合市民休闲、娱乐的山体公园。而一些距离市区较远的乡村山体则将在继续发挥生态屏障作用的基础上，打造成适合年轻人探险的郊野公园。郊野公园建设过程中将最大限度保护山体生态，仅增建上山路径、景观平台等基础设施。

绿道规划将从自然资源、景观资源、历史人文资源、乡土资源等方面系统梳理区域内已有的乡村旅游资源，分析乡村旅游资源点、线、面的空间关系，通过完善绿道网络的配套设施，引导游客和市民出行，进而提升乡村旅游竞争力。绿道以全民健身和休闲旅游为依托，全力打造全域全程自行车漫游道路，把人文、自然资源连接成链，形成全域旅游的黄金环路。亦可将举办国际、国内自行车邀请赛作为乡村绿道旅游发展的引爆点，推进乡村旅游新跨越。

第五节　策划与运营

所谓运营，就是要把小镇现有产品（品牌、特色、IP 等）进行有效包装宣传、整合相关资源（制作关联产品，寻找合作伙伴，增强影响力）；举办相应的活动推广（开展各种活动，吸引人流量）；联盟内成员之间以及媒体（自媒体）的大幅评论。不同小镇的运营没有本质的区别，只是由于资源和行业用户不同，执行手段不同而已。

（一）产品策划

一个合格的产品策划最应该具备的就是对一件事物的描述能力、对一个故事的叙述能力。小镇项目开发周期之长，涉及范围之大，后期运营之重要，如果没有具备足够的决心和实力的开发主体，不敢轻易涉足此地。因为小镇产品策划不同于过去"短、平、快"的开发模式，也不是刚需型的卖方市场。产品策划实际上是市场需求和技术执行之间的一个桥梁。一个优秀的产品策划，能够把运营需求完整地转化成一个商业计划书或其他形式的信息，传递给执行人员，便用执行人员之间的沟通交流语言，来表述业务需求的逻辑和目标。为了策划差异化的文化IP，需要运作一个能承接现代艺术、科技、文化的平台，通过平台向周边地区的产业链和经济发展辐射，而不仅仅是旅游观光之后简单的农家乐。旅游加文化的驱动，才能带动整个小镇的商业和产业。

（二）创新能力

创新能力是指在各种实践活动领域中不断提供具有经济价值、社会价值、生态价值的新思想、新理论、新方法和新发明的能力。创新是以特有的思维模式提出有别于常规或前人思路的创意。为了避免特色小镇流于平庸，运营策划所做的主要工作就是及时掌握市场动态和最新趋势，整合行业资源，通过一系列的运作手段，推广自有IP并获得受众响应。运营策划必须具有独到的眼光和市场嗅觉，承担很多颠覆性创新的角色。好的运营策划不仅渠道广泛、联盟能量大，还能够准确把握运营策划的本质和手段，并预测推广后带来的实际效果。例如，传统文化是古镇的基调，但不能局限于传统而忽略了创新。为了避免小镇的同质化，唯一的区别是文化IP，文化特征才是小镇最大的特色，文化特征是一个古镇最大的个性。小镇不是一个行政概念，而是一个地方优势资源的强势集中，这就包括了自然资源、人文资源和社会资源，还有交通条件、产业基础等，形成了独特的IP。文旅特色小镇的创新就在于文化的导入、景观的植入和历史的再述。

（三）组织能力

策划就是要全面，不全面就不能统筹全局。这种能力在一些小镇项目中十分稀缺。策划师主要聚焦业务流程和逻辑，然而特色小镇的运营却不是这样，创新无处不在，尤其展现在运营模式以及与相关技术的整合上面。

例如，某些特色小镇促进就业发展及人口结构优化，立足于县域本土产业及旅游产业升级发展，涉及旅游服务、婚庆摄影、文化创作、销售贸易、酒店餐饮等行业，能够为小镇及周边地区创造超过数万个就业岗位，并带来高端职业人群，带来人口增量，优化人口结构，提高人口素质。

再如，产业转型与消费升级是特色小镇最主要的推动力，通过文化旅游产业的发展，带动本土优势产业如中药农业产业、文化产业、农业产业共同发展，并带动其他旅游景区的旅客量，形成可持续发展的产业联动关系。目前，周边游、亲子游、健康养老、体育赛事等跨界、跨产业旅游方式正成为拉动消费升级的重要力量。结合资源禀赋对小镇产业发展和空间布局进行规划，科学合理布局小镇要素，力求小镇风貌独特、生态环境优美、产业特色突出、高端要素集聚、创新创业活跃、功能融合完备、文化相互融合、设施互联互通，围绕"产、城、人、文、旅"有机结合的方针，进行合理规划，形成创建方案、发展规划、概念性设计。

项目选址需要进行项目选址与布局合理性分析。在依托政府相关政策支持下，找准交通黄金半径和消费人群的黄金半径是打造成功特色小镇的关键。应依据城乡规划有关法律法规、标准规范的要求，分析建设项目与城市长远发展、城市总体规划，集政策、区位、交通、配套设施服务等优势于一体。产业、文化、经济活跃，开发程度高，服务辐射度广，可达度高。

科技小镇则聚焦下一代信息网络产业、高端软件和新兴信息服务产业、电子核心基础产业、航空装备产业、先进环保产业、金融业、商务服务业、生物医学工程、生物医药产业。对于具体产品而言就是指对具体小镇周边的关键产业集群等进行详尽的分析，更有效地掌握具体产业集群、环境、区域经济带给未来投资项目的影响。

第六节　投入与收益

特色小镇，作为产城乡村多元共生的新型城镇化发展模式，它集合了产业、创业、文化、旅游和社区等多种功能于一体的一个新型城乡融合、产城融合的综合体，是以产业为核心，以项目为载体，相互融合发展的特定区域。特色小镇的开发与建设不是单一项目可以完成，而是需要综合产业链体系，包括有主导产业衍生出的延伸产业链。在这条产业链体系的形成过程中，如何作为创新平台推动当地产业结构调整，培育信息、环保、健康、旅游、高端装备制造等新兴产业，加速传统产业升级；或者通过大型集团企业长期投资，发展公司镇，吸引和聚集产业配套、改造历史经典产业等方式推动城乡互动、城乡互利，产城融合、产城互利。特色小镇的投入与回报模式包括但不限于因为要素集中、交通通达而产生的土地增值收益、地产运作收益、产业及社会收益、项目运营收益、"旅游＋"收益、"互联网＋"收益以及城市功能综合收益，并形成可持续的投入与回报机制（见图6－2）。

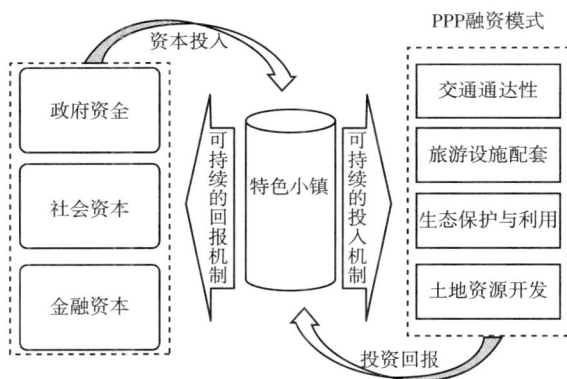

图6－2　特色小镇投入与回报模式示意

资料来源：笔者整理。

一、土地增值收益

土地的增值收益即土地发展权。随着产业结构调整和城市化进程加速，土地由于用途变化而产生增值，从而形成土地收益的增加。特色小镇的发展成熟必将带来周边土地的溢价。在一片荒芜之地上建设特色小镇，可以促进经济发展和民生建设、环境治理等工程的实施。随着小镇土地的一级开发以及土地流转的加快，变"毛地"为"熟地"，"熟地"变"热地"，土地价值也将得到较为彻底的释放。土地增值首先牵涉对小镇范围内的土地进行统一的征地、拆迁、安置、补偿，并进行适当的市政配套设施建设，公共基础设施包括公共道路、供电厂、供排水厂、供热网络、通信设施等基础设施；学校、医院、公园、广场、文化体育设施、综合服务区、游客接待中心等公共服务设施。土地整理和公共基础设施建设完成后，公共设施辐射的周边区域即可实现土地增值。同时，充分利用开发者的开发经验及创造力，保证开发项目高效高质，市政功能更加全面，实现政府更多公共服务目标，促进城市功能和品质全面系统提升。在高铁和城际铁路等重要交通枢纽站点周边区域开发特色小镇，可以适度增加土地出让收益，"反哺"小镇建设投入，形成"投入—增值—反哺"的良性循环。

二、地产运作收益

中国地产产业化的参与主体包括了传统地产商、产业地产商、制造业企业、金融资本等多个类别，因而呈现收益模式多元化发展的势头。通过一定程度的地产开发用地和产业用地的配比，开发商可以以短平快的地产收益平衡见效慢的产业培育成本，实现可持续发展。将小镇和产业功能结合、与投资运作主体结合、综合平台服务等功能，单纯的旅游街区或创业园已经被集"生产、生活、生态"为一体的综合性功能逐渐取代。这里的地产运作收益主要指二级开发，即企业通过地产销售和自持物业经营获利，包括但不限于工业地产、居住地产、商业地产、休闲地产的租售业务。在小镇内产业、商住用地的配比也已经成为地方政府和投资商商讨的核心，地产的比重愈发重要。如：碧桂园科技小镇计划投资总额约1300亿元，其规划创新小镇产业用地、产业配套用地、生活配套用地比例大致为30％：30％：40％。

运营管理是商业房地产运营的核心，也是小镇开发商实现商业房地产收益和物业价值提升的源泉。特色小镇管理运营的精髓就是要把松散的企业形式、经营形式和多样的消费形式结合起来。虽然在特色小镇的建设过程中，以地产运作的理念去打造小镇并不被提倡，但是从投资者角度来看，这的确是一个快速实现投资回报的途径，也是一种较为重要的盈利模式。

三、产业及社会收益

特色小镇坚持社会、经济、文化、环境等多方效益的融合共生，实现经济效益、社会效益、环境效益和可持续发展。首先，通过培育主导产业、聚集主导产业企业、实施产业优惠政策和营造优质环境，吸引大型企业的入驻，将使小镇经济迅猛发展，税收猛增，并带动小镇及周边土地的溢价。其次，小镇产业的发展也为地方带来了更多无形的收益，如城市环境的优化、民生的改善、城市影响力的提升、产业生态圈的形成、就业增加和更多高素质人才的聚集等，这些难以用经济指标衡量的社会环境改善，是政府大力推动特色小镇开发的动力源泉。小镇建设可以帮助政府迅速建立起高附加值产业（旅游、休闲等），构建强有力的产业支撑服务体系，更好服务区域产业发展需求，导入智慧服务业，加速旅游业升级发展，提升城市功能，促进服务业升值。小镇建设还可以带来更多潜在的非现金形式的收益，创造就业岗位，为周边居民带来更多的就业机会；打造区域旅游品牌形象，加快区域城市化进程，树立正面的区域形象。例如部分基于乡村自然景观建设起来的旅游特色小镇，在完成对消费者高质量体验功能之外，还兼具振兴乡村经济，实现企业社会价值的责任。优先选择贫困乡村，瞄准贫困人口进行精准帮扶，产业扶贫可以使当地农民转型为项目的产业工人，为他们提供就业机会。

四、项目运营收益

项目运营收益包括现金流回报、产品经营性附加价值的收益等。以景区模式运营，除门票收入外，住宿、餐饮、购物等业态收入也是主要的收入来源。产业收益还包括特色产业项目收益。这里的特色产业项目开发，包括科学研究、教育培训等产业或事业的导入及产业园、孵化器等项目的整体开发；也包括旅游产业项目开发，包括娱乐活动空间项目（如主题公园）、集中式消费项目（如步行街、美食街项目等）、过夜逗留项目（如实景表演等），通过项目的运营获得收益。小镇自身能够依托优势产业形成产业盈利链条，同时与旅游结合实现盈利。这一类项目一般自身具有较为雄厚的产业基础，充分结合已有产业优势，进行适度旅游产业融入、功能拓展和环境营造。通过培养多元化的盈利点来避免盈利模式的单一化、同质化现象，树立盈利模式的特色实现路径，达到项目可持续运营的目标。

五、"旅游+"收益

旅游是综合性、集成性产业，也是一个无边界的产业。它具有日益增长的产业催生力、拉动力、整合力和提升力，在拓展自身发展空间的同时，与相关行业和领域融合发展，催生新业态，实现相关行业和领域增值。特色小镇发展"泛旅游"的投资回报，除门票收入外，与旅游相关的住宿、餐饮、购物等业态的销售收入也是主要利润来源，还包括旅游产品体验性附加价值收益。景区运营模式比较清晰，其成功的关键在于是否有专业景区运营能力。产业与产业之间的融合可以产生大量的收益，如旅游＋体验，旅游＋文化，旅游＋体育，旅游＋健康，旅游＋养生养老等"泛旅游"消费的收益。"旅游＋"发展模式是生态圈式的、多链条交织的，也是全方位、立体化、多层次的，"＋"的路径各异：旅游＋新型城镇化，有利于发挥旅游对农村地区的带动和引领作用；旅游＋新型工业化，有利于发展工业旅游，创新企业营销方式；旅游＋农业现代化，有利于建设美丽乡村、促进乡村振兴；旅游＋互联网，有利于打造智慧旅游；旅游＋生态资源，有利于发展生态旅游，发掘生态资源的市场价值。总之，投资旅游小镇，投资者可以从完善旅游消费产业链的角度切入，掌控上下游产业核心，实现旅游收益最大化。

六、"互联网＋"收益

（一）"互联网＋"产业联动收益

特色小镇的吸引力，除了其固有的自然禀赋和长期形成的文化特色以外，更多地来源于这个地方的产业资源。"互联网＋"服务把线下各种产业资源整合到线上，实现了线下线上产业资源联动。在第一产业领域，农业互联网正在向生产领域渗透，为农业发展创造了新的业态；在第二产业领域，工业互联网也在从消费品工业向装备制造和新能源、新材料等工业领域渗透，全面转变传统工业的生产方式；在第三产业领域，"互联网＋"正在形成诸如互联网交通、互联网教育、互联网金融、互联网医疗、互联网服务等新业态。特色小镇围绕文化资源，以旅游发展带动其他与旅游相关的泛旅游产业的发展，可以形成新的产业融合（农业、观光、休闲、婚纱摄影、影视传媒等）和产业联动收益。

（二）"互联网＋"居民共享收益

互联网的场景变化和创意设计贡献了新的客户来源，体现了"互联网＋"特有的开放共享、民主平等的时代精神。"互联网＋"带来的小镇居民共享收益主要是利用网络共享平台作为媒介，通过网络平台激活旅游地居民的闲置资源，更好地整合旅游地居民持有的碎片化闲置资源，并构建起具有该类需求的游客之间的沟通桥梁。在旅游共享经济场景中，旅游地居民将个人闲置的空间、时间、资产、技能等通过网络平台转化为接待能力，满足游客多样化的消费需求，平台的发展有利于民宿、社区文化体验、乡村度假、城市休闲旅游产品的进一步开发，实现旅游产品从"观光主导"向"观光与休闲度假并重"转变。

（三）"互联网＋"政企协作收益

政府和企业发挥各自的优势，企业以运营互联网为载体，更好地承担政府外包的部分职能，打造一套强大的、安全的、可用的大数据框架，并利用这个框架更好地做好第三方服务；通过平台思维和互联网金融的创新，激活社会资本尤其是民间资本对 PPP 项目的关注和进入，共同促进社会资本与政府项目的对接，实现优势互补和资源共享，实现多方共赢。

七、城市功能综合收益

城市功能综合收益的形成是市场机制作用的结果。发展特色小镇有利于形成城市功能的综合收益。特色小镇虽然规模有限，但是交通、行政、经济、文化等多方面的功能"五脏俱全"，能够满足居民、创业者、游客等不同关联主体的基本需求。

小镇功能存在的本质特征是一个典型的微型城市系统对外部环境的联系和交互秩序，其主要功能包括但不局限于生产功能、服务功能、管理功能、协调功能和创新功能，服务于城市运转的供电、供水、供气和教育、医疗、文化、会展等产业本身就存在着巨大的普惠性、公用性商业价值。城市功能对于要素的集聚和溢出是主导性的，是城市发展的动力因素。特色小镇通常依托具有地方特色的主题功能拓展和经营形成相关盈利模式，围绕主题功能，联动旅游体验，形成食、住、行、游、购、娱、康、教等多元业态的消费盈利，这一模式的关键在于如何发掘和寻找具有地域特色的主题功能，并通过专业运营实现其市场价值，拓展盈利空间。

随着特色小镇建设的深入，随之带来的人口集聚又使得城镇功能进一步深化。因此，必须深入发掘小镇资源，拓展产业链和服务链，通过创业人群劳动就业总量，形成一个"投入—产出—投入—产出"的闭环，实现稳定的投资回报和可持续发展。

第七章 粤港澳大湾区背景下特色小镇的实践案例

第一节 粤港澳大湾区的优势及发展方向

根据《粤港澳大湾区规划纲要》（以下简称《规划纲要》）①，粤港澳大湾区包括香港特别行政区、澳门特别行政区和广东省广州市、深圳市、珠海市、佛山市、惠州市、东莞市、中山市、江门市、肇庆市，总面积5.6万平方公里，2017年末总人口约7000万人，经济总量约10万亿元。在深化开放的格局下，粤港澳大湾区以0.6%的国土面积创造了中国12.4%的国内生产总值（GDP），是目前中国经济实力最强、开放程度最高和最具创新活力的区域之一。

《规划纲要》明确了粤港澳大湾区的五个战略定位，一是充满活力的世界级城市群；二是具有全球影响力的国际科技创新中心；三是"一带一路"建设的重要支撑；四是内地与港澳深度合作示范区；五是宜居宜业宜游的优质生活圈。粤港澳大湾区的五大战略定位，意味着这里在国家经济发展和对外开放中的支撑引领作用，以及未来将对全球具有辐射作用（见图7-1）。

粤港澳大湾区具有独特优势：一是区位与资源优势。大湾区内地理区位优越、交通网络发达、科技产业云集、产业链完整、知名高校及研究机构集聚，创新要素丰富、人才荟萃，对外开放程度高、金融资源及服务水平高。二是开放程度优势。大湾区内拥有中国两个特别行政区、两大一线城市、三个自贸区，"一带一路"倡议扩大了与各国间的经济交流，在开放型经济中，要素、商品与服务可以较自由地跨国界流动，从而实现最优资源配置，使大湾区参与国际竞争与合作的优势

---

① 粤港澳大湾区规划纲要［EB/OL］. 中华人民共和国中央人民政府，https：//www. gov. cn.

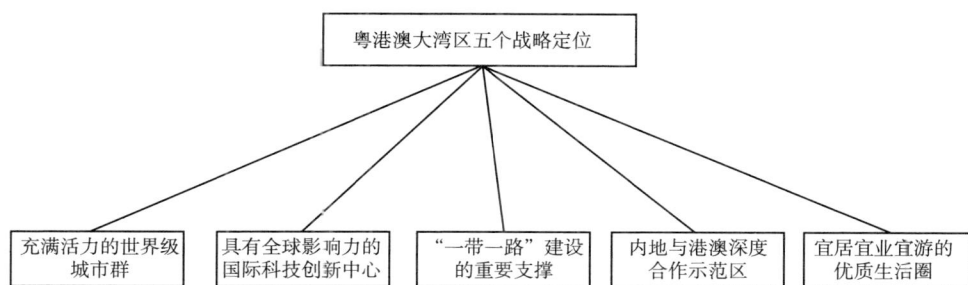

图7-1　粤港澳大湾区战略定位

资料来源：笔者整理。

明显。三是政治体制优势。大湾区最大特点是拥有三个各具特色的经济体系，"一国两制""港人治港""澳人治澳""50年不变"，其多元化、差异化带来的活力，以及政策的可持续性带来的稳定性，都是世界上其他大湾区所不具备的。

按照国家的总体规划，到2030年，粤港澳大湾区将具有完善城市群和城镇发展体系，成为立足国内、辐射世界的一流大湾区，国内生产总值总量将达4.62万亿美元，引领国家转型的世界级金融、航运、贸易、科技、产业中心，更具生态内涵与人文魅力的高品质生态宜居大湾区。这一新大湾区将比肩东京、纽约和旧金山大湾区，成为世界"大湾区经济"的重要代表。

与纽约湾、旧金山、东京大湾区比较，粤港澳大湾区的地理空间广阔，载体多元，要素丰富，尤其人力资源要素和土地要素总量充裕，但是也存在地均国内生产总值、人均国内生产总值偏低等问题（见表7-1）。

表7-1　　　　　　　　世界几大代表性大湾区指标体系比较

大湾区	用地面积（万平方公里）	国内生产总值总量（万亿元）	人口总量（万人）	地均国内生产总值（亿元/万平方公里）	人均国内生产总值（亿元/万人）
纽约湾	3.4	1.4	6500	4117.6	2.2
东京湾	1.36	1.67	3600	12279.4	4.6
旧金山湾	1.8	0.8	768	4444.4	10.4
粤港澳湾	18.08	1.56	11798	862.8	1.3

资料来源：上海交通大学城市科学研究院、新华社瞭望东方周刊在2017粤港澳大湾区高峰论坛上发布的《肇庆市在粤港澳大湾区的定位与策略研究报告》。

从外部来看，粤港澳大湾区的价值在于实现大湾区共建共享的发展成果，通过发掘"一带一路"红利，加强基建互联互通，建立金融核心圈和优质生活圈，实现产业高端价值，打造全球创新创业新高地。而从内部来看，大湾区建设是目前中国南部经济圈发展的最新目标。粤港澳大湾区"9+1+1"城市群的合作对推动大湾区的产业变革、带动腹地发展、促进三地协同以及向外实现"一带一路"延伸等方面都有重要意义。

粤港澳大桥一桥连接三地，对于区域的协同发展有极大促进作用。未来粤港澳三地金融合作将会加深，通过扩大金融市场要素双向开放，推动三地深度合作，培育粤港澳大湾区金融协同创新平台；打造引领泛珠三角、东南亚金融创新，服务"一带一路"的粤港澳大湾区新型创新金融体系；建设以香港为龙头，以广州、深圳、澳门为依托，以南沙、前海、横琴为主要节点的粤港澳大湾区金融核心圈。

根据《规划纲要》，粤港澳将共同加强轨道交通、公路、港口、民航等基础设施的互联互通，畅通对外联系通道，提升内部联通水平，推动形成布局合理、功能完善、衔接顺畅、运作高效的基础设施网络，便利粤港澳大湾区内经济要素流动，到2020年实现粤港澳"一小时交通圈"，为粤港澳大湾区经济社会发展提供有力支撑。

这些发展目标也将为香港提供新的战略机遇。作为全球金融、航运、贸易中心和大湾区的龙头城市，香港具备地理位置、营商环境、司法制度、知识产权、科研实力、金融服务等多方面的优势，有望在"一带一路"建设、人民币国际化、资本市场互联互通和人才培养等领域成为大湾区内的"超级联系人"。香港特区政府也在最新的施政报告中提出了参与大湾区建设的具体的计划，包括：通过提升研发投入强度、汇聚科技人才、吸引海外顶级科研机构、提供创投资金和科研基建等方式为创新科技提供有利的生态环境，并利用科研成果来激发创业、促进经济发展，成为国际创新科技中心。发挥专业设计人才优势，例如加强设计合作，开放相关市场及投资，积极推动创意产业进一步提升。①

未来，粤港澳大湾区将明确不同城市的产业定位，促进差异化分工，协调和整合资源，避免同质化竞争，提升粤港澳大湾区经济协同效应：重点加快发展金融、航运等现代服务业，促进生产性服务业和制造业向价值链高端延伸；通过共

---

① 《粤港澳大湾区发展规划纲要》印发22大要点 [N]. 金融界，http：//www. jrj. com. cn/.
香港拟设大湾区发展办公室并委任专员统筹管理 [N]. 人民网，http：//hm. people. com. cn/GB/n1/2019/0314/c42272 - 30974829. html.

建优质生活圈，增加包括教育、医疗、就业创业服务、文化、旅游等优质公共产品和服务供给，提升大湾区居民生活品质；通过复制和推广深圳前海、广州南沙、珠海横琴三大自贸区的成功经验，推进港澳青年创业就业基地和各类合作平台建设。

第二节 粤港澳大湾区背景下的特色小镇建设

一、发展趋势

（一）视野更加国际化

粤港澳大湾区建设的本质就是要实行更加多维度、更加开放的资源整合，让大湾区城市群的每一个成员都增加外向型发展动力、更加国际化。粤港澳大湾区内有香港大学、香港科技大学、香港中文大学、中山大学等著名高校，既有世界级的人才储备，也有大量科技企业和创投资金，有利于打造国际科技创新中心。当前，粤港澳大湾区第三产业比重相比其他大湾区偏低，区内大多数城市仍以传统制造业为主。未来可加强产学研深度融合，形成创新驱动的经济发展模式，构建具有国际竞争力的现代产业体系。

粤港澳大湾区背景下的特色小镇，特色首先是体现在链接香港这个"超级联系人"，确保视野开阔，对于两个市场、两种资源的掌握和利用更加到位。尤其在乡村振兴的背景下，粤港澳地区乡村的发展必然要受到大湾区城市群发展的深刻影响，乡村文旅发展将更加具有开放视野，城市群、城市圈、都市圈，一系列的城市资源都将深刻地影响特色小镇的规划构思和建设实施。

（二）城乡关系更加紧密

粤港澳大湾区的广东农村地区受到核心城市广州、深圳、香港、澳门等高度城市化的强烈辐射和带动，在城镇化的推进过程中体现出显著不同的城乡格局，城乡融合发展的意愿更加强烈，融合的路径更加多元化。一是表现为城乡供需关系。大湾区城市几千万人口集聚，周边地区的农村供应菜、蛋、奶、肉等农产品。二是表现为城乡延展关系。有都市人口的存在，周边农村才有可能用农业主导的方式来发展乡村旅游。而乡村生活的闲适性，正是城市休闲旅游市场所追求的。城市走向后现代化农业，缓解压力、释放身心已经成为时尚、高端、奢侈的生活方式。三是城乡融合关系。大湾区周边分布着地域广阔且特色突出的岭南农业文化和农耕文明，文化底蕴深厚、特色鲜明。旅游促进了城市文明与乡村文明、城居时代和村居时代的交替交融。

（三）乡村资源日益稀缺

乡村资源的稀缺主要体现在两个方面：城市和乡村都在接受相互的改造，城市化进程对乡村资源的侵占，导致乡村被一点点蚕食，范围在不断缩小；城市被乡村点缀，内在的资源价值被激活。从文旅产业的角度对这些资源进行保护，就成为城市圈里面的"乡愁"。从休闲角度来看，乡村生活的闲适性，天人合一的自然慢生活，古朴纯真，恬淡静谧，可以医治现代工业文明的创伤，具有无穷的魅力和治愈力，已经成为中国未来最稀缺的旅游资源。乡村随着大湾区进入高度国际化的通道，使乡村旅游不再是一个封闭的系统，城乡资源进出的通道具有更大的开放性。随着粤港澳大湾区都市群的发展，城市化的比例越来越高，城市群的快速扩展，交通网络的延伸，以及房地产开发商对郊区土地的深度开发，导致传统乡村的数量快速减少，乡村资源日益稀缺。

（四）乡村复兴任务艰巨

粤港澳大湾区内乡村的传统文化受现代化的影响，特色流失严重，亟须保护传承农业时代的文化。工业革命在给人类带来丰富物质享受的同时，也使城市逐渐失去人类不可或缺的自然环境；信息革命更是在促进全球经济一体化发展的同时，导致全球城市文化千城一面的高度同质化。在城市化浪潮的冲击下，乡村人口流出、"空心化"严重、产业衰败，日渐没落。部分乡村被开发商大量拆迁，房地产、工业园区侵占了大量乡村居民赖以生存的土地。为了保持乡村文化记忆，继续传承原汁原味的非物质文化遗产与风貌特色，复兴乡村的任务很艰巨。

（五）"互联网＋旅游"趋势更加明显

粤港澳大湾区交通便捷，轨道交通、高速路网四通八达，从任何一个城市出发，都可以实现"一小时通达"。随着"互联网＋"时代来临，大数据时代崛起，智慧出行以及时间碎片化的消费模式的出现，意味着人们渴望的休闲方式早已不再拘泥于传统的计划出行模式，传统旅游产业面临需要快速适应变化的发展格局。能否迅速改变传统的自我封闭、自我欣赏、自我满足的狭窄视野，系统化地整合平台资源、开发多元化的消费模式以及柔性化的运营模型，是肇庆旅游产业面临的重大转型升级难题。在网络化趋势下，新型旅游业更趋向于散客化、休闲化、自助化，短时间、近距离的"微度假""微旅游""微出行"，从"背上背包就走"的"随时游"升级到"没有背包也可以走"的"随心游"，从"走马观花式旅游"到"体验参与沉浸式旅游"将成为都市旅游的理想模式，也成为城市家庭常态化的生活方式。

（六）新型田园城市成为亮点

在城镇化进程中，粤港澳大湾区要确立城市定位和发展思路，走独具特色的城镇化发展道路：一是不以简单地扩大城市规模、大拆大建来实现城镇化。政府不再拆迁农村房屋，除非是重要的公共服务设施、重大基础设施建设的需要。二是打造特色。以环境资源为特色，以人文环境为优势，以发展旅游文化、娱乐产业为重点，通过旅游道路和基础公共设施建设，各个旅游风情小镇连成一片，形成"城在村中、村在城中"的特色田园城市。三是城乡一体化连接。通过建设人行栈道、自行车道，以及休闲小站、农家乐等一批旅游接待设施，以及水网、路网、景观带等，将城市和乡村连接成一个整体，使乡土田园成为城里人休闲的景区。将古老的村落和现代化的商品房小区交织在一起，使得村庄像公园，城市如景区，让农民享受到城市的生活品质，让市民感受到乡村的生活气息（见表7-2）。

表7-2 新型田园城市的开发模式

开发与经营模式	具体内容和特点
农旅合一	基于传统农业，实现乡村与旅游复合型产业发展；将乡村特色与旅游业有机结合，通过发展第六产业，提升农业层次，降低经营者风险，提高农民收入
产业立体化	发展"田园+城市"，发掘本土资源优势，以旅游业为龙头，衍生产业链条，带动产业结构的优化调整，实现区域产业的整体升级
乡村景区化	以自然山水田园休闲为导向需求，保留镶嵌在都市边缘的田园景观，提升景观吸引力，突出"文脉、乡愁、生态、记忆"等元素，打造新型现代化田园城市
差异化经营	实现乡村旅游产品开发和经营体现分工，通过不同定位和特色设计避免同质化，规划可持续发展的动力机制，保障乡村旅游开发中各投入主体的地位和权益

资料来源：笔者整理。

《广东省沿海经济带综合发展规划（2017～2030年）》提出，广东将加强陆海统筹规划建设，坚持促进海洋资源优势与产业转型升级和开放型经济发展需要相结合，着力优化国土空间开发格局和区域经济布局，拓展蓝色经济新空间，打造更具活力和魅力的广东黄金海岸，沿海经济带资源将被充分发掘。到2020年，沿海经济带将基本形成经济充满活力、空间集约高效、创新要素集聚、交通网络发达、营商环境宽松、协同发展顺畅的发展格局。成为全球经济增长的重要引擎、全球重要的现代产业基地和国家科技产业创新中心。到2030年，沿海经济带建成世界一流的科技产业创新中心、先进制造业基地和现代服务业中心，在全球范围内的综合竞争力和科技创新能力显著提升，建成陆海统筹的生态文明示范区，成为更具活力魅力的广东黄金海岸和国际先进、宜居宜业、开放包容、特色彰显的世界级沿海经济带。①

二、发展路径

（一）充分发掘大湾区本土文化和地方特色

文化是凝聚人心、激发创新力、激活发展力的动力源泉。特色小镇是凝聚粤港澳大湾区人心，促进城市间文化交流与合作，充分发挥文化黏性，传承和发扬大湾区本土文化和地方特色。特色小镇主要分布在整个大湾区的绿轴沿线，营造一个生态环保、资源共享、开放包容、创新创业特色小镇发展环境，是促进粤港澳大湾区城市与乡村协同发展的现实需要。深入挖掘大湾区各城市文化优势和特色亮点，通过特色小镇建设体现各城市文化供需、文化资源、文化政策，因地制宜实施文化交流。在非遗保护、文化传承、历史研究等领域，推动大湾区各城市高校、文化机构、文化团体、民间社团之间的交流合作。特色小镇率先在置业、税收、租金、人才流动等方面给予优惠政策，吸引更多年轻人入驻，创新创业。

（二）打造差异化IP

粤港澳大湾区格局下的特色小镇之路，首先就是要打破单一定位和设计平庸，打破同质性，避免千镇一面，必须独树一帜，找到差异化IP，打造城乡之间

---

① 《广东省人民政府关于印发广东省沿海经济带综合发展规划（2017～2030年）的通知》［EB/OL］. 广东省人民政府，http：//zwgk. gd. cn/006939748/201712/t20171205_733883. html.

对比度强烈的空间布局。不同的 IP 都在讲述各自的理念、各自的故事、各自的内涵，努力争取小镇参与人（游客、投资人、创业者等）的情感共鸣和认同，需要长期的建设。它的终极目标是追求价值和文化的认同，可以跨形态、跨时代、跨行业。客家文化和广府文化的相互渗透、融合形成了特别的古村落景观，也是岭南文化在这一领域的代表。原有的乡村包含了原山、森林、湖泊、湿地、温泉、农田等多种原生态自然资源，在这个基础上，把深度的文化内涵挖掘出来，把来自乡村自身良好的人文自然资源造就的养生休闲、颐养休闲、农业休闲、运动休闲的环境和氛围营造出来，所有的乡村都可以成为乡村旅游点的可能性。找到那个特色鲜明的村庄，找到国内任何一座城市无法比拟的核心居住优势，享受一个具有独特价值的乡村，呈现"文化养生"的底气和底蕴，其市场号召力不言而喻。文化＋旅游＋城镇化的发展模式，已经成为一种新探索和发展方向。大湾区依托优质的自然人文和大湾区各个节点城市的资源，以及优质文旅项目的深度介入，体现出与自然和谐相处的良好局面，可以说这将是特色小镇绿色健康发展的方向，也将成为现代文旅产业与原有的人文自然基础完美结合的典范。

（三）充分利用漫长的海岸线资源

粤港澳大湾区有漫长的海岸线，海洋是其最重要的资源平台，是对外开放的大窗口。通过建设滨海景观公路，形成滨海旅游发展轴线。通过规划建设滨海旅游公路，串联整合沿海旅游资源，推进"海洋—海岛—海岸"旅游立体开发，打造高品质滨海旅游带。建设高品质滨海文旅小镇可以聚焦以海湾、海岛、海景、海防文化为背景的文旅产业，把岭南文化和海洋文化结合在一起，形成特色鲜明的海湾海景海防小镇。整合澳门与邻近城市的旅游资源，发展国际游艇旅游，促进粤港澳旅游合作和旅游业发展，达成构筑休闲湾区的目的。滨海文旅小镇的开发建设还有利于加强岸线资源保护和管理，优化岸线功能布局，合理安排开发利用时序，系统优化珠海的经济功能、生态功能和社会功能，促进岸线资源合理高效利用，实现以陆促海、以海带陆、陆海统筹，联动发展，实现可持续开发。通过扩大发展空间，全面提升海洋资源开发和管理水平，着力优化海洋经济空间布局，推进科学利用海洋资源。通过打造黄金海岸，优化岸线功能布局，合理安排岸线功能和临海产业布局，规划建设立体化滨海交通网络，构建国际一流的高品质滨海旅游带。

（四）复兴一批广府、客家等代表性的传统乡村

对于粤港澳大湾区里面的特色小镇而言，本土化的人群文化背景集中在广府和客家。广府和客家代表性的传统乡村是古色古香的岭南文化的代表，保护和激活农业时代的广府与客家村落文化，是建设特色小镇的路径之一。自然地理环境是广府与客家村落文化景观形成的基底，社会基础和文化传承则分别是其形成的内在动力和外在动力，经济基础和技术水平保障了传统村落建筑文化景观的形成。例如，肇庆是广东省西部广府文化亚中心、岭南文化发祥地之一，是中原文化和岭南文化交融渗透地区，其内部可划分为"肇中"广府文化区、"肇南"水乡文化区、怀集—封开广府客家文化交融区和广宁客家文化区四个文化分区，其文化景观兼具广府文化和客家文化的传统。因肇庆地区自然地理条件和生活习俗使其客家民居形式简化、广府化，故其建筑景观文化有别于粤东和粤北客家地区传统村落建筑。① 发掘其中的文化特色，可以打造出一批基于广府与客家文化融合的特色小镇。在快速的城镇化过程中，大量富含历史文化信息的建筑被破坏或被遗弃，传统村落也面临同样的窘境。在传统村落保护和新农村建设中，应遵循人地关系协调发展，防止破坏原有村落空间肌理，注意村落空间渗透性的维护和建设，空间意象过渡须自然，将优秀的民俗和建筑技术传承下去。

（五）建设产业化特色小镇

特色景观只是特色小镇的一个次要方面，真正重要的还是产业。打造特色小镇应满足以下四大要求：符合未来发展趋势、接近市场、关联性强、易于形成规模化的结构。打造产业小镇是一个战略使命，也是一个大的方向。在大湾区，特色小镇的类型大致可以分成三类：文旅小镇、产业小镇、创业小镇。三个类型彼此并不是绝对划分，产业形态彼此交融，没有统一的划分标准。这些特色小镇在高等教育、科研、金融、智能制造、生物医药、新能源、新材料等方面都布局了一定的资源。因此，大湾区特色小镇建设的主流方向分成两类。

一是产业和创业类小镇。产业能够更好地促进区域协调发展，重点推动珠三角核心发展区和东西两翼之间产业协同，构筑优势互补、联动互促的产业发展新格局。也有利于拓展经济腹地，打通珠三角东西两翼南北联动发展纵轴，拓展内

---

① 张浩龙，金万富，周春山．肇庆传统村落建筑文化景观特征及形成机制［J］．热带地理，2017（3）：304－317.

陆、省外经济发展腹地，提升东西两翼聚集辐射能力，实现沿海经济带整体实力跃升。

二是利用乡村资源和禀赋发展文旅小镇。随着乡村价值的提升，大湾区城市群对于健康产业、旅游产业的需求越来越旺盛，从而催生了文旅小镇的产生。传统村落、乡村景致、区域特色文化，以及非常重要的传统乡村生活方式形成了新的要素资源。便捷的交通使城市资源加快走向乡村，文旅小镇将成为大湾区吸引力强大的投资新领域、发展新平台、振兴乡村的新方向。

第三节　广东省肇庆市特色小镇实践

肇庆市位于珠江—西江经济带、粤桂黔高铁经济带、珠江西岸先进装备制造产业带"三大经济带"叠加交汇点，是粤港澳世界级城市群的重要组成部分，也是大湾区内唯一与大西南地区毗邻的城市。在国家特色小镇政策、粤港澳大湾区规划纲要，以及优秀传统文化复兴等一系列国家战略推动下，肇庆立足于粤港澳大湾区及连接大西南枢纽门户城市发展的区位优势，依托国家历史文化名城深厚的广府文化底蕴和积淀、雄厚的旅游产业基础、丰富的物产资源以及景观资源、便捷的交通网络，在保护国家级非物质文化遗产、促进产业发展、优化生态环境等方面进行了大量的创新实践。

一、中国端砚特色小镇

在中国文房四宝中，砚台排在首位，端砚贵为中国古代四大名砚之首。

2004 年 9 月，中国轻工联合会、中国文房四宝协会联合授予肇庆市全国唯一的"中国砚都"荣誉称号。2019 年，肇庆再次通过"中国砚都"复评。①

（一）文脉传承

自唐以来，端砚便是朝廷贡品，文人墨客趋之若鹜，其"呵气成墨，滑如肌肤"的品质堪称绝顶，无与伦比。端砚的产地是古端州，也就是现在的广东肇

---

① 肇庆再获颁"中国砚都"金字招牌！5.6 万方端砚亮相京城 ［N］. 端州发布，http：//www. h0758. net/info/97784bac－f445－4f07－a047－9327d8a6cae9/detail，2019－03－30.

庆。据史料记载，自唐代开始，端州区黄岗街道白石村等村庄的先民便从事砚石的开采和雕刻，端砚也从此成为贡品。由于其石质优良、"秀而多姿"，具有发墨快、不损毛笔的特性，自古以来受到文人骚客和皇家的青睐。唐代诗人李贺、北宋文学家苏东坡、北宋书法家米芾等大文豪都曾使用过，并且留下了许多赞美的诗词。

端砚制作技艺具有浓郁的非物质文化遗产特色，是制作艺人世世代代传承下来的无形资产，是通过有形作品呈现的无形财富。作为肇庆的传统手工艺，端砚制作技艺经过无数制作艺人的努力愈发精湛，既人文荟萃，具有深厚的文化底蕴，又原汁原味，保持着浓厚的地方特色。这一非物质文化遗产产生于民间，成长于民间，繁荣于民间，具有民族性和大众性的特点，蕴含着巨大的文化价值和经济价值。① 2006 年 5 月 20 日，"端砚制作技艺"作为传统手工技艺被国务院正式认定为中国第一批国家级非物质文化遗产（以下简称国家级"非遗"）。

肇庆制砚历史源远流长，制砚文化特色浓郁。最著名的村白石村地处端州城区以东，面向北岭山，背靠西江，面积约 1.2 平方公里。白石村制砚起源于唐武德年间（公元 618 年），村民世代以砚为耕。全村 288 户，1100 多人，距今已有 1300 多年的历史。清朝末期至解放初期，白石村制砚至为鼎盛，一大批名砚和名师应运而生，从而奠定了白石村作为"第一村"的地位。

端砚制作技艺不但使白石村成为名副其实的砚乡，也使制砚成为一项长盛不衰的文化产业。白石村有 90% 以上的家庭从事制砚，较大的制砚作坊超过 50 家，每家每户门前都堆满了砚石。屋门前、瓜棚下、村道旁、厅堂里都是村民们埋头刻砚的场面，活脱脱一幅"白石制砚图"。2003 年广东省科技厅批准黄岗镇为广东省专业镇，肇庆市政府命名黄岗镇所属的白石村为文化村。这里聚集了几百家家庭作坊，其主要设在农户的房前屋后、院落屋内，是国内成熟的大规模生产的作坊区（见图 7 - 2 和图 7 - 3）。

从选石、磨石、划线、雕刻到成形，一块端砚的制成少则七八天，多则个把月甚至半年，可见，端砚的名贵还在于它的手工。此外，白石村因经济发展迅速，大多古屋已拆除重建，只遗下少量几处古迹，形成"既古亦今"的一大特色。

---

① 王明星，周丽. 传统端砚作坊从业人员工作满意度研究——基于对肇庆市黄岗镇白石村的调查 [J]. 肇庆学院学报，2010（1）：1 - 4.

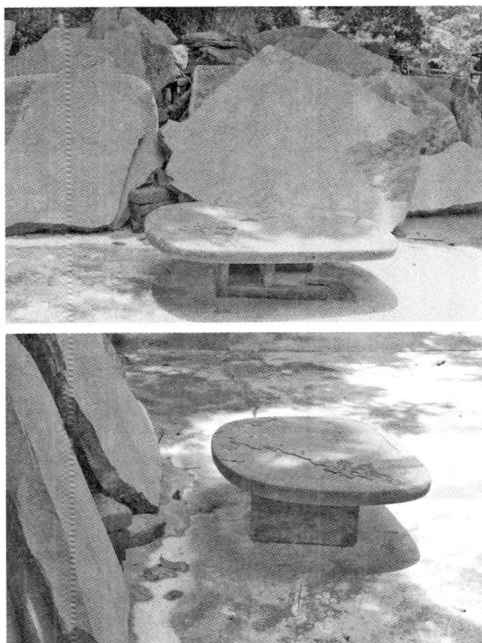

图 7-2 在砚村，随处可见摆放在家门口的砚石（杨灿 蔡晓芬 摄）

图 7-3 既古亦今的端砚制作坊（杨灿 摄）

（二）大师云集

"中国砚都"大师云集，精品荟萃。代际传承、门徒传承是端砚制作技艺薪火相传的主要途径。端砚艺术大师以及他们的传承人，都深深为端砚文化而感到骄傲。正因为如此，端砚制作技艺更加扎根于砚都，生长于砚都，依托着大师以及弟子们精细手艺和对端砚文化的忠诚，在今天这个躁动的社会中静于一隅，散发出浓郁的墨香，使得这一国家级"非遗"实现永续传承。梁焕明及儿子梁国雄和女儿梁玉芳、柳新祥大师及儿子柳飞、陈洪新大师及儿子陈颖林等均是代际传承的典型。白石村的徒弟中有一些是外村人，但是大师们都认为，收徒首先讲究人品和诚信，姓氏和出身不重要，热爱端砚制作技艺、愿意吃苦耐劳才更加重要。

中国制砚艺术大师柳新祥，是"柳门砚雕"的开创者、中国古砚鉴定专家、广东省端砚协会副会长、"柳新祥端砚艺术馆"馆长。数十年来，柳新祥不忘初心，一生挚爱端砚事业，坚持端砚技艺的传承，义务为各大中院校、中小学生以及端砚爱好收藏者讲授端砚知识课程百余场，并把撰写的端砚著作共 1000 余册，无偿捐献给省内外各大博物馆、艺术馆、中小学，捐献端砚作品 50 余件。为了传承国家级"非遗"，柳新祥大师秉承"师徒制"传承方式，以"手把手"的形式培养儿子柳飞及砚雕弟子近百人，为弘扬中国端砚文化，传承制作技艺作出了显著贡献（见图 7 - 4 和图 7 - 5）。

图 7 - 4　柳新祥大师及儿子柳飞刻苦钻研

注：图片由柳新祥大师提供。

图 7 - 5　柳新祥大师及儿子柳飞的作品组图

注：图片由柳新祥大师提供，左侧最上图为柳大师创作的"龙腾盛世"端砚，成为中国制砚史上第一个以"鼓"为造型的巨砚，2013 年荣获世界纪录。

明清开始，出现了一批具有代表性的制砚家族，如郭家、程家、罗家、蔡家、陈家、梁家。其中，郭、程、罗、蔡四家被称为制砚"四大家族"。"四大家族"在端砚发展史上的地位可以描述为："砚起端州，久盛文房。前有郭家驻足，后有罗家、蔡家相随，独程门卓尔不凡，藤茂蕙英，名满乡邦。"[①]

程氏家族为端州端砚世家。程泗先生，是端砚史承上启下、继古开新的关键性人物，其在工具改良、技法鼎新、授艺模式上均开风气之先；其子程柱开子承父业，熔铸南北流派独树一帜，后受聘高校，率先将端砚文化带入现代艺术教育体系，是将端砚的制作由"传统"推进到"现代"的一代传人。[②]"中

①　肇庆知名地方文化人谢健江先生的概括。
②　何向. 端砚文化中的传统精神［J］. 广州大学学报（社会科学版），2010（6）：94 - 97.

国制砚艺术大师程柱开先生端砚工作室"在贵阳"花溪板桥艺术村"挂牌，将有千年历史的肇庆端砚文化引入了贵阳，促进了两地的非遗文化交流（见图 7 - 6 和图 7 - 7）。①

图 7 - 6　端砚大师程柱开专心制作精品（杨灿　蔡晓芬　摄）

图 7 - 7　端砚大师程柱开的作品《远古的呼唤》（杨灿　蔡晓芬　摄）

① 中国制砚艺术大师程柱开在花溪设立首个异地工作室［N］. 贵阳日报，2017 - 07 - 25.

除程氏端砚第 13 代传人程柱开之外，程家还出了位国家级非物质文化遗产项目（端砚制作技艺）代表性传承人程文。程文十二岁拜叔父程泗为师学砚雕技艺，擅长雕刻传统砚式，作品采用高浮刀、平刀、浅刀等技法，从事端砚制作已有五十多年。大师程均棠因排行第八又名程八，其作品做工细腻，线条流畅，多次获得国家级、省级大奖。再传弟子程振良才四十岁出头，便成为中国制砚艺术大师。可见，中国砚都可谓人才辈出，生生不息。

莫伟坤大师擅长山水人物，在端砚的创制雕刻上，既保留了传统工艺技法，又突破了原有砚雕的规整行制，将端石天工妙品之意与中国丹青绘画和石刻技艺巧然融合，创作出意象传神、意蕴无穷的一方方现代端砚新品，其新在于"精、神、逸、妙"之处，具有极强的艺术视觉感，更有深厚的历史、文化感。其端砚制作善于因石制型，这种追求天然石品巧妙的运用，使其原创作品具有了唯一性（不可复制性）。他积极探索主题性砚雕创作，结合砚石的石品，运用想象力，刀笔为工，石品形似为"意"，把地域文化融入砚雕艺术，反映现实生活，歌颂时代精神，符合当代人的审美需求（见图 7 - 3 和图 7 - 9）。①

图 7 - 8　端砚大师莫伟坤在创作

注：图片由莫伟坤大师提供。

---

① 艺承岭南　荟萃珍品——端砚大师莫伟坤作品展开幕式 18 日在广州举行 [N]. https：//www. so-gou. com/.

图7-9　端砚大师莫伟坤作品《赤壁怀古》

注：图片由莫伟坤大师提供。

（三）特殊节庆

白石村人成立了一个叫"行"的组织，协调全村的生产并举行各类行业的仪式和庆典。每年农历四月初八"伍丁宝诞拜师日"，白石村都会举行重大的祭祀活动，以此纪念石业先祖和历史上对白石村作出贡献的人。全村男女老少都会齐聚五登祖师爷牌位前进行祝祷礼仪，感谢祖师爷的荫护及祈求一年的好景。"行"有专门地方举行祝祷礼仪，那里供奉着五登先师牌位和张之洞石碑。当日，"理节人员"便会请来南无佬与本行年长的父老在祖师爷牌位前做一个小时的祝祷礼仪。同时理事也会在这天把"行"一年的开支公布，让众父老、行友查看。这一天，凡年满60岁的"行友"都参加会议，或核对数目是否清楚，或选举新的"理节人员"等。其后，大家兴高采烈地开餐，席间开怀畅饮，交流砚艺，品评优劣，颇似过节。行还可以接纳别村的人入"行"，只要从事制作就可加入。想入行制造工艺的年轻人，要先拜伍丁祖师，再向师傅作揖磕头，才算正式入门。

（四）产业规划

为保护这一不可再生资源，制止滥采盗采砚石，肇庆市已封闭了包括老坑、坑仔岩、麻子坑等名坑在内的坑洞。珍稀的资源加上精湛的雕刻技艺，使交易价格越来越体现出鉴赏收藏的价值。价值的攀升也使肇庆产业逐步壮大。目前，肇庆行业大部分的产业结构从单一的生产扩大到涉及文化旅游、创意设计、非遗传承教育、房地产开发等多产业的综合体系。

产业发展的具体目标包括：一是形成一批在全国同行业中具有规模优势和品牌影响力的端砚行业产业链（如非遗保护教育、端砚、石材、包装材料、设计业、会展、文旅等）。二是形成一批管理规范、辐射能力强、全国或区域有影响的文化专业市场（如端砚交易平台）。三是建成一个具有发展特色和创新环境优良的文化产业生产基地或特色产业园（端砚文化创意产业园）。四是培育一批在端砚行业具有号召力的大师和行业精英。五是完善和建设一批端砚主题以及延伸产业链的文化产业基地设施。

1. 打造端砚创意产业基地

端砚在石材、制作工艺、软件开发等文化创意项目，以及图书、文化旅游等方面具有一定优势，并且具有广阔的发展前景。由于文化创意产业是以精神文化、智力创作为主的产业，以创意为核心，以文化为灵魂，以科技为支撑，具有高知识性、高附加值、强融合性等特征，属于知识密集型、智慧主导型新兴产业，所以，选择工艺设计等创意产业作为端砚战略性新兴产业来发展，规划"创意街区"，使端砚文化创意企业的产品有一个集中展示的平台和窗口，以放大创意产业的集聚效应。同时使一些创意小作坊逐步发展成创意企业，使"创意街区"成为文化创意产业的孵化基地。

以端砚工艺为基础和重点，以工艺美术设计为主线，涵盖大师作坊等重点企业，打造工艺品创意产业基地。端砚工艺是集具有自主知识产权的科技研发和劳动密集型的生产于一体的产业，将"端砚作坊群"整合为"端砚创意产业园"，实现由制造业向创意业的蜕变。鼓励和引导镇村与端砚工艺合作，依托端砚的研发力量，兴办与之配套的创意设计项目。开拓礼品印刷和礼品包装印刷、物流配送等业务，延长产业链。努力打造以端砚工艺为龙头，以工艺品、石材、包装物为主要产品的"中国端砚精品基地"。

肇庆白石村坐拥现代都市稀有的自然资源。由于地处生态保护区和水源保护区，生产加工类的企业无法进入，而这里独特的环境又非常适合发展无污染、高附加值的文化创意产业。白石村已经成为有休闲、旅游观光功能的"文化集散地"，依靠自然景观着力变身为"特色小镇"，主打"文化＋旅游＋房地产"特色文化，建设文房四宝一条街，引导村民规模化生产，并在其中设置休闲功能，打造成文化集散地。一方面，这里得天独厚的环境将给艺术设计师带来更多灵感，设计出更多独具一格、引领市场的文化创意产品。另一方面，规划对小作坊进行了彻底清理，为发展文化创意产业腾出了空间。同时，着手对文化风貌街、民间博物馆、文化展示等项目实施统筹规划、资源整合和功能划分，推动文化创意产业的发展。

白石村现在已改名为中国端砚文化村。作为全国、广东省文化产业示范基地，中国端砚文化村只是"中国砚都（肇庆）文化特色产业集聚园"项目之一。而产业聚集园整体分三期建设，包括中国端砚展览馆、标志性文化广场、工艺品文化用品交易展览中心、中国砚文化主题公园、砚都现代酒吧、酒店、文化体验交流区（旅游商业区）、端砚名人塑像群、名人墨宝碑林、工艺美术大师村、工坊区和名人故居等项目，总投资超过 20 亿元。通过增加文化元素、提升文化含量，规划端砚旅游线路，建设端砚博物馆、书法院（书法馆）、书法长廊，并丰富其内涵，打造文化旅游品牌。

中国端砚展览馆，是"中国端砚文化村"的标志性建筑，仿宋风格，楼高四层，面积约一万平方米，于 2004 年 12 月建成。中国端砚展览馆是为配合"2004 肇庆·中国端砚文化节"而建设的，馆内陈设有古今名砚 200 多方，均属难得一见的珍品。二楼则通过图片、文字、实物等详细展示了端砚的历史、现状与发展。让人对端砚有较为深入和全面的了解。三楼展览有包括关山月、黎雄才大师的名家书画，琳琅满目，水平极高。此外还有来自全国各地的"文房四宝"展区，颇具规模，是识砚、赏砚之人必到之处。

坐落于七星岩东畔的国家级制砚大师艺术馆是肇庆首家民间筹资兴建的艺术类博物馆。艺术馆以弘扬端砚艺术为宗旨，是集展示、欣赏、教育、交流、研究、提升、传播、传承等多功能于一体的综合性端砚艺术展示平台，内设工作室、教学楼、研究室、端砚传承室、礼品厅等，参观者可以透过藏品的文化内涵，体会端砚文化的博大精深，感受来自历史深处的文明脉动。"十研堂"国家级制砚大师艺术馆作为一间民间艺术博物馆，荣获由中国文房四宝协会授予的砚石生产企业最高奖项"国之宝"奖。

2. 书画会展业

打造文化品牌，举办文化节庆活动，促进书画会展业的发展水平。重点打造"万人书画展""中国文房四宝展"等若干具有地方特色、标志性意义强烈、有明显竞争力的文化活动品牌。加强会展场馆等基础设施建设，建设一批有品位和有地方特色的博物馆、艺术展览馆（如书画展览）、纪念馆及其他会展场馆。不断扩大规模，举办全国性的节会，积极兴办高层次的文化论坛，提高端砚的知名度，加快会展经济发展，将书画会展业的发展与本地经济结构、特征相结合，走出一条差异化发展之路。做好石材、工艺品、花木、书画等具有本土特色的优势产业及符合本地发展趋势、契合本地市场需求的会展活动，与周边城市会展业发展形成错位竞争，加大书画会展产业化运作的项目开发力度，形成具有独特个性的书画主题会展业。

3. 培训与教育产业

端砚小镇倡导和市场机制相结合等原则，实施重大文化产业项目带动战略，引进和培育一批具有龙头地位并且有较强竞争力的文化创意产业项目、骨干企业、战略投资者和创意人才。加速产业集聚，鼓励产业升级，提升产品的品位、档次。建设文化创意街区，聚集创意类产业，形成集聚放大效应。目前，小镇内一栋栋富有创意、风格各异的建筑已将整个片区装扮一新；街区路面、建筑外立面进行了改造，打造成集设计、创意、时尚、休闲于一体的文化艺术小镇。一些颇具实力的文化创意公司和艺术家的进驻，也使小镇的文化创意产业氛围日益浓厚。

小镇鼓励端砚制作传承教育面向市场，向规模化、专业化方向整合培训资源，大力发展工艺美术、非遗传承、书画、音乐、歌舞等艺术培训业。有效整合、充分利用和开发现有的文化资源与艺术培训资源，扩大培训范围，扩大覆盖面。探索发展培训业多主体、开放型、多样化的非遗传承与人才培养模式，鼓励社会资金投入端砚专业教育与培训，适应不断增长的文化市场需求。

二、德庆龙母文化特色小镇①

（一）资源禀赋

1. 旅游资源德庆悦城龙母庙管理

德庆是海内外著名的龙母故乡，是一座具有 2000 多年历史的岭南名郡，境内旅游资源丰富，主要旅游景区有："古坛仅存""四海朝宗"悦城龙母祖庙；岭南最古老、规模最大、修复最完善、最具特色和影响力的德庆孔庙；"广东最美的地方"、原始生态的休闲旅游度假天堂——盘龙峡生态旅游景区；"全国农业旅游示范点""广东最美的村庄"金林水乡；"只新不旧"的中国四大奇塔之

---

① 本部分内容的撰写得到了悦城龙母祖庙文化传媒有限公司的支持。在公司的热情协助下，作者指导的大学生创新创业项目团队顺利完成了《德庆县悦城镇建设龙母文化特色小镇调研报告》，部分内容也吸收到本章节中。在此，对于悦城龙母祖庙文化传媒有限公司负责人黎权兄，以及大学生创新创业项目团队的傅满强、许晓佳、王华艳、黄春婕、叶鹏飞等同学表示感谢。

一的三元塔；四季花海奇观"玉龙古寨"；"蓬莱仙岛"三洲岩等。同时，德庆物产丰富、民风淳朴，民间习俗和乡村风情独具特色，德庆贡柑、紫淮山、南药、何首乌、巴戟天等特色农产品和南药远近闻名。悦城龙母祖庙、盘龙峡、德庆孔庙三个景区为国家 AAAA 级旅游景区。国家一级保护植物"植物活化石"黑桫椤遍布其间，是广东省摄影家协会拍摄基地。峡谷空气负离子含量达每立方米 12.5 亿个，是中国最大的天然大氧库（见表 7-3）。

表 7-3　　　　　　　　　　　　　　**德庆主要旅游资源**

旅游资源	内容描述
龙母祖庙	悦城龙母祖庙坐落在德庆县悦城镇水口，始建于秦汉时代，现为国家级重点文物保护单位。现存的龙母祖庙重建于清光绪末年，为砖木石结构，建有石级码头、石牌坊、山门、香亭、正殿、两厢、妆楼、行宫、龙母坟。悦城镇现状以龙母祖庙最为知名，是悦城乃至德庆发展最为成熟的旅游景点
德庆孔府	4A 级旅游景区，也称德庆学宫，位于广东省德庆县城，距今已有千年历史，是中国南方现存最古老、规模最大、最具特色的孔庙。德庆学宫是历史上德庆府的地方官学，也是祭祀孔子的场所。1996 年，被中华人民共和国国务院公布为第四批全国重点文物保护单位
盘龙峡	4A 级旅游景区，盘龙峡景区是一个原始自然生态旅游区和中国龙文化与传说的圣境。景区内古木葱茏，国家一级保护植物"植物活化石"黑桫椤遍布其间，是广东省摄影家协会拍摄基地。峡谷空气离子含量达每立方米 12.5 亿个，是中国南部最大的天然大氧吧
金林水乡	金林水乡拥有 1700 多年的历史，是一个文化底蕴深厚、古色古香、自然景观丰富、充满神话色彩的古村落。以传统民俗为特色，与龙有着一定渊源
三元塔	建于明朝万历二十七年（即 1599 年），距今已有 400 多年的历史。它以"只新不旧"的美誉闻名于世
玉龙寨	罗洪村距今已有 1000 多年历史，是唐代岭南第一状元莫宣卿十五世嫡孙莫毓芳的后代子孙居住地，是典型的岭南古村落。玉龙寨名字的来由与悦城龙母有着天然的联系
花世界温矿景区	花世界生态旅游区集科研、饮食娱乐、休闲度假于一体，百花环绕，风景如画，灵气汇聚，泉水清如碧玉，澄澈见底，可供游客沐浴戏水，前往参拜龙母的众多海内外香客在此沐浴洁身
华表石	华表石被称为"西江奇观""西江第一怪石"，是古代火山爆发时由地下喷出来的岩浆凝聚而成的火山岩石山。最大的特色在于位于西侧悬崖上的石刻，为岭南历史上最大的摩崖石刻

资料来源：笔者整理。

2. 文化资源

德庆历史文化源远流长、影响力强。其构成主要包括西江文化、广府文化、岭南文化。西江是珠江最长的主干流，位于中国东部、广东西部，起源于滇，流经黔、桂、粤，跨四省（区）23 个地区、160 多个县市，全长 2217 千米，流域面积 30 万平方千米，占整个珠江水系流域面积的 79.5%。西江文化久远神奇，内涵丰富，沉淀在这片土地上的文化类型中，较典型的有舜帝文化、青铜文化、客家文化、龙母文化、粤文化（粤语、粤剧、民生风俗等）、名人文化等。

德庆境内保留有许多岭南传统民俗活动，其中以"过大年，闹元宵"最为出名，元宵节炮竹攻狮子是德庆最具地方特色的民间活动。该节庆文化活动已成为享誉西江流域内容最丰富、最具特色、最大规模、群众参与人数最多、影响最大的特色传统群众文化品牌。

3. 交通资源

德庆县地处西江走廊之中，自古就是岭南地区东西交通要道，区位优势明显，拥有水陆两大交通轨道、三大高速（广梧高速、汕湛高速、怀阳高速）、两大铁路（柳肇铁路、南广铁路）、两大国道。在广佛肇生活圈内，属于 2 小时最佳旅游交通圈，融入珠三角经济圈、生活圈、旅游圈。

4. 产业基础

德庆坚持三产并重、特色发展，促进县域经济发展壮大、转型升级。三次产业结构优化调整为 24.0∶36.7∶39.3，形成三大产业并驾齐驱新格局。2016 年，全县完成地区生产总值 130.82 亿元，同比增长 5.6%；规模以上工业总产值 261.5 亿元，同比增长 6.5%；规模以上工业增加值 21.78 亿元，同比增长 7.2%；固定资产投资 106.41 亿元，同比增长 4.6%。

第一产业以贡柑、砂糖橘为主导的特色农业强势发展，德庆贡柑、砂糖橘获得"中国柑王""中国橘王"称号，建成了肉桂、巴戟天、广佛手、何首乌 4 个现代中药 GAP 产业化基地。柑橘产业巩固发展，建成年产 20 万株的柑橘无病毒苗圃，全县柑橘投产面积 16.2 万亩，产值 30 亿元；打响"大红大紫"农产品品牌，推广种植紫淮山 3 万多亩，产值 7.35 亿元，德庆贡柑和德庆紫淮山"双轮"驱动助农增收新格局基本形成。农村电子商务加速发展，建立村级电子商务服务点 200 多家、农家网店 1500 多家，农业总产值稳步上升。

第二产业目前全县有规模以上工业企业 70 家，省级创新平台 4 个，已形成了林产化工、木材深加工、风机制造、水泥建材四大支柱产业，实现了主导产业集聚发展。

第三产业旅游产业基础雄厚，成为城市发展的核心突破。建成了竹篙粉风味小吃街、三洲·桃花源景区，每季度一主题举办了德庆闹元宵、龙母诞等特色文化旅游活动，促进了旅游业持续兴旺。农业旅游加快融合发展，省级新农村示范片基本建成，打造"春赏花、夏避暑、秋品果、冬温泉"乡村休闲旅游新名片。每季度一主题举办特色文化旅游活动，擦亮了"德庆丰迋"旅游品牌。成功举办全省首个乡村马拉松赛——2016肇马德庆站·乡村马拉松赛。2016年，全县实现旅游经营收入49.8亿元，比2011年增长75.04%。

（二）规划思路

德庆龙母文化具有2000多年历史底蕴，文化影响力大，是德庆旅游发展的核心特色，应该突破龙母庙单一祭拜的功能，在国家发展特色小镇的历史机遇下，将其打造成为一座龙母文化活态博物馆、"产城人文"一体的特色小镇。

长期以来，德庆龙母庙旅游产业一直停留在"祭拜上香"的时代，如何盘活这块旅游资源，辐射带动周边发展，特色小镇可以给出一个初步的答案。在5平方千米的景区内，将龙母祖庙景区建设成为一座活态博物馆，成为一条流淌在西江流域的文化风景线，它将旅游与龙母文化传承保护结合，使文化遗产和自然生态环境得到整体、合理、原真、长远的保护。这种把龙母祖庙当作一个"大景观""大文化""大联合"的概念，突破了旅游景区活动项目单一化、低水平重复的格局，增强了龙母文化旅游景区的吸引力。

龙母文化活态博物馆，以保存完整的龙母文化为主题，以德庆2000年的历史文化为背景，以休闲文化与度假旅游完美演绎为亮点，通过采访当地非遗景点、居民、实地考察当地风土人情的形式，以文字、镜头真实记录当地人的生产、生活、文化等方面内容，重现传统古村落农耕文明、江河文明的生活状态。将龙母庙建设成为一个没有堤坝、围墙、没有房间的博物馆，主要展览空间是龙母文化旅游景区，自然环境、民俗风情、民间艺术等都是活态展品。活态博物馆就是要将龙母文化中隐含的物质文化和非物质文化统一起来，将旅游方式和文博收藏统一起来，全方位直观地搜集整理、转换展示、保护历史文化和龙母文化。

发展战略：响应国家"互联网＋"、优秀传统文化复兴的国家战略，立足粤港澳大湾区的核心都市圈。

产业定位：发展"第六产业"。以龙母文化旅游产业为核心，以龙母文化＋婚庆影视产业，带动本地优势产业——中药特色农业、木材加工产业发展，实现旅游文化与第一、第二、第三产业联动发展，形成可持续发展的龙母文化特色小镇。

产业集群：以文化旅游、婚庆摄影为主，集农业体验、中药采购、养生服务为一体，设计合理的导引系统及游线，形成景区的功能及配套，功能布局也由单一化走向综合化。大力开发观光、休闲、度假、游乐、居住、集散、养生、运动等多种功能，形成消费集聚区，并进行休闲导向下的服务配套，指向城镇及旅游产业两个方面。利用旅游带来的人气，在开发住宅地产之外，发展旅游接待和旅游度假地产，形成泛旅游产业集群（见图7－10）。

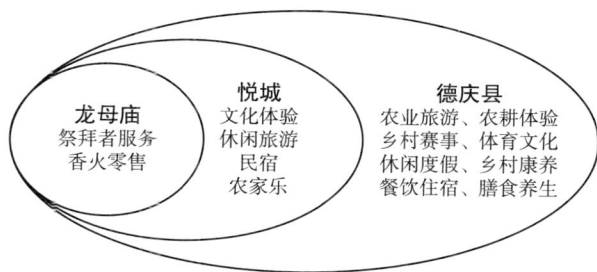

图7－10　德庆龙母文化特色小镇衍生的县域泛旅游产业集群示意图
资料来源：笔者整理。

德庆龙母文化特色小镇衍生的县域泛旅游产业集群，是指龙母文化产业及其带动的相关产业共同构成的产业集成结构。龙母文化产业引导的产业集群，最基本的特征就是能够形成本地化产业聚集。这个集群由龙母文化产业本身为核心，与相关产业（横向关联产业）和旅游支持产业（纵向关联产业）共同构成。龙母文化核心产业是传统的祭拜服务产业；相关产业是由龙母文化产业衍生出来的，在市场上有互补关系的产业，包括旅游业、商贸服务业、文化业、餐饮业、国学教育培训业、住宿业等；支持产业始于龙母文化产业纵向联系的下游及相关联产业，如交通运输业、农林渔业、金融业、保险业、咨询服务业、食品加工业、房地产业、环境保护业等。

把握国家特色小镇建设的契机，围绕特色小镇建设五大要点，即"特色产业、宜居环境、独特文化、城镇配套、创新机制"，进行小镇构建，立足于对德庆整体产业定位的分析之下，植根于本地龙母文化沃土，以文化旅游产业带动泛旅游产业发展，优化三大产业结构，实现产镇相融、以业兴镇的目标。通过特色小镇的开发模式与理念，融合德庆城市统筹发展，融入本地优势产业如中草药、木材、农产品及旅游景点，统筹城市配套、产业发展、人口素质等进行发展。

（三）功能组团

德庆龙母文化特色小镇以龙母庙为核心文化传播中心，以东岸咀为龙母文化体验中心，联动周边民房及区域土地进行开发打造，形成龙母大观园（文化传播中心）、五朝龙境（文化艺术市场）、龙子古村（特色农产市场）三个核心组团。

1. 龙母祖庙组团

龙母文化体验传播中心，打造龙母庙、龙母大道、龙母博览园，增强龙母文化的传播体验。每年农历五月初八这里会举行龙母诞祈福仪式。诞期一开始，来自广东、广西、香港、澳门以及东南亚一带的进香客船便纷纷驶至，争相泊岸。一连数日，龙母庙香烟缭绕、爆竹声声，进香祈祷者多达数十万人之众。

2. 五朝拜母组团

旅游资源配套是特色小镇不可多得的微度假资源会聚地。五朝拜母组团以"龙母祖庙"为基点，充分发挥"中心枢纽"作用，打造以文化体验、主题客栈、特色零售、风情餐饮、婚庆摄影为一体的"龙母文化特色商业微度假区"。通过推出系列微度假产品，真正嫁接文旅和商业资源要素，实现优势互补，开启微度假区体验式发展新阶段。

3. 龙子古村

特色小镇开发本身就不只限于空间的改变，更应该涉及经营和产业。与空间改造同步，加入一系列与古村相关的文创产品和旅游活动内容。整合龙母祖庙周边的历史文化名村资源，对闲置农业生产设施的改造，植入新的业态，留住人流；以民俗餐饮、特色零售、婚庆摄影为一体的特色民俗体验区，与龙母文化融合发展及联动开发（见图 7-11）。

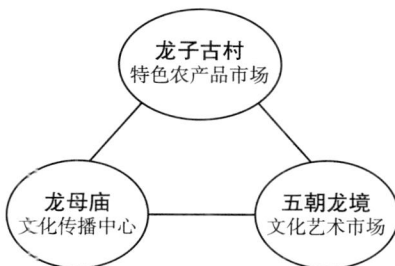

图 7 - 11　德庆龙母文化特色小镇功能组团示意图

资料来源：笔者整理。

（四）产业延展

龙母文化特色小镇充分发挥龙母文化资源与环境优势，把握粤港澳大湾区旅游业发展的良好机遇，适应文化休闲市场需求，以龙母祖庙为文化核心资源，打造品牌，以文促旅，以旅兴文，通过旅游的形式开展龙母文化寻根，借此创造更多的载体，利用旅游活动的裂变效应，带动文化创意、农业、工业、商业多种业态共赢发展，立足所在地城镇，辐射影响整个县域文化旅游的创新发展以及相关产业结构的转型升级。

1. 搭建微旅游系统

推出系列微度假产品，帮助旅游群体获得准确详细的旅游信息，根据用户个性化需求，对旅游中吃、住、行、游、购、娱各个环节进行推介，真正打通文旅和商业资源，实现优势互补；加大开发深度、优化产品结构，刺激旅游经济附加值提升；开启文化实体体验式发展新阶段；以龙母文化为特色链接肇庆旅游平台，推进德庆内部旅游一体化，打造区域旅游。为游客提供更多更好的全方位优质服务，充分发挥旅游资源的优势，最终实现产业全面提升的发展需求。

2. 升级配套服务

围绕建设粤港澳大湾区枢纽门户型乡村旅游目的地的目标，持续推动小镇生活功能、服务功能配套升级，进一步提升小镇形象，优化人居环境。打破传统的旅游配套区域设计，采用独创的"短路径、立体化、多变动"，沿着"纵向空间＋概念组合"的打造思路，将空间有机切分为接待配套、公共配套、服务配套，发展全域旅游及旅游消费升级。在小镇的环境风格上表达出自然与人文和谐的气息，从龙母文化中吸取灵感，创造出传统与现代结合的传播方式，在空间的布局上创造性地利用连贯性的服务空间，同时满足游客对传统文化与自然景观的不同需求。

3. 挖掘产业关联性

充分挖掘本地优势产业，深挖各产业旅游价值，发展微旅游衍生出的智慧服务文化创意、运动休闲、特色零售、健康养生为一体的新业态，打造泛旅游产业集群。以龙母文化旅游产业的发展，延伸、链接其他本土产业，发展旅游新业态，包括：挖掘岭南药膳养生文化内涵，打造德庆本土南药健康旅游服务产品体系；大力发展自驾游，建立自驾游服务中心，延伸发展乡村旅游；形成本土泛旅游产业，建立生态产业互动发展，形成良好的产业生态循环和城市可持续发展。以龙母小镇建设带动德庆县发展建设，促进县城扩容提质，大力促进城乡功能互补和公共资源均衡配置，推动县城周边小城镇和农村社区协调发展，加快全县城镇化进程（见图7-12）。

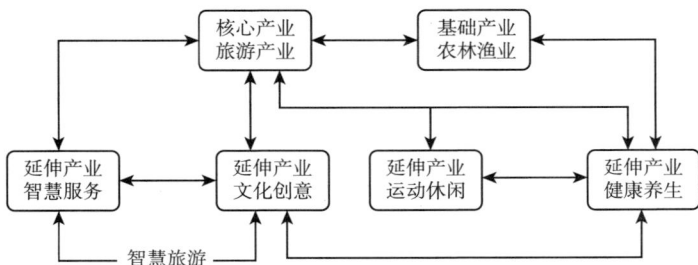

图7-12 德庆龙母文化小镇衍生产业示意图

资料来源：笔者整理。

德庆龙母文化特色小镇以优秀传统文化为核心产业基础，立足特色小镇建设理念，利用肇庆作为国家级历史文化名城的成熟旅游平台，融合粤港澳大湾区旅游资源，联动本土优势产业进行发展，并注重与肇庆旅游平台发展的协同效应，准确把握粤港澳大湾区旅游产业特性及未来发展趋势，实现与粤港澳大湾区共融共生发展。

第四节　巽寮湾智汇文旅小镇规划

一、资源禀赋

巽寮湾毗邻港澳台，拥有良好的区位优势和现代化立体交通网络，人文底蕴丰厚，"阳光、海水、沙滩、绿色、山谷、村庄"等自然景观独特，具备发展热带滨海文旅特色小镇的资源禀赋，有望建设成为国际化休闲度假旅游区。

1. 区位与交通

《惠州市综合交通运输体系"十三五"规划》① 指出，"十三五"期间，将建成潮莞高速公路惠州段；启动河惠汕高速公路项目前期研究工作。推进赣州至深圳客运专线惠州段建设，打造惠州—广州、惠州—深圳"1小时交通圈"。惠东—惠阳—深圳轻轨；将加快实施惠州至深圳城际轨道规划，谋划惠阳至惠东城际轨道建设，构建串联惠城、惠阳、惠东，联系深圳（前海）的快速城际交通走廊，加快深莞惠一体化进程。

《广东惠州环大亚湾新区低碳生态专项规划（2014～2030年）》② 提出，建设惠东和惠阳县区级通用机场、直升机场和巽寮湾旅游通用机场等，形成覆盖县（区）级行政单元、重要商务区、重点产业区和重点旅游休闲区的通用航空服务网络。基于以上规划，巽寮湾在区位及交通方面，实现了"两融入""两对接"。

（1）融入大湾区交通体系。巽寮湾所在地已建厦深高铁与规划广汕高铁在惠东并线，对接广深港高铁后，惠东将通过环形高铁网络快速融入穗莞深港惠都市圈。稔平半岛未来同周边深圳蛇口、南澳以及香港中环等核心客运码头海上交通衔接逐步完善，将进一步丰富稔平半岛与大湾区都市之间的旅游交通形式。通过轨道交通，30分钟内直达深圳、惠州，50分钟抵达广州、东莞、香港。通过高速通道，1.5小时内直达深莞惠市中心；通过海上通道，1小时内直达大鹏南澳，2小时抵达香港中环。

（2）快速对接深港。完善巽寮湾至香港中环码头海上游线；将龙岐湾码头作为轨道—游船换乘枢纽，增加巽寮湾至深圳市中心旅游路线，缓解节假日陆路局部拥堵问题。惠东巽寮湾所在稔平半岛是大湾区东岸重要的滨海旅游休闲度假目的地，大湾区后花园。有空间载体承接深圳东进名企来惠东投资建设，依托企业集群区域影响力，提升并带动区域客群到惠东投资与置业。

（3）区域间实现了高效无缝对接。连接区域间的公路、铁路、水路等基础设施和物流网络建设逐渐完善，主城区之间交通便捷。惠东通过强化与惠州、东莞、河源、汕尾等城市旅游产业合作与推广，进一步扩大了在区域旅游产业的影

---

① 惠州市综合交通运输体系"十三五"规划［EB/OL］. 惠州市人民政府，http：//www. huizhou. gov. cn/.

② 广东惠州环大亚湾新区低碳生态专项规划（2014～2030年）［EB/OL］. 惠州市人民政府，http：//www. huizhou. gov. cn/.

响力。

2. 人文底蕴

巽寮湾民风淳朴，溪涧纵横，人勤地沃，物茂粮丰，形成了多元文化交融发展的文化格局。非物质文化遗产高达 62 项，既有文化意义，又具经济价值，人文价值和经济价值交互融合，需要积极将这些资源优势转化为旅游资源，实现其人文价值和市场价值的提升。巽寮湾古城、古村、古建筑、古街、古庙宇、祠堂、渔家风情、渔业养殖和深加工、妈祖文化、客家文化、畲族文化、红色文化等，均有待发掘其文化内涵，利用其本体优势，增加其文化"附加值"（见表 7 − 4）。

表 7 − 4   惠东非物质文化遗产

层次	名称
国家级非遗	惠东渔歌
省级非遗	九龙峰祖庙庙会、舞凤
市级非遗	客家山歌、吉隆元宵舞龙、平海舞鲤鱼、平海舞凤
县级非遗	平海楹联、梁化龙形拳、稔山长排盖子狮、高潭祥和醒狮、稔山范和赛龙舟、西来古刹醮会、高潭荣泰明姜、安墩薯香粉丝、高潭明姜、梁化梅菜、多祝腊味

资料来源：笔者整理。

3. 生态与自然环境

巽寮湾自然资源丰富，富含海、沙滩、礁石、海岛、丰富的海洋生物资源；海岸线长 218.3 千米；91.4% 的海域面积海水质量达到《海水水质标准》第一类、第二类水平，为清洁和较清洁海域；森林覆盖率超过 70%，环境空气质量达到国家一级标准，空气质量优良率 100%。①

4. 交通与节点间互动

随着惠州海湾大桥、深汕高速、广惠高速延长线、潮莞高速和厦深铁路等一批重要交通基础设施的建成通车，大大增强了惠东旅游的可通达性。交通网络将巽寮湾独特的海湾、山谷、山野、山丘等山海资源串联起来。未来惠东还将逐步完善巽寮湾至周边滨海旅游节点间的旅游航线，开拓大鹏东山珍珠岛、杨梅坑经惠州大甲岛至巽寮湾、海龟湾双岛互动旅游路线，发挥多节点间互动的资源优势。

---

① 惠州市海洋环境质量公报［EB/OL］．惠州市人民政府，http：//www. huizhou. gov. cn/.

二、概念规划

巽寮湾特色小镇位于惠东县巽寮湾海滨旅游度假区，用地总面积约5.5平方千米。规划建设内容包括主题景区等旅游产业、科创教育等创新服务产业、佛学研修院等文化产业、运动休闲等产业设施；连同居住教育、医疗等配套生活设施以及道路、市政公园、交通中心等基础设施。

《环大亚湾新区旅游发展总体规划》（以下简称《旅游规划》)[①] 提出，打造巽寮湾旅游产业集聚区，加强文化旅游产品和参与性旅游产品的开发，组织策划丰富多样的旅游文化节庆活动，提高旅游产品的品位和文化内涵，创建国家5A级旅游景区、创建国家级旅游度假区；打造巽寮湾滨海风情旅游小镇；以巽寮湾为核心，塑造环大亚湾时尚好玩形象；惠东服务客厅、特色小镇示范、文旅产业标杆、深度体验"山、海"魅力、以智慧科技手段领略"山、海、村"深厚文化底蕴及旖旎自然风光、创新发展"旅游4.0"，通过全域景区化，推动巽寮湾旅游与城市共荣发展。

广东以广州、深圳、珠海为核心，以汕头、湛江为支撑，推进滨海旅游，发展滨海旅游的黄金海岸带，培育邮轮旅游。惠东巽寮湾有望借助独特的山海资源在多个滨海旅游节点中脱颖而出。开发者抢抓粤港澳大湾区一体化与深圳功能辐射机遇，参与大湾区建设，愿以小镇建设作为巽寮湾支点，借助区域旅游一体化发展趋势，助力巽寮湾打造国际化滨海旅游度假目的地。到2020年，形成区域旅游集群化发展的大格局，成为惠州旅游发展重要的增长点、环大亚湾新区战略性支柱产业、国内滨海休闲度假旅游首选目的地之一。

《旅游规划》提出建设临深文化旅游特色小镇，打造百里滨海现代产业带。一方面着力打造百里国际滨海旅游长廊，即主动对接深圳东部国际黄金海岸旅游带建设，加快构建稔平半岛旅游经济区，整合提升双月湾、海龟湾、平海古城、海滨温泉、霞涌黄金海岸等旅游资源，重点发展商务休闲度假、健康养生、文化旅游、海岛主题旅游等功能，打造霞涌、小桂、塘横等若干各具风情魅力的临深文化旅游特色小镇，推动开通大鹏湾—大亚湾—巽寮湾—鲘门海上旅游专线，积极发展游轮、游艇、帆船等现代旅游交通。到2020年，百里国际滨海旅游长廊

---

① 环大亚湾新区旅游发展总体规划［EB/OL］. 惠州市人民政府，http：//www.huizhou.gov.cn/.

内建成国家级旅游度假区 1 处、国家 4A 级旅游景区 4～6 家、高端旅游酒店 10 家以上，成为国内滨海休闲度假旅游首选目的地之一。

三、规划内容①

1. 产业规划

以大旅游为主导，实现"旅游＋"运动休闲和科技创业服务，构建"1＋4＋1"新兴产业体系。以"园区＋社区"的空间载体为支撑，搭建起企业与人的社交化圈层。以"园区＋金融"的产融模式为手段，助力企业成为行业先行者。

（1）大旅游产业。发挥得天独厚的山、水、林、海生态环境优势和区域优势，依托于滨海旅游和山林等山海自然景观资源，深入挖掘客家文化、妈祖文化和佛教文化为一体的祖地文化核心特色，融入现代最新科技和现代农业等元素，创造山与海联动、自然与人文交汇、传统与现代融合的智慧创新旅游业态和体验。

（2）农林渔业。依托现状基础良好的山、海、田、园、林等自然资源要素，将农林渔业通过智慧旅游驱动进行升级，打造农林渔旅游观光体验产业，对整体旅游业及相关产业延伸形成良好的基础产业支撑。按照"旅游助推、金融扶持、带资入股、固定分红、劳务增收"的发展模式，形成比较完善的产业链，确保农户能够得到预期收益，不断扩大自身产业规模。

（3）康养产业。富有特色的运动养生和健康养老产业正在不断形成产业化态势，休闲旅游能够汇聚成巨大市场能量，从而验证网络时代兴起的新理论"长尾定律"②。依托山海地区丰富的山海资源、生态农林资源，围绕运动主题景区、农业主题景区拓展运动经济与休闲经济，发展以大健康为目标的体疗养老以及体育拓展、旅游地产等相关产业。推动养生度假项目组团加快建设，融合健康咨询、健康体检、健康度假、健康饮食等诸多健康颐养元素，打造养生度假与健身休闲深度融合、有效联动多旅游业态的健康服务产业链。

（4）高端服务业。巽寮湾对接引入环境偏好度较高、对资源条件需求独特的相关科技创业服务产业，重点发展智慧旅游、教育培训、运动休闲、文化创意

---

① 惠州巽寮智谷—智汇文旅小镇［EB/OL］. 星河产业集团官方网站，http：//www.galaxyind.cn/Default.aspx.
② 即众多小市场汇聚成可产生与主流相匹敌的市场能量。

等领域，成为集聚智慧服务、运动休闲、文化创意、养生健康、旅游会展、信息服务等产业集聚的特色小镇。以环境指向为核心，以文化创意为圆心，以休闲养生为主导，以医养结合为支撑，以研发培训为基地，立足于现代服务产业前沿，致力于打造多业态的现代服务产业集群，衍生出不断扩大产业半径的财富圈和产业圈（见表7-5）。

表7-5 巽寮湾产业布局

产业定位	产业布局	发展内容
核心产业	旅游产业	滨海旅游、休闲度假、海洋景区
基础产业	农林渔业	民俗节庆、农耕体验、农业景区
延伸产业	智慧产业	科普教育、科技推广、孵化育成
	文创产业	客家文化、妈祖文化、文化旅游
	体育产业	运动健体、大型赛事、大型活动
	康养产业	滨海康养、运动康养、乡村康养

资料来源：笔者整理。

2. 功能规划

巽寮湾特色小镇规划用地总规模约4.2平方千米，建筑规模约280万平方米，分成"投资—开发—建设—运营"四个建设阶段，由开发商完成土地整理、道路、景观、街区、酒店等基础配套，提供休闲文化度假区、度假别墅区、大型高端生态社区、国际会议中心、国际会议酒店、主题景区等特许经营等多项内容开发，主导功能设计为旅游、休闲、度假、康养、运动等。以全域旅游为主线，以"健康养生、禅修养心、运动养老"三养为理念，融合幸福产业发展，创新打造"大旅游、大健康、大康养"的文旅产业小镇，与大湾区城市群深度沟通与交流的名镇。

（1）民俗文旅度假组团。重点发展文化创意及文化体验产业，建设客家风情民宿、妈祖庙、客家文化聚落、客家文化博物馆、客家风情餐饮、客家农耕体验等；居住配套包括打造住宿接待街区、客家传统民居特色的民宿客栈、民俗酒店等。酒店配置客家厨房、音乐餐吧、会议厅等，成为商务会议、旅游度假的理想目的地。体验智慧产业的广泛应用，如智能安居系统、智慧能源管理中心、智慧停车系统等。居住配套包括低密度高端度假地产，如度假别墅和产权式公寓等。

（2）康养组团。深入挖掘海洋生态文化、康养文化，融入现代建筑元素，引入高端管理理念和养老模式，以健康城和城市综合体为核心，体现康养、文化、农旅的乡村特色，打造国际一流的康养文旅特色社区，形成"医中有养、养中有医"医养综合体。配套建设康养大楼、健康管理中心、中西医馆、健身公园等。康养大楼提供智能化、人性化、个性化服务的体验中心；健康管理中心提供康复指导和医疗、医美、医养等管理服务；中西医馆提供护理、康复、保健、治疗的医养资源；健身公园强调舒适愉悦与参与性，营造开放式的公共休闲空间。

（3）户外运动组团。规划建设沙滩俱乐部，内设各种沙滩运动、娱乐项目，还有各种冒险、极限运动，让游客能够体验"海滨之旅"；森林乐园以家庭、娱乐、游乐为主题的乐园，融科技、亲子、娱乐于一体，户外与室内相结合，有效克服户外娱乐的季节性局限；以欢乐旅游、旅居、研学旅行度假为理念，规划建设国际研学旅游目的地和青少年校外综合实践基地。建设以新金融、新技术、新电商为依托的商务创客基地；规划建设集多种业态于一身的文学、影视、音乐、艺术创意、创作、社交活动的平台，设计针对艺术家这一特殊群体提供的公共活动空间，在满足他们居住、生活、休闲需求的同时，也能满足艺术家族群创作、交流、展览的需求，为他们提供创作素材和灵感，以及物理空间和修养基地。

（4）科技创业组团。以"智慧集聚""开放包容"为手段，打造集科技示范、科普教育、休闲体验、文化交流于一体的科技创业组团。科普教育包括智创培训基地、国际学校、青少年研学营、菁英商学院。居住配套包括专家智库生活中心、创业人才公寓等配套设施。集中建设智慧产业研发中心、旅游大数据中心、ARVR技术研发中心、粤港澳大学生交流基地、创新创业孵化中心、智慧文旅高峰论坛、智慧论坛酒店等。

（5）田园综合体组团。导入现代审美设计元素，变换不同的视觉角度和空间，将稻鱼共生、立体种养的航拍、户外生活体验、田间采摘、奇异瓜果观赏等自然画面在不同的季节和空间予以转换，形成系列视觉文献，吸引游客，实现休闲、教育、养生、体验等方式发展田园综合体组团。立足本地资源禀赋，整合资源，积极挖掘乡土文化，体现地方特色，建设原乡、康养、农创、教育、宜居特色园区，充分展示本地的文化优势、资源优势和环境优势，形成相互融合、相互衔接、相互促进的共同发展格局。把特色小镇与美丽乡村建设、精准扶贫、特色产业培育等相互融合，建设集有机种植、养生保健、休闲观光、农业体验为一体的休闲观光园要素组合。

第五节　粤港澳大湾区背景下特色小镇的创新方向

在粤港澳大湾区背景下，特色小镇是乡村生态、产业、人文的放大，而不是城市影像的缩写；特色小镇是各地非物质文化遗产的复兴，而不是受制于城市现代元素和强势文明构建的鄙视链；特色小镇是原生态的活化、利用、修复与再造，强调尊敬历史、敬重传统，修旧如旧，而不是城市开发投资商的大包大揽、强拆强建、整齐划一；小镇是现代智慧、创意人群、创新能量荟萃的社区，而不是闭塞落后、远离城市文明的乡野。作为我国开放程度最高、经济活力最强的区域之一，这里的特色小镇发展可谓潜力巨大，未来可期。

伴随着改革开放以来大中城市的高速发展，中国城镇化模式和路径创新进入了以存量创新、内涵增值和空间拓展为发展诉求的全新时代。聚焦《粤港澳大湾区发展规划纲要》给城市和乡村发展带来的新挑战与新机遇，城镇化发展进入了一个新的历史时期，也是极为重要的再创新阶段。在建设智能、高效、可持续发展的多元城市中心的浪潮下，特色小镇为推动城镇创新，帮助大城市缓解资源、交通、土地等"瓶颈"，以及促进城市现代经济外延拓展提供了探索性解决方案。在城市形态日新月异之中，特色小镇尊重城市形态从外在更新到内在升级的多元需求，探索新一轮城市和乡村发展的机遇和发展路径，为城市功能和产业形态的延伸与拓展提供了保证。总之，特色小镇在城镇化创新要素、驱动力、主题风格、发展定位、成功案例、未来方向等多角度提供了新的指引，将对中国城镇化进程产生深远影响。

一、发展以产业为先导的特色小镇

特色小镇首先是以强大的现代农业、文旅产业、高新技术产业或者其他特色产业为基础的现代产业体系，在区域产业分工体系中占有重要的一席之地。由于土地稀缺，大城市借助发展特色小镇进入产业存量的延展和新业态增量拓展的时代。随着技术革新、科技迭代及土地投资强度的提升，基于产业基础与劳动力优势的市场化分工愈加明晰。

在粤港澳大湾区时代新的机遇之下，历史赋予了城市核心区域土地资产以及创新要素的稀缺性和珍贵性。而特色小镇带来的多中心发展策略将更加有利于实现产业空间的供需对称、产业链配套和价值网节点间的匹配。除了前瞻性、差异化、可行性之外，特色小镇还需要通过塑造新型田园城市，将空间、产业、金融与创客服务等多个载体集成，形成新的创新创业生态圈。

特色小镇通常为"文化、产业、旅游、社区"一体化的复合功能载体，是依赖某一特色产业和特色环境因素（如地域特色、生态特色、景观特色、人文特色等）打造的集旅游景区、服务业聚集区、新型城镇化功能拓展区等于一体的综合开发体。在大湾区背景下，各地依托原有产业优势、历史人文积累和独特自然禀赋积极推进特色小镇建设，是贯彻落实创新、协调、绿色、开放、共享发展理念的重要体现。特色小镇必须有产业植入、产业发展规划的引领，基于传统产业衍生出多元化新型复合产业发展机制的良性运行模式，包括产业发展的规划、功能定位、目标方向、产业项目的政策资源及社区运营和治理能力。

二、打造新型田园城市

从最初推倒重建缺乏整体规划的时代，到追求"增量增长"时代，再到高品质物业需求驱动下从"量"到"质"转变的时代，以及我们已经迎来的以存量焕新、内涵增值为发展诉求的时代，"城市创新"这个话题始终围绕着城市经济发展、城镇化建设的每一个环节。新型田园城市既有现代文明和城市元素集聚的城市形态，又有人与自然和谐共处的环境，"山、水、田、林、城"融为一体，生态良好，环境优美，形成多中心、组团式、网络化的城乡空间布局和人性化、生活化的城市空间结构；既有优美的田园风光，也有强大的现代化生产生活能力；社会和谐，城乡二元体制全面破除，城乡居民享有更充分的社会福利和更有力的权利保障，具有很强的幸福感；基础设施现代化、智能化、城乡贯通、配置均衡、功能完善。这种新型田园城市集中了人居环境优美、城市与乡村融合的优势，符合人们生态居住、和谐居住的需求，以及与自然生态环境的情感互动，是许多城市居民向往的美好生活的梦幻家园。而对于农村居民而言，以农业产业为基础，衍生出多元化新型复合产业发展机制的良性运行模式，服务于城市良性发展的社会管理体制和城市生活保障体系稳定运行，正好是他们的价值创造源泉。按照这样的历史定位和长远目标，特色小镇就是一座城乡一体化、产业聚焦化、全面现代化的新型田园城市。在这里，敬重传统、传承历史、城乡兼顾、居民幸福、生态平衡、文化多元、特色鲜明、独具魅力。

三、 推进大湾区城乡均衡发展

新经济地理视角下的区域空间发展总体趋势显示，依托区域共同或异质资源禀赋等相对优势，提高经济密度、缩短交通距离、减少市场分割是解决区域空间组织协调发展的主要途径。伴随着城市经济、人口与空间同步扩张，过分集中发展资源造成城乡分割日渐严重。城市创新过程中主要以多主体协调、各方利益协调化、市场化、法制化为主要特征，基于城市创新的各类复杂状况在城市的更新方式中需进行多元有机更新模式的探索，来保留城市最大的竞争力和参与世界性城市群、经济圈竞争的特色资本。特色小镇的研究必须结合产业视角，就产业空间及城乡资源对称、城市创新及融资模式等问题进行前瞻性谋划，确保特色小镇创新与产业创新同步。

特色小镇减少了地理意义上城乡之间资源争夺与乡村在地理意义上的自我封闭和隔绝，拓展了城乡管理联盟的自组织结构和组织形式，形成了公众对新的城市业态的认同，有助于组织机制的重建，从而为特色小镇发展奠定了政治基础、社会基础和文化基础。特色小镇将在一定程度上遏制城市规模无节制的混乱扩张，避免城市近郊乡村不断被侵占乃至消逝以及城市特色消失并日趋雷同化；缓解城市中人、自然、环境生态链之间的紧张关系，为全体居民带来更全面的福利，如住房、医疗、教育、交通、服务等，让城乡居民享有更加均衡的公共服务。

在强调存量创新的新形势下，政府如何兼顾多元群体的利益，确保城市居民与乡村农民在城市化的进程中获得同等的增值扩张与利益平衡，如何在有限的用地上实现经济活力和社会宜居性的同步提升，特色小镇的投资开发商或运营商又如何摸索出适合小镇可持续发展的"资产运营 + 资本运作"的有效模式，都面临着不少操作层面的挑战。这不仅需要有精深的专业管理经验，更需要横跨多个专业领域的共同合作。无论如何，特色小镇作为城市创新的重要形式都已经开始扎根于中国的城市与乡村之间，并将持续引导城市形态未来的创新和发展，政府也越来越多地参与到新一轮的创新浪潮中。这不仅是为了应对复杂的城市化问题，也是为了提高城市的可持续发展、宜居性和经济竞争力，从而促进城市群的繁荣发展。特色小镇创新发展的未来充满机遇，是否能够兼具魅力与活力，特色小镇发展的未来将极大地取决于政府及利益相关者在实践创新上的积极程度。

四、依托以企业为主体的市场化开发运营机制

目前粤港澳大湾区一线城市的已开发建设用地面积已经接近土地利用总体规划的极限，未来新增用地供应极少，意味着将来发展主要依靠二次开发。适逢粤港澳大湾区迎来国家级的战略发展机遇，身处其中的核心城市都纷纷开展城市发展模式的创新实践。特色小镇项目用地总量远远小于其他任何类型的城市，在合作方式及融资模式方面，土地利用相对高效。未来特色小镇建设将是新增土地资源利用的主要途径。城市创新的过程有庞大资金需求，市场上有各种融资渠道，其融资结构、要求与成本各有不同，开发主体要寻求最合适的方案以满足项目的实际需要。开发运营机制通常是以企业为主体的市场化行为，体现旅游景区、消费产业聚集区、新型城镇化发展区多区合一，产城乡一体化的新型城镇化模式，是破解城乡发展不平衡的矛盾的重要工具。

粤港澳大湾区背景下，城市创新对城市功能、城市空间、城市产业、生活方式等方方面面都带来深刻的影响，而城市创新这一漫长的过程是由不同的机构和企业打造具体的项目与个案来逐步落实和促成。大湾区部分小镇的开发建设全面完成，功能板块格局成效显著，旅游品牌影响力持续扩大，核心竞争力全面提升，区域一体化管理机制更为健全，实现向质量效益型的转变，建成联动发展带，并成为国内一流、国际有影响力的大湾区著名的度假体验目的地。显然，它们作为城市创新的先行者，已经形成了一套相对成熟的开发及运营模式，不同参与主体各自发挥作用，推动特色小镇建设，实现了互利共赢。分析目前面临的挑战与机遇，以及城市创新项目开发应关注的风险，解读现有投资操作政策，分享其独特见解及城市创新发展的经验，对于进一步优化开发运营机制显得十分必要。

五、形成新型城乡空间组合关系

随着大湾区城镇化进程的不断加快，许多地区形成了城中有村、村中有城的复杂格局。新城市的老城区见证了城市的变迁，农耕文明的古村落承载着人类文明发展的印记。如何在尊重历史原真性、珍视各个时代文化积淀的同时激活文化

存遗、改善生活品质，是目前城市规划中亟待解决的问题。文旅特色小镇的实践通常从提取古城历史基因入手，整理古城文脉，通过重塑文化和空间系统唤起当地居民的归属感和旅客的文化唤醒。

在城乡之间共建共享的环境中形成的新型空间组合关系的制度安排，是区域一体化在空间组织上的具体表现形式。在大湾区背景下，特色小镇必须以高起点、高标准要求，充分挖掘本土生态资源蕴含的巨大潜力，讲好小城故事，实现"文旅"融合发展，促进本土文化与大湾区的融合和交流，形成全域旅游大格局，建设富有特色的运动健康与休闲养生基地，成为"一站式旅游休闲模式"的探索者。在重点区块完成一批旅游项目建设，旅游交通及配套设施基本完善，旅游环境更加优化，旅游接待能力显著增强，全力打造成世界级旅游度假体验目的地，成为运动休闲、智创服务、智慧科技与旅游跨界融合新形象，建设成为具有国际影响力的"产城人文"四位一体的新节点。通过联动发展，使大湾区特色小镇总体布局初具规模，旅游产品转型升级取得成效，旅游品牌形象不断提升，旅游经济效益明显提高。

六、构建多维度驱动力

特色小镇既是一个城市治理中的制度设计问题，也是一个社会治理中的策略选择问题。由各地政府推动的特色小镇建设，既是推进城市化进程的手段，也是不同地方政府间协同治理的过程。在特色小镇建设的推进过程中，还同时存在着政府力量与市场力量的博弈。从政府管理形式看，特色小镇是建立新型城乡合作关系的制度安排，是城乡之间的政府主体从以纵向关联为主转向以横向合作为主的合作。从特色小镇的制度内涵和实践模式分析，特色小镇可以突破城乡之间传统的行政分割限制，是城乡统筹协作、协同规划、协调发展、互利共赢的一种新型区域战略，是在区域制度创新下形成的区域优势资源共享、多主体参与，最终打造成为区域经济新亮点。

作为理性经济人的特色小镇投资行为主体，在城乡区域边界地带经济社会协同发展以及公共事务契约治理中无疑会不断寻求合作制度的更高收益，以效用最大化为目标，不断在经济发展过程中寻租、创租与分租。目前特色小镇仍然处在城乡共同利益的创租过程中，决定其创租成效的关键在于初级行动团体（政府引导）和次级行动团体（"准企业家"团体）的共同努力，只有两大行动团体合力将"蛋糕"做大，才可能对创造的"蛋糕"进行合理分配。各合作主体为寻求共同利益的最大化，必须不断加强协调与合作，最终实现城乡共赢。

特色小镇发展机制的目标是更好地发挥政府作用，使市场在资源配置中起决定性作用，其速度和成效取决于动力机制的构建，其中最重要的是多维度驱动力的构建。从整体框架上看，特色小镇的动力机制主要由内生驱动力和外生驱动力等两大动力维度构成。从内生驱动力来看，政策优势支撑、产业载体空间拓展、城乡分割逐渐缩小、创新要素集聚、资源与市场共享等诉求源于小镇内在的发展要求，是特色小镇主体寻求最大化收益的稳定而又坚实的内在基础；从外生驱动力来看，国家、省、市政策驱动，制度的突破与变迁，是基于多主体共同利益的创造过程作出的正确的顶层设计和制度安排。在外部动力源产生的主体中，政府聚焦于统一的规划对接、统一的制度安排与制度创新同步等为主的顶层设计行为，以发展速度最快、交易费用最小、经济收益最大等政策目标和绩效标准为主。其他外部力量则由投融资资源配置机构、市场中介组织、重大经济活动组织者等构成，主要起着重要的协调与推动作用。寻租制度观、创租制度观和分租制度观的共生演化说明，特色小镇驱动力的两个维度将在很长的一段时间内共同驱动着合作主体不断创新、创造、分享，带来的是特色小镇建设效应的放大、倍增和外溢。

综上，特色小镇是基于国家政策优势的城乡利益共享、发展均衡化、动态化的组织创新、制度创新和服务创新过程。通过对特色小镇相关概念的辨析与界定，可以从新制度经济学的视角重新定义特色小镇的丰富内涵：在区域均衡、城乡一体化发展的背景下，城乡之间基于空间拓展、要素集聚、产业融合、利益共享的发展目标，突破行政建制的局限，整合禀赋资源，活化文脉遗存，打造创新链、企业链和资金链，形成独具特色的"资本＋运营管理"投资模式，实现产业布局集聚化、要素流动的自由化、发展规划对接和生态资源共享。

特色小镇建设已经成为势头强劲的产业风口，为地方经济建设发展带来新的机遇。特色小镇建设既存在明显的个性差异，又有一定的共性特征。特色小镇建设需要明确各方的共同利益、共同规则、共同目标，强调主体之间的协同与协调，进行新的制度设计，促进区域整体的经济发展，具体表现为城乡融合、产城融合、城市田园化、田园城市化，在概念与特色、目标与定位、融资与开发、运营与发展、绿道与串联、投入与回报等方面走出自己的创新之路。

参 考 文 献

[1] 2017 年中国旅游行业乌镇模式分析 [N/OL]. 中国产业信息网，http: // www. chyxx. com/industry/201802/614460. html.

[2] [德] 阿尔弗雷德·韦伯. 工业区位论 [M]. 北京：商务印书馆，1997.

[3] [德] 杜能. 孤立国同农业和国民经济的关系 [M]. 吴衡康，译. 北京：商务印书馆，1986.

[4] [德] 斐迪南·滕尼斯. 共同体与社会：纯粹社会学的基本概念 [M]. 北京：北京大学出版社，1999.

[5] [法] 弗朗索瓦·佩鲁. 略论增长极概念 [J]. 李仁贵，译. 经济学译丛，1988（9）：67 - 72.

[6] [法] 弗朗索瓦·佩鲁. 新发展观 [M]. 北京：华夏出版社，1987.

[7] [美] R. 科斯，A. 阿尔钦，D. 诺斯等. 财产权利与制度变迁——产权学派与新制度学派译文集 [C]. 刘守英等，译. 上海：上海三联书店、上海人民出版社，1994.

[8] [美] 杰弗瑞·戈比. 你生命中的休闲 [M]. 昆明：云南人民出版社，2000.

[9] [美] 保罗·克鲁格曼. 地理与贸易 [M]. 北京：北京大学出版社，2000.

[10] [美] 卡尔·艾博特. 大城市边疆——当代美国西部城市 [M]. 北京：商务印书馆，1998.

[11] [美] 迈克尔·波特. 国家竞争优势 [M]. 北京：华夏出版社，2002.

[12] [美] 西蒙·安浩. 铸造国家、城市和地区的品牌：竞争优势识别系统 [M]. 上海：上海交通大学出版社，2009.

[13] [美] 约瑟夫·奈. 软实力 [J]. 北京：中信出版社，2013.

[14] [美] 詹姆斯·E. 万斯. 延伸的城市——西方文明中的城市形态学 [M]. 凌霓，译. 北京：中国建筑工业出版社，2007.

[15] [英] 阿尔弗雷德·马歇尔. 经济学原理 [M]. 彭逸林等, 译. 北京: 人民日报出版社, 2009.

[16] [英] 大卫·李嘉图. 政治经济学及赋税原理 [M]. 北京: 商务印书馆, 1976.

[17] [英] 亚当·斯密. 国富论 [M]. 北京: 商务印书馆, 1972.

[18] 安诣彬. 城郊地带可持续的有机更新实践——以上城玉皇山南基金小镇为例 [J]. 小城镇建设, 2016 (3): 72 - 74.

[19] 白小虎. 特色小镇与生产力空间布局 [J]. 中共浙江省委党校学报, 2016 (5): 21 - 27.

[20] 蔡健. 智能模具特色小镇规划编制探索 [J]. 规划师, 2016 (7): 128 - 132.

[21] 查理文. 重庆山地旅游小镇建设策略初探——以仙女山镇为例 [D]. 重庆: 重庆大学, 2008.

[22] 陈安华, 江琴, 张歆. "特色小镇" 影响下的小城镇建设模式反思——以永康市龙山运动小镇为例 [J]. 小城镇建设, 2016 (3): 54 - 61.

[23] 陈建忠. 特色小镇建设: 浙江经济转型升级模式的新探索 [J]. 中国科技产业, 2017 (01): 46 - 47.

[24] 陈婧. 水晶如何跨界——对话施华洛世奇集团全球总裁罗伯特·布克鲍尔 [J]. IT 经理世界, 2010 (17): 117 - 119.

[25] 陈可石, 刘吉祥, 肖龙珠. 人文主义复兴背景下旅游小镇城市设计策略研究——以西藏鲁朗旅游小镇城市设计为例 [J]. 生态经济, 2017 (1): 194 - 199.

[26] 陈松洲. 创新型产业集群的形成机理及政府作用探析 [J]. 东莞理工学院学报, 2015, 22 (6): 46 - 52.

[27] 陈卫国, 邵长奇. 互联网时代下的文旅小镇开发运营模式创新——基于 "乌镇" 的案例研究 [J]. 城市开发, 2015 (3): 68 - 70.

[28] 陈向宏. 尊重每个小镇的历史和文化 [N/OL]. 光明网, http://news.gmw.cn/2017 - 02/18/content_23758054.html.

[29] 陈宇峰, 黄冠. 以特色小镇布局供给侧结构性改革的浙江实践 [J]. 中共浙江省委党校学报, 2016 (5): 28 - 32.

[30] 崔洋铭, 卢梦薇. 古镇旅游发展的乌镇模式分析 [J]. 旅游纵览,

2017 (1)：158 – 159.

[31] 丁孝智．企业文化的多维审视 ［M］．北京：新华出版社，2016.

[32] 丁孝智．枢纽门户城市研究：肇庆市城市发展战略定位的思考与探索 ［M］．广州：南方日报出版社，2015.

[33] 董必荣．基于价值网络的企业价值计量模式研究 ［J］．中国工业经济，2012 (1)：120 – 130.

[34] 冯巧玲，宋国庆，谭剑．旅游特色小镇成长阶段及不同阶段发展策略——以山岳旅游目的地为例 ［J］．小城镇建设，2017 (7)：68 – 90.

[35] 傅一波．"特色小镇"培育视野下昆山软件园规划策略研究 ［D］．苏州：苏州科技大学，2017.

[36] 高惠剑．乌镇旅游业发展战略研究 ［D］．杭州：浙江大学，2015.

[37] 海军．手艺：守艺——以乌镇为个案的民艺研究 ［J］．北京设计艺术（山东工艺美术学院学报），2004 (4)：68 – 69.

[38] 海茵建筑设计公司（Henn Architekten）．沃尔夫斯堡大众汽车城 ［J］．建筑技艺，2009 (10)：30 – 43.

[39] 韩露菲．文艺乌托邦——卡梅尔小镇 ［J］．人类居住，2015 (2)：50 – 53.

[40] 黄卫剑，汤培源，吴骏毅．创建制——供给侧改革在浙江省特色小镇建设中的实践 ［J］．小城镇建设，2016 (3)：31 – 33.

[41] 季羡林．留德十年 ［M］．北京：人民文学出版社，2015.

[42] 季羡林．重返哥廷根 ［J］．国际人才交流，2017 (8)：54 – 57.

[43] 姜姗．城市化发展与水资源可持续利用研究——以山东省为例 ［D］．济南：山东大学，2011.

[44] 蒋玉宏，王俊明，朱庆平．从2017硅谷指数看美国硅谷地区创新创业发展态势 ［J］．全球科技经济瞭望，2017 (3)：64 – 67.

[45] 解析住建部首批特色小镇的分布和类型 ［N/OL］．中国特色小镇网，http：//www. town. gov. cn/.

[46] 金明灭．施华洛世奇家族：独揽水晶之秘 ［J］．名人传记（财富人物），2015 (8)：82 – 84.

[47] 金兴华．浙江实施特色小镇战略的意义、影响与路径选择 ［J］．当代经济，2016 (25)：56 – 58.

［48］李白露．基于利益主体理论的旅游小镇设计研究——以西藏鲁朗国际旅游小镇为例［D］．北京：北京大学，2013．

［49］李津军．汽车之城：沃尔夫斯堡［J］．百科知识，2008（16）：53－54．

［50］李强．特色小镇是浙江创新发展的战略选择［N/OL］．人民网—中国共产党新闻网，2016－01－04．

［51］李迅．关于中国城市发展模式的若干思考［J］．城市，2008（11）：23－33．

［52］厉华笑，杨飞，裘国平．基于目标导向的特色小镇规划创新思考——结合浙江省特色小镇规划实践［J］．小城镇建设，2016（3）：42－48．

［53］林航．公共管理视角下的特色小镇创建经验研究——以杭州市玉皇山南基金小镇为例［D］．西安：西北大学，2018．

［54］凌音．卡梅尔小镇的慢生活［J］．留学生，2016（12）：50－51．

［55］刘锡宾．特色小镇有序建设应当怎么"推"［J］．浙江经济，2015（12）：44－45．

［56］刘笑一．原汁原味展现北欧城镇风格，"金罗店"经营现代化特色小镇［N］．中国房地产报，2005－5－12．

［57］罗翔，沈洁．供给侧结构性改革视角下特色小镇规划建设思路与对策［J］．规划师，2017（6）：38－43．

［58］罗元涛．黔东南着力打造旅游"升级版"［N］．贵州民族报，2017－04－14．

［59］梅亮，陈劲，刘洋．创新生态系统：缘起，知识演进和理论框架［J］．科学学研究，2014（12）：1771－1780．

［60］孟思．特色小镇的内涵延伸及空间建构策略探析［D］．苏州：苏州科技大学，2017．

［61］闵学勤．德国名镇哥廷根的建设对中国特色小镇创建的启示［J］．中国名城，2017（1）：36－40．

［62］莫奈的花园小镇——法国吉维尼［J］．北京农业，2013（7）：56－58．

［63］木心（口述），陈丹青（笔录）．文学回忆录［M］．桂林：广西师范大学出版社，2013．

［64］炮制共享产权［J］．数字商业时代，2013（8）：150－152．

［65］齐航．特色小镇撑起创新骨架　杭州"众创生态圈"渐趋成型［N］．

杭州网 – 杭州日报，2015 – 05 – 26.

[66] 前瞻产业研究院. 国外特色小镇建设借鉴启示 [R]. 规划研究，2017 – 08 – 25.

[67] 前瞻产业研究院. 嘉善巧克力甜蜜小镇案例分析 [R]. http：//mini. eastday. com/mobile/171219170253858. html.

[68] 前瞻产业研究院. 生产力空间布局理论如何在特色小镇规划中运用 [R]. 安徽特色小镇官网. http：//www. ahxiaozhen. com/.

[69] 乔伊·斯迈凯伦. 如何实现100% 可再生能源 [J]. 能源评论，2017 (1)：163 – 165.

[70] 秦诗立. 特色小镇建设须着力 "特" 与 "色" [J]. 浙江经济，2015 (12)：42 – 43.

[71] 日本九州经济联合会. 温泉王国——大分别府 [N]. 国际商报，2008 – 04 – 19.

[72] 桑士达. 浙江特色小镇建设的调查与思考 [J]. 区域经济，2017 (1)：41 – 44.

[73] 沈建国. 世界城市化的基本规律 [J]. 城市发展研究，2000 (1)：6 – 11.

[74] 沈小平，李传福. 创新型产业集群形成的影响因素与作用机制 [J]. 科技管理研究，2014，34 (14)：144 – 148.

[75] 盛世豪，张伟明. 特色小镇：一种产业空间组织形式 [J]. 浙江社会科学，2016 (3)：36 – 38.

[76] 石岩. 九色玫瑰小镇——开园就跻身丽江 "三甲" [N]. 中国企业报，2016 – 10 – 18.

[77] 石玉. 特色小镇的特色性研究 [D]. 舟山：浙江海洋大学，2018.

[78] 史世伟. 德国国家创新体系与德国制造业的竞争优势 [J]. 德国研究，2009 (1)：4 – 8，78.

[79] 帅璐. 古老哥廷根 [J]. 道路交通管理，2017 (9)：80 – 81.

[80] 宋冬芳. 产城融合视角下特色小镇规划策略探讨 [J]. 低碳世界，2017 (1)：183 – 184.

[81] 宋家宁，杨璇，叶剑平. 金融资本介入特色小镇运营路径分析 [J]. 住宅产业，2016 (11)：39 – 41.

[82] 宋丽，杜金龙. 绿色建筑技术在特色小镇景观设计中的应用 [J]. 智

能建筑与智慧城市，2017（8）：44 – 45.

[83] 宋维尔，汤欢，应婵莉 . 浙江特色小镇规划的编制思路与方法初探 [J]. 小城镇建设，2016（3）：34 – 37.

[84] 宋岩，鲍诗度 . 中国特色小镇环境设计方法初探 [J]. 艺术科技，2017（9）：297.

[85] 苏国勋 . 理性化及其限制——书伯思想引论 [M]. 上海：上海人民出版社，1988.

[86] 孙国民，彭艳玲，宁泽逵 . 块状经济中小企业转型升级研究——以浙江省为例 [J]. 中国科技论坛，2014（1）：128 – 133.

[87] 汤书昆 . 中国省级区域形象设计工程的理论模型——安徽省形象设计个案的实践与理论总结 [J]. 运筹与管理，1997（4）：90 – 97.

[88] 汪千群 . 产城融合视角下的特色小镇规划策略探讨——以青神苏镇为例 [J]. 住房与房地产，2016（9）：41 – 43.

[89] 王波 . 规划视角下特色小镇的编制思路与方法研究——以无锡禅意小镇规划为例 [J]. 江苏城市规划，2016（10）：26 – 31.

[90] 王琛 . 基于特色小镇文化提升的公共环境视觉导识设计研究 [D]. 杭州：浙江工业大学，2017.

[91] 王晶 . 对特色小镇建设的思考 [J]. 商业评论，2016（11）：4 – 6.

[92] 王萌 . 结合自然景观的小城镇滨水堤岸设计——以法国小镇安纳西为例 [J]. 小城镇建设，2005（3）：100 – 101.

[93] 王明星，周丽 . 传统端砚作坊从业人员工作满意度研究——基于对肇庆市黄岗镇白石村的调查 [J]. 肇庆学院学报，2010（1）：1 – 4.

[94] 王琦，金错刀，侯燕俐 . 达沃斯的中国图谋——一个用思想"征服"世界的小镇，为何没能"征服"中国？[J]. 中国企业家，2007（16）：42 – 51.

[95] 王守玺 . 新常态下的特色小镇规划研究 [J]. 城市建设理论研究，2017（2）：84 – 85.

[96] 薇安 . 闲适淡然的普罗旺斯 [J]. 旅游时代，2014（4）：80 – 82.

[97] 卫龙宝，史新杰 . 浙江特色小镇建设的若干思考与建议 [J]. 浙江社会科学，2016（3）：28 – 32.

[98] 吴奶金，谢晓维，陈晔，刘飞翔 . 福建省特色小镇建设的路径选择 [J]. 台湾农业探索，2017（1）：43 – 47.

［99］吴一洲，陈前虎，郑晓虹．特色小镇发展水平指标体系与评估方法［J］．规划师，2016（7）：123－127．

［100］吴韵．编织的建筑美国科罗拉多州的阿斯彭美术馆［J］．室内设计与装修，2015（2）：56－63．

［101］吴志强，李德华．城市规划原理（第四版）［M］．北京：中国建筑工业出版社，2012．

［102］徐梦周，王祖强．创新生态系统视角下特色小镇的培育策略——基于梦想小镇的案例探索［J］．中共浙江省委党校学报，2016（5）：33－38．

［103］徐伟凝，厉华笑，朱婷媛．温州智创小镇产业园区转型升级路径［J］．规划师，2016（7）：138－142．

［104］鄢志坚，日本别府市城市污水处理厂简介［J］．科技资讯，2007（2）：74－75．

［105］姚尚建．城乡一体中的治理合流——基于"特色小镇"的政策议题［J］．社会科学研究，2017（1）：45－50．

［106］易开刚，厉飞芹．基于价值网络理论的旅游空间开发机理与模式研究：以浙江省特色小镇为例［J］．商业经济与管理，2017（2）：80－87．

［107］尹国俊，居玉荣．美国硅谷科技成果产业化机制研究［J］．生产力研究，2017（1）：150－153．

［108］尹晓敏．对杭州特色小镇建设若干问题的思考［J］．浙江经济，2017（4）：26－29．

［109］盂蕾．基金小镇：玉皇山脚下的"金蛋"孵化地［J］．杭州：生活品质，2015（4）：11－12．

［110］玉皇山南基金小镇崛起之路："三化"造世界级样本轮廓［J/OL］．中国新闻网，http：//finance.jrj.com.cn/2018/05/2017．

［111］袁俊，吴中堂．基于网络文本的文化创意产业园与旅游业融合效果研究——以深圳大芬油画村为例［J］．资源开发与市场，2016（9）：631－636．

［112］袁新敏，李敖．自发机制下创意人才集聚地演化过程分析：基于大芬村的案例［J］．中国科技论坛，2017（12）：139－147．

［113］袁颖．创意农业＋创意旅游＋创意文化特色小镇设计分析［J］．建材与装饰，2018（22）：55－56．

［114］恽嫣．一半山景 一半雪景［J］．建材与装修情报，2012（5）：26－32．

［115］詹杜颖. 品牌效应下的特色小镇构建研究［D］. 杭州：浙江工业大学，2012.

［116］张国梁. 令人神往的别府地狱［J］. 走向世界，1994（2）：34－35.

［117］张红喜. 政策触媒下浙江省特色小镇创建路径探讨——以淳安县乐水小镇为例［J］. 小城镇建设，2016（11）：46－51.

［118］张鸿雁. 论特色小镇建设的理论与实践创新［J］. 中国名城，2017（1）：4－10.

［119］张鸿雁. 循环型城市社会发展模式——城市可持续创新战略［M］. 南京：东南大学出版社，2007.

［120］张吉福. 特色小镇建设路径与模式——以山西省大同市为例［J］. 中国农业资源与区划，2017（1）：145－151.

［121］张立波. "文创兴镇"视野下非遗小镇发展路径探究［J］. 北京联合大学学报（人文社会科学版），2017（1）：82－87.

［122］张泰. 美国创新生态启示录：谷歌、脸谱、思科……这些世界级企业是怎样生成的［J］. 中国经济周刊，2017（8）：72－74.

［123］张卫宁. 现代城市形象的塑造与营销学理念［J］. 中南财经政法大学学报，2004（3）：103－108.

［124］张蔚文. 特色小镇研究的新议题［J］. 浙江经济，2017（10）：27－29.

［125］张译心，周宇斌. 借鉴欧美小镇探索中国特色小镇的优势［J］. 山西建筑，2017（10）：23－24.

［126］张银银，柴舟跃. 查理的巧克力梦工厂现实版：好时巧克力小镇［J］. 人类居住，2017（11）：16－19.

［127］张银银，柴舟跃. 温泉皇后：薇姿小镇［J］. 人类居住，2017（1）：20－23.

［128］赵定涛，李丰. 当代宏观管理新课题——区域形象管理及其展望［J］. 预测，1997（6）：5－9.

［129］赵定涛. 区域形象评价初探［J］. 软科学，1998（1）：64－65.

［130］赵定涛. 区域形象设计的原则与方法［J］. 科学学与科学技术管理，2000（6）：45－47.

［131］赵佩佩，丁元. 浙江省特色小镇创建及其规划设计特点剖析［J］. 规划师，2016（12）：57－62.

［132］浙江省人民政府关于加快特色小镇规划建设的指导意见［EB/OL］.
浙江省人民政府网站，http：//www. zj. gov. cn/.

［133］郑玮. 普罗旺斯文学在中国的现状和接纳——普罗旺斯文学的起源、
发展及没落［J］. 西南民族大学学报（人文社科版），2012（9）：75－77.

［134］周加来. "城市病"的界定、规律与防治［J］. 中国城市经济，2004
（2）：30－33.

［135］周丽. 产业裂变新格局与产业创新方向研究：基于珠三角国家级高新
区的实证［M］. 北京：经济科学出版社，2017.

［136］周丽. 省际跨区域协同发展先行之路：粤桂合作特别试验区的实践探
索［M］. 北京：新华出版社，2016.

［137］周丽. 文化创意产业与三次产业的融合发展研究：基于广东肇庆的实
践探索［M］. 北京：企业管理出版社，2013.

［138］周婷. 乌镇古镇传统空间研究［D］. 北京：北京林业大学，2012.

［139］周晓虹. 产业转型与文化再造：特色小镇的创建路径［J］. 南京社会
科学，2017（4）：12－18.

［140］朱文达. 青岛市城阳区：创新催生世界级动车小镇［J］. 中国品牌，
2015（11）：64－66.

［141］朱莹莹. 浙江省特色小镇建设的现状与对策研究——以嘉兴市为例
［J］. 嘉兴学院学报，2016，28（2）：49－56.

［142］朱莹莹. 特色小镇建设的路径演变、发展困境与对策研究——基于嘉
兴市29个创建培育对象的分析［J］. 嘉兴学院学报，2017（4）：30－39.

［143］诸国强. 旅游景区治理模式研究：以乌镇为例［D］. 上海：上海交
通大学，2014.

［144］Adam，Brandenburger and Barry Nalebuff. Co-opetition［M］. Harper Col-
lins Publishers，1996.

［145］Adrian J. Slywotzky，David J. Morrison，Bob Andelman. The Profit Zone
［M］. Three Rivers Press，2002.

［146］Ebenezer Howard. Garden Cities of Tomorrow［M］. MIT Press，1965.

［147］Ebenezer Howard. Tomorrow：A Peaceful Path to Real Reform（Cambridge
Library Collection-British and Irish History，19th Century）［M］. Cambridge University
Press，2010.

[148] Gibson T. A. Selling City Living: Urban Branding Campaigns, Class Power and the Civic Good [J]. International Journal of Cultural Studies, 2005, 8 (3): 259 – 280.

[149] James E. Vance. The Continuing City: Urban Morphology in Western Civilization. Baltimore/London: Johns Hopkins University Press, 1990.

[150] Koka, B. R. and J. E. Prescott. Strategic Alliances as Social Capital: A Multidimensional View [J]. Strategic Management Journal, 2002, 23 (9): 795 – 816.

[151] L. MacFadyen, J. Roche, S. Doff. Communicating across cultures in cyberspace: A bibliographical review of intercultural communication online [M]. Piscata way: Transaction Publishers Distributor, 2004.

[152] Pearce Douglas. Tourist Development: A Geographical Analysis [M]. London: Longman Press, 1995: 1 – 25.

[153] Prabakar Kathandaraman, David T. Wilson. The Future of Competition Value-Creating Networks [J]. Industrial Marketing Management, 2001.